U0857592

武汉大学百年名典

社会科学类编审委员会

作者简介

刘秉麟（1891~1956年）著名经济学家。湖南长沙人。1917年就读于北京大学经济系，毕业后赴英留学，先后毕业于英国伦敦大学经济学院研究生班、德国柏林大学经济系研究员班。回国后曾任中国公学大学部教授、教务长、商学院院长，上海商务印书馆编辑部主任。1932年到国立武汉大学任教授、经济系主任，讲授财政学、中国财政史等课程。1937年兼任法学院院长，多次代理校长。刘秉麟一直致力于财政经济学的研究。1919年在《新潮》杂志发表《经济学上之新学说》、《分配问题》等论文，著有《经济学原理》一书。他翻译出版了英国经济学家亚当·斯密的《财政学大纲》，由于该书详论西方制度而忽略东方制度，他又结合中国实际撰写了《中国租税史略》一卷附于书后，概述中国租税发展史，为研究中国古代赋税制度提供了较好的参考资料，也有利于对比研究中西方经济制度史。另有《各国社会运动史》、《李嘉图经济学说及传记》、《亚当·斯密经济学说及传记》等专著和《中国古代财政小史》、《亚当·斯密》等小册子，并翻译出版了《分配论》和《俄罗斯经济状况》等书籍。由于在经济学和社会科学其他学科方

作者簡介

面研究的杰出成绩，刘秉麟受到社会各界的尊重。1928年任中国经济学社理事。1932年到武汉大学任教后，讲授经济学课程之余，撰著了《经济学》一书，注重论理与事实并述，阐述了自己的经济观点。他所发表的许多研究经济学原理、国家财政、人口问题的论文，在国内产生了很大影响。中华人民共和国成立后，任武汉大学教授，兼任法学院院长。遗著《近代中国外债史稿》，三联书店1962年稍加删节后出版，成为研究中国近代对外关系史和对外经济史不可多得的参考书。他的经济学研究，为武汉大学经济学科的奠基和发展打下了良好基础。

百年名典

近代中国外债史稿

刘秉麟 编著

中国财政小史

刘秉麟 著

武汉大学出版社
WUHAN UNIVERSITY PRESS

图书在版编目(CIP)数据

近代中国外债史稿;中国财政小史/刘秉麟编著;刘秉麟著.—武汉:武汉大学出版社,2007.4

武汉大学百年名典

ISBN 978-7-307-05493-6

Ⅰ.①近… ②中… Ⅱ.刘… Ⅲ.①外债—经济史—中国—近代 ②财政—经济史—中国 Ⅳ.F812.9

中国版本图书馆 CIP 数据核字(2007)第 034937 号

责任编辑:杜七红　　责任校对:刘　欣　　版式设计:支　笛

出版发行:**武汉大学出版社**　(430072　武昌　珞珈山)

(电子邮件:wdp4@whu.edu.cn　网址:www.wdp.com.cn)

印刷:武汉中远印务有限公司

开本:720×980　1/16　印张:20　字数:284 千字　插页:4

版次:2007 年 4 月第 1 版　　2007 年 4 月第 1 次印刷

ISBN 978-7-307-05493-6/F·1041　　定价:36.00 元

出版前言

百年武汉大学，走过的是学术传承、学术发展和学术创新的辉煌路程；世纪珞珈山水，承沐的是学者大师们学术风范、学术精神和学术风格的润泽。在武汉大学发展的不同年代，一批批著名学者和学术大师在这里辛勤耕耘，教书育人，著书立说。他们在学术上精品、上品纷呈，有的在继承传统中开创新论，有的集众家之说而独成一派，也有的学贯中西而独领风骚，还有的因顺应时代发展潮流而开学术学科先河。所有这些，构成了武汉大学百年学府最深厚、最深刻的学术底蕴。

武汉大学历年累积的学术精品、上品，不仅凸现了武汉大学“自强、弘毅、求是、拓新”的学术风格和学术风范，而且也丰富了武汉大学“自强、弘毅、求是、拓新”的学术气派和学术精神；不仅深刻反映了武汉大学有过的人文社会科学和自然科学的辉煌的学术成就，而且也从多方面映现了20世纪中国人文社会科学和自然科学发展的最具代表性的学术成就。高等学府，自当以学者为敬，以学术为尊，以学风为重；自当在尊重不同学术成就中增进学术繁荣，在包容不同学术观点中提升学术品质。为此，我们纵览武汉大学百年学术源流，取其上品，掬其精华，结集出版，是为《武汉大学百年名典》。

“根深叶茂，实大声洪。山高水长，流风甚美。”这是董必武同志1963年11月为武汉大学校庆题写的诗句，长期以来为武汉大学师生传颂。我们以此诗句为《武汉大学百年名典》的封面题词，实是希望武汉大学留存的那些泽被当时、惠及后人的学术精品、上品，能在现时代得到更为广泛的发扬和传承；实是希望《武汉大学百年名典》这一恢宏的出版工程，能为中华优秀文化的积累和当代中国学术的繁荣有所建树。

《武汉大学百年名典》编审委员会

再版说明

刘秉麟是著名的经济学家，武汉大学教授，兼任法学院院长。《中国财政小史》是刘秉麟先生研究中国财政发展史的专著，内容简明扼要，颇具学术价值。其遗著《近代中国外债史稿》是研究中国近代对外关系史和对外经济史不可多得的参考书。我社将这两本书纳入《武汉大学百年名典》丛书系列，再版时合为一本，其中《近代中国外债史稿》以三联书店 1962 年版、《中国财政小史》以商务印书馆 1931 年版为基础，再版时以简体排印，在内容上力求保持原貌，只在少数地方稍作修改。

武汉大学出版社

2007 年 3 月

刘秉麟先生遗著《中国财政小史》及《近代中国外债史稿》重印本序

刘秉麟（1891 年 6 月 ~ 1956 年 6 月），字南陔，湖南长沙人。1881 年入北京大学经济系，1920 年出国留学，先后在英国伦敦大学经济学院研究生班和德国柏林大学经济系研究生班毕业。1931 年后，到武汉大学任经济系教授，1937 年兼任法学院院长，多次代理校长之职。

南陔先生在经济学领域中，涉猎广泛，著作甚丰，在财政学的教学和科研中，贡献尤为突出。从现在重印的两本遗著中，可以看出他的学问的博大精深。由商务印书馆列为《万有文库》之一的《中国财政小史》把中国财政历史断代为 4 个时期；秦以前、秦汉至南北朝、隋唐宋和元明清。在每一时期中都重点分析了财政原则、财政组织、财政制度等几个方面，读该书后对中国上下数千年中国财政的变化过程，可以一目了然。遗著《近代中国外债史稿》对晚清以后至新中国外债情况作出了简明扼要的概述，从中揭示了贫弱时期的中国在外债往来中一直处于不利地位，往往为了战争赔款而乞债于人，以致条件苛刻，又因内政腐败，而将债款任意挪用或挥霍浪费，这些情况都是后世之鉴。

先生对学生身教言传，爱护备至。1944 年，我准备去美学习，他热情推荐，很快得到几所名校的入学许可书。1948 年，我受聘回母校任教时，他正在法学院院长任上。记得在当年 3 月 1 日，我由二区拾级上珞珈山，准备去一区拜见先生时，远远望见他拄杖踽踽独行，由东向西而来，他非常高兴地欢迎我回到母校并带我下山，再走上当时校部所在的文学院要总务长安排住处，先生当时已 57 岁而不辞辛劳，上下两山，爱生之切，久铭我心。1956 年，先生久病医治无效，在寓中逝世，弥留之际，我随侍在侧。随后又陪护遗体至宝通寺火化，种种情景，犹在目前。先生逝世时年仅65岁，我当时在经济系主持部分工作，未能对先生的健康更多关心，没有尽到弟子应尽之责，每念及此，辄为之泫然。

学校为已故著名学者重印遗著，体现了慎终追远、缅怀先贤之德意，也彰示了珍惜传统、尊重人才的宏旨，在校史中是一件大事。我作为先师的学生能得到写此小序的机会，也与有荣焉。

谭崇台

2007年2月

总目录

《近代中国外债史稿》 …… 1

《中国财政小史》 …… 258

目　　录

第一编　清政府时期的外债

第一章　甲午以前的外债……………………………………………… 3
　第一节　外债的起源………………………………………………… 3
　第二节　甲午以前各种外债的内容………………………………… 5

第二章　甲午之役的战费和赔款与外债的关系 ……………………… 11
　第一节　战费借款 ……………………………………………………… 11
　第二节　赔款与外债 …………………………………………………… 12

第三章　庚子赔款 ………………………………………………………… 20
　第一节　赔款的性质 …………………………………………………… 20
　第二节　赔款的内容与勒索的过程 …………………………………… 21
　第三节　镑亏借款 ……………………………………………………… 32

第四章　清末其他各种政治外债 ……………………………………… 36
　第一节　清理财政与本时期中外债情况概述………………………… 36
　第二节　各省滥借的地方外债 ……………………………………… 40
　第三节　币制实业借款之准备及垫款……………………………… 43

第五章　本时期中路政借款（电政借款附） ………………………… 46
　第一节　铁路借款的一般情况 ……………………………………… 46

第二节　铁路借款内容的分析 …… 52
第三节　电政借款 …… 71

第二编　北洋军阀政府时期的外债

第一章　辛亥革命与外债 …… 75
第一节　南京临时政府的外债 …… 75
第二节　北京临时政府的外债 …… 77

第二章　五国银行团与善后借款 …… 83
第一节　银行团的成立与交涉的过程 …… 83
第二节　善后借款的内容与其损失 …… 89

第三章　赣宁之役前后的各种外债 …… 95

第四章　帝制运动与外债及本期第一阶段外债的综合 …… 98
第一节　帝制声中的美国借款与援助 …… 98
第二节　一九一六年以前的各种短期零星外债 …… 100
第三节　本时期中第一阶段外债的综合 …… 103

第五章　西原借款与当时其他日本借款 …… 108
第一节　西原借款的发生 …… 108
第二节　西原借款与其他日本借款的内容 …… 111

第六章　新银行团的成立与对华借款 …… 136
第一节　新银行团成立之过程 …… 136
第二节　新银行团之目的及其失败 …… 140

第七章　庚款余额问题 …… 142
第一节　庚款余额的取消 …… 142

第二节　庚款余额偿付办法的改订………………………………… 144
第三节　金法郎问题及继起的要索者……………………………… 148
第四节　庚款余额的抛弃…………………………………………… 151

第八章　军阀混战期中之外债问题与本期第二阶段外债的综合 … 153
第一节　各种外债之类别与国别…………………………………… 153
第二节　本时期中第二阶段外债的综合…………………………… 171

第九章　路政借款（电政借款附） ……………………………… 175
第一节　本时期中铁路借款的经过………………………………… 175
第二节　本时期中铁路借款的内容………………………………… 178
第三节　电政借款…………………………………………………… 196

第三编　国民党反动政府时期的外债

第一章　十年内战时期的外债……………………………………… 203
第一节　南京卖国政府对旧债的承认与整理……………………… 203
第二节　九一八事变与债务措施…………………………………… 207
第三节　反共反人民的战争和美国借款…………………………… 209

第二章　抗战时期的外债…………………………………………… 214

第三章　抗战结束后美国借款与租借物资………………………… 222

第四章　本时期中路政借款（电政借款附） …………………… 239
第一节　本时期旧有各路外债情况………………………………… 239
第二节　本时期新筑各路债务情况………………………………… 246
第三节　本时期中铁路与铁路债务情况的小结…………………… 253
第四节　电政借款…………………………………………………… 254

第一编

清政府时期的外债

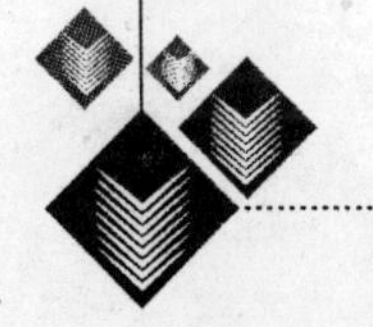

第一章　甲午以前的外债

第一节　外债的起源

中国外债的起源，有下列各说：

（一）一八四二年，中英江宁条约中规定偿补鸦片原价六百万元，水陆军费一千二百万元，以外尚有行商积欠洋款，曾酌定三百万元，作为商欠，由中国官府为之偿还。三项合计洋银二千一百万元，分四年交清。倘有按期未能交足之数，每年每百元应加息五元。有认此为中国外债的起源。按此项条约所规定各款，前二项系偿补鸦片与军费，后一项系代还行商借款。清政府向例禁止行商向外人负债，事见一七六〇年所颁布之严密规则第七条，此次系被迫准明由中国官府为之偿还。其中所列各费，不能视同外债，而一般著作亦未认为外债之起源。

（二）一八五六年中英亚洛号事件发生时，福州地方官以关税作担保，托英领事募集月息三厘之外债五十万两①。按此项借款为时较早，但系地方所借之债。

（三）一八六〇年第二次英法联军战争之结果，规定对英之赔偿各款计八百万两，对法之赔偿各款计八百万两，并约定以关税收入五分之一充赔款之用，分数年摊还。事见一八六〇年《中英续增条约》即《北京条约》第三条，《中法条约》第四条中。按此性质与江宁条

① 高柳松一郎：《中国关税制度论》，李达译，上海商务印书馆 1933 年版，第 2 编，第 27 页。

约所纳赔款相同，当时并未作为债款，故通常亦不采用此项起源说。惟外人瓦格尔在所著“中国财政”一书中，认此为中国外债的起源。此项赔款，研究外债者自应提出，即不认为起源，亦当认识到帝国主义者勒索关税抵押的开始。

（四）一八六一年（清咸丰十一年）年底，清军淞沪各防军饷，本以厘税为大宗，时上海给太平军重重包围，各路梗阻，商贩裹足不前，上海市贸易停顿，以致厘捐无收，军饷来源断绝，因无法维持，便由江海关道吴煦经手借款，以江海关出票担保，并于同治元年（一八六二年）江海关洋税中摊还，其数目为三十万两①。按此项借款，虽系为淞沪防军之用，由上海道吴煦经借，与第二项所述福州借款之事相同，但其重要的意义，是指明列强曾帮助清政府军队，镇压太平天国革命。

（五）一八六二年（同治元年）福建巡抚瑞瑸先后向英法各国商人两次借款，计连息银共为四十万四千八百八十两。继任巡抚徐宗干续向洋商借银十万两，内贴息银一万一千两，共计五十万四千八百八十两，都由闽海关担保，其中粤海关摊还二十万两，闽海关摊还三十万四千八百八十两。同年，江苏因军饷支绌，复向洋商借款，仍由江海关道吴煦向洋商垫借，数目为二十五万四千零五十五两，也是在该关洋税项下摊还②。按此项借款与上面所述第二项第四项相同，其属于地方债之性质亦很明显。

（六）一八六五年（同治四年），向英国借英金一百四十三万一千六百六十四镑二先令，分二十年偿清。清朝续文献通考国用篇中谓中国订借洋款实始于是年③。

（七）一八六七年三月（同治六年）左宗棠为筹充西征军费，用

① 罗尔纲：《太平天国史纲》，第126页。引见汤象龙：《民国以前关税担保之外债》，《中国近代经济史研究集刊》第3卷，第1期，第4页。

② 罗尔纲：《太平天国史纲》，第126页。引见汤象龙：《民国认前关税担保之外债》，《中国近代经济史研究集刊》第3卷，第1期，第4页。

③ 《清朝续文献通考》卷70，考8265。

海关税票担保，向上海洋商借银一百二十万两①。民国行政统计汇报财政篇认此次为中国外债的嚆矢。日人高柳松一郎亦认此次为起源。

（八）一八七四年（同治十三年）沈葆桢因台湾事件向外商借款二百万两作海防费。《皇朝掌故汇编》谓中国息借洋款实始于是年。外人科笛尔在所著《对外关系史》中，亦认此次为起源②。

因此，关于中国外债的起源，论者纷纭，各执一见，其中以第六说较普遍，因为前五说有性质上的不同，后二说有时间上的先后，主张第六说者系从外债本身事实方面着眼，清人刘锦藻倡之，近人贾士毅从之，贾士毅在所编《民国财政史》中，谈到中国长期举借外债亦从同治四年起。范文澜所著《中国近代史》，亦认清政府借外债，开始于一八六五年。外人克恩斯所著《中国外债》中亦以一八六五年为中国外债的起点，这是一般的看法。

第二节 甲午以前各种外债的内容

（一）一八六五年（同治四年），清廷以伊犁被围日久，军情紧急，向俄国借入粮食火药及若干资金，由俄国派人送至伊城，其时因需费甚巨，向英国借入英金一百四十三万一千六百六十四镑二先令，以偿还俄国③。关于此项借款，各家所载不一。刘锦藻谓系与俄国订立伊犁条约，赔偿损失，需费甚巨，向英国借英金如上数④。瓦格尔谓此项借款，系为筹充伊犁之战费，由俄国借入军费弹药及若干资金⑤。二者间之不同，有债权国之不同，与用途上之差别，而且内容均不详。故欲明此项借款的真相，须研究此项借款的用途。依据新疆建省事略：“新疆全境旧不与俄罗斯毗，自乾隆朝平定后，抚驭咸

① 《清朝续文献通考》卷69，考8262。

② 高柳松一郎：《中国关税制度论》，李达译，第2编，第27页。

③ 《清朝续文献通考》卷69，考8262；又，卷70，考8265。

④ 《清朝续文献通考》卷70，考8265。

⑤ S. R. Wagel, *Finance in China*, p. 22.

宜，边卫以肃。道咸之间，中原多故，不遑恤远。俄罗斯于是乘间蚕食哈萨克布鲁特诸部，而伊犁塔尔巴哈台乌什喀什噶尔边外之地，尽为所吞并，紧与我邻，于是有同治三年分界之举。"① 其时伊犁被围。在这种紧急情况下，当时清廷曾与俄国公使筹商汇兑伊犁饷银。上谕中有"军营用项以粮食火药等项为大宗，该国既不能多汇现银，如肯赊借各项，即与汇兑饷银无异。惟伊城被围日久，恐乏员迎提，必须由俄国派人送至伊城，方免疏虞。……该国接到该公使公文，如果照办，其赊借各款应如何酌议价值，及日后如何分别归还。"② 由此可见此项借款的用途纯为当时对付新疆军事，而俄国占伊犁，要求偿兵费、割沿边要隘，事在同治十年，约隔六年以后，与赔偿俄国战费事尚不相关，而应归还上述之赊借各项，则系事实。质言之，即向英国银行借入，偿还俄国所赊欠，以应付新疆军事上之用。至伊犁条约，其事更迟，事在光绪七年即一八八一年。在中俄改订条约第六条中，规定中国允将俄国自同治十年代守伊犁兵费及俄国商民被害抚恤金共九百万卢布，合银五百万两。因此伊犁偿款系指同治十年之事，与同治四年之借款相差很久。

（二）一八六七年（同治六年）左宗棠因需饷孔殷，各省协解不能如期，停兵待饷，于军事机宜，未免延缓，奏拟照成案，于上海洋商借银一百二十万两，由各关税项下拨还，仍饬各省藩司将应解甘饷，按月发交各关以清款项③。与此次借款性质相同者，尚有三款：一为同年十二月之借款。因左宗棠军饷待用甚急，"总理各国事务衙门"奏称："照案借银，行息太重。四成洋税一项，不妨转为通融，请将左宗棠原拟代借之款，划分为二，一半提用洋税，一半由各海关向洋商借用。……曾国藩等按照该衙门所拟各节，先由应解部库四成洋税项下提出银一百万两，飞速解交左宗棠军营支用；其一百万两，由各海关出具印票，由各督抚加盖关防交胡光墉，应宝时向洋商借

① 《清朝续文献通考》卷342，考10843。

② 《清朝续文献通考》卷69，考8262。

③ 《清朝续文献通考》卷69，考8262。

用，由江宁等各省各藩司于应协甘饷项下拨还，并委解部库交纳归还。四成洋税之款，仍足二百万两之数。”① 二为一八七七年即光绪三年，左宗棠因出师塞外，各省协解征饷银未能足数，致有积欠口粮之事，拟借洋款一千万两以备应用。清政府以“该督既以肃清西路自任，何惜筹备巨款，俾敷应用以竟全功，加恩著于户部库存四成洋税项下，拨银二百万两，并准其借用洋款五百万两，各省应解西征协饷提前拨解三百万两，以足一千万两之数。该督得此巨款，务将新疆军务早日蒇事，迅奏肤功，国家经费有常，似此竭力凑拨，可一而不可再，万勿虚縻帑款，日久无功。洋款如何筹借，着左宗棠自行酌度奏明办理。……筹借洋款本系万不得已之举，因西征大局所关，是以允借五百万两，俾利军行。”② 按洋款五百万两，原借英金，由英商汇丰银行承借，年息一分。继恐英金价值无常，归款增累，特加月息一分二厘五毫，改用银两，由德商泰来银行承借，均由道员胡光墉经理其事。此外尚有左宗棠订借之一项债款，计三百万两，即一八七五年所举借，内容不详。总共有四项。

（三）一八七四年（同治十三年）“谕：据总理衙门奏……据李宗羲咨称，日本兵船于三月有驶进厦门海口者，英水师亦选兵船往台湾迤南巡查。并闻日本购买轮船，装载军粮，法国及日本兵船均已抵厦，日本兵共八营俱在台湾东海旁起岸，欲攻生番。本月初始据李鹤年函称，日本水师官抵琅琊柴城一带，查看牡丹社等处形势绘图，并声称牡丹社系番界，彼自寻衅势难禁止等语。生番地方，久隶版图，与台湾唇齿相依，日本相距尤近。且各国均有兵船驶往台湾道，视为番界寻衅，势难禁止，实属不知缓急。见日本兵船已赴台湾，且有登岸情事，亟应迅筹办法。沈葆桢著授为钦差，办理台湾海防，兼理各国事务大臣，以重事权。福建镇道各官均归节制，江苏广东沿海各口轮船准其调遣。俾与日本及各国按约辩论，而于征调兵弁船只，亦臻

① 《清朝续文献通考》考 8262 ~ 8263。

② 《清朝续文献通考》卷 70，考 8265。

便捷。"①沈葆桢奉旨后，因需用饷银甚急，即以筹办海防费名义，借用洋款二百万两，分十年偿清。以上系说明台湾事件之经过及此次举借债款之原因。至于债款之用途，据纪事本末所载："沈葆桢莅台后，筑炮台于澎湖，设海电于台湾厦门间，购枪于德，议购铁甲于丹，调淮军来台。防务既备，戒谕生番遵约束，日人为之气夺。……八月，参议大久保利通来议台事，两旬不决，阳言归国，而阴托英使威妥玛出任调停，要偿军费三百万，总署以日本无理势横坚执不许，军机大臣文祥执议不给一钱。葆桢亦疏言倭备虽增，倭情渐怯，我但厚集兵力，无隙可乘，自必帖耳而去。……英使居间再三，乃终许之抚恤银五十万两，遂罢兵归国。"②这是说明英帝国主义者支持日本侵略中国的开始。

（四）一八七八年即光绪四年，为创设海军向德商借入二百五十万两，一八八七年即光绪十三年，为加筹海军经费，又向德商借入五百万马克。一由德华银行承借，年息五厘五毫。一由柏林汉堡的德国银行团承借，年息五厘（亦作五厘五），分十五年还清本利。此两项借款均见大英百科全书第十一版第六卷第一八八页中，克恩斯所著《中国财政》及潘某之书中均记载此二项借款。后一款详见《皇朝掌故汇编》外编，卷三十二"华洋借款"第二页。至于此二项借款的用途及当时创办海军的经过，则首见于左宗棠、李鸿章、沈葆桢奏折中，次见于张佩纶、许景澄奏折中。左宗棠谓洋防一水可通，轮船闻警可赴。东南北三洋各驻师船，常川会哨，自有常山击蛇之势。李鸿章亦谓沿海口岸林立，处处宿以重兵，所费浩繁，意在以全力扼要害，而尤戒散漫分防。其意在巩固其北洋的势力，要害之说系打官话。沈葆桢有轮船聚操上海之奏。至张佩纶、许景澄等之所陈，大抵以中国海疆绵亘之长，四倍于英，六倍于法，十倍于德，埒于美而长于俄。如此而不再为海军之备，则沿海粤疆将尽陨失，束手梏足坐以致敌。因之清廷亦以海防重要，"派醇亲王奕譞总理海军事务，所有

① 《清朝续文献通考》卷332，考10714。

② 《清朝续文献通考》卷332，考10714~10715。

沿海水师，悉归节制调遣，并派庆亲王李鸿章会同办理，善庆兵部侍郎曾纪泽帮同办理，其应行创设筹议各事宜，统由该王大臣等详慎规划，拟立章程，奏明次第兴办"①。随即订购英德等国船炮，文书旁午，糜费以千百万计，经营十有余年，甲午之役，铁甲化为齑粉，论者咸以是为海军病。同时此中尚有一段历史，即创设海军，名不符实，因奕譞拨建海军经费三千万两，供那拉氏（慈禧）大建颐和园之用，因此海军费绌，设备不全。这是说明清政府之腐朽透顶与封建剥削。

（五）李鸿章经借的洋款中，在甲午以前，见诸户部档案内者有三款，一为一八八四年即光绪十年所借大东英金五十万镑，年息九厘，期限十年，分二十次还清。其用途系因广东财政枯竭②。一为一八八七年即光绪十三年，因郑州河工紧急，命李鸿章息借洋银一百万两③。一为一八八八年即光绪十四年，郑州河工续借款一百万两，年息七厘。

以上共十一项，尚有一八七九年即光绪五年，因所谓兴办要政，向英商订借一千六百十五万两，内容不详④。又有一八八八年即光绪十四年因完成津沽铁路，订借一百万两，内容亦不详。但津沽铁路的借款，曾见之于光绪十二年李鸿章筹修津沽津通两路奏折中，有北洋垫银一百万两之事⑤。连前总计十三项。克恩斯在所著《中国外债》一书曾合计中国甲午以前之债款数目，谓由英商汇丰银行经借之款共八项，合计英金四百四十八万六千镑，现银七百五十五万零七百两，由英商东方银行及怡和洋行所订借之款，约计三百万两，由巴林公司所订借之款计一百五十万镑。再由德国银行所订之款共二项，计现银二百五十万两，德金五百万马克。约共十二项。又谓此时期内，自一

① 《清朝续文献通考》卷227，考9732。

② 《清朝续文献通考》卷70，考8269。

③ 《清朝续文献通考》卷70，考8270。

④ 贾士毅：《民国续财政史》（四），第39页。

⑤ 《清朝续文献通考》卷364，考11083。

八六五年至一八七四年，其数目至多不过九百万镑，不过此系估计之数。李某所著之小册中①谓一八九四年以前即甲午之役以前，中国外债共计十二项（他的表系从一八七五年起）。《中国百科全书》中谓共七项，《大英百科全书》中则列为八项，其项目与李某所列举者亦不尽同。英文《中国年鉴》② 则谓一八九四年以前其数目共合英金四百九十一万二千镑，次数则未载明。按这些借款，其债权即属于外国银行，并无所谓持票人，故所借各款均未发行债票。

还有须说明者，即当时各项洋款息率一般很高，但各款不同。从一八七四年之八厘起到一八八七年之五厘半止。除一八八五年之债为七厘，一八八六年为六厘而外，最普通的是八厘。最高曾达到一分五厘，例如一八七七年汇丰银行所借之款（见《大英百科全书》中及英文《中国年鉴》）。瓦格尔在其所著《中国财政》一书中，谓息率之高，并非由于银行之要挟，乃是出于中国借款者自提之条件，因当时中国金融市场有如此之高。至于抵押品之规定，则不若后来之苛刻。手续费不详，无可查考。究竟清政府每次实得多少，亦不得而知。惟一八七五年所借之债，系九五发行。截至一九一七年为止，以上各债均已完全偿清。克恩斯曾综括各债的用途，谓主要的是用于军事上。曾调查五千七百万元之中，用于海军者四百五十万元，用于军事及战时用者二千七百九十万元，用于政治方面者二千四百二十万元。外债之用，以军事与政治为主，生产之用，实谈不到③。

① A. G. Coons, *The Foreign Public Debt of China*, Introduction p. 1.

② The China Year Book, 1912. p. 297.

③ A. G. Coons, *The Foreign Public Debt of China*, Introduction p. 2.

第二章　甲午之役的战费和赔款与外债的关系

第一节　战费借款

清政府的财政方面，平时国库收入，只能维持国内行政经费，一遇战事即支绌万分。惟一之方法开始是想募借商款。各处募借商款办法不同，就北京言，募额为一百万两，年息八厘四毫，偿还财源为内务府流用的经费。就广东言，募额为五百万两，利息同前，偿还财源为广东关税、土药厘金税及藩库收入。但因为政治上之腐败与贪官污吏之故，弊端百出，因而中止①。最后不得已只有乞灵于外债之一法。在甲午战争开始时，曾举行两次外债，一为公砝净银一千万两，合英金一百六十三万五千镑，年息七厘，每年分两次偿付，折扣九八，以海关债票作抵，并以各通商口岸之关税，为海关债票之担保。期限为二十年。是项借款，统以银两计算，而经理之机关为汇丰银行，故名曰汇丰银款。次年因战事迁延，随再需款，又向汇丰银行订借英金三百万镑，年利六厘，每年分两次偿付，折扣九八。除以前已将关税作抵而未清偿之各债外，即以关税之余额作抵，并以海关债票为担保，期限为二十年。在债务期内，有随时按照该债平价偿还之权，但必须六个月前，通知银行。是项借款概以金镑计算，而经理之机关亦系汇丰银行，故名曰汇丰金款。这两种借款的用途虽未表明，

① 《民国财政史》下册，第4编，第4页。

实均为战事而用，可名曰战费借款。按这两次借款直到一九一四年才陆续还清①。所以这次战争，其开始是因战费无着，以外债始，到后来是因赔款无法偿付，以外债终，始终均靠借款应付的。

第二节　赔款与外债

（一）赔款

甲午战争失败后签订的马关条约，规定赔款的总额为二亿两，限七年内分八次偿还。每次偿期及偿额如后：

第一次　五千万两，定约后六个月内，即一八九五年九月以前应行偿讫。

第二次　五千万两，定约后十二个月内，即一八九六年三月以前应行偿讫。

第三次　一千六百万两有奇，定约后两年内，即一八九七年三月以前应行偿讫。

第四次　数目同上，定约后三年内，即一八九八年三月以前应行偿讫。

第五次　数目同上，定约后四年内，即一八九九年三月以前应行偿讫。

第六次　数目同上，定约后五年内，即一九〇〇年三月以前应行偿讫。

第七次　数目同上，定约后六年内，即一九〇一年三月以前应行偿讫。

第八次　数目同上，定约后七年内，即一九〇二年三月以前应行偿讫。

这是赔款本身按期归还之约。至于利息，除第一次五千万两不计利息外，余一万五千万两，则于期限以前，每百两年加五两，作为利息。惟中国能于三年以内将总额全还，利息一概豁免。在偿款未清以前，日本驻军队于威海卫以为保证，兵费由中国供给。此为马关条约第四条所明定。又因俄法德三国干涉日本，还我辽东，补回三千万两为赎辽之费，限三个月即光绪二十二年（一八九六年）元旦以前交讫。统计赔款及原定七年分还的利息，共计二万一千一百万两有奇。以外

① A. G. Coons，*The Foreign Public Debt of China*，p. 5.

尚须加赎辽之费，及威海卫驻兵之费（按威海卫守费，三年共一百五十万两）①。

一八九五年夏，即第一次五千万两应偿还之时，当时清政府财政困难万分，真是“司农仰屋”，不得不议借外债。时拟派总税务司赫德专理债款事宜，沙俄恐英人独专其权，抗议不许，而各国欲贷款者纷纷至，结果由俄法两国任借，故以俄法洋款名。同时又另向麦加利银行、瑞记洋行各借一百万镑，前者名曰克萨镑款，后者名曰瑞记洋款。

转瞬至一八九六年春，日本第二次偿款之期又迫，而清政府又已不名一钱，于是复商借款于外国，经过五个月乃告成。初则各洋商麕至，争欲承揽，然其人率非素封，不过冀得清政府之许诺，乃凭以为号召，从中取利。至一八九六年二月间，已一闽而散，清政府方徬徨无所为计，而法使忽起递陈节略，一、中国贷款由法廷作保，二、中国各新关事宜，改托法人经办，三、将桂粤滇三省特别权利，让与法国。总署睹此无所为计，正思谢绝，而俄使又从而助其焰，总税务司赫德亦恐议成，而法人竟夺其席，乃与英德两国银行代表协商，分任承借，故以英德洋款称。

迨至一八九八年春，第四次偿款之期又迫眉睫。马关条约第四条规定于本年六月以前，能将赔款总额悉数偿讫，可以豁免利息，且并第二次所交出之利息，亦可退还，而威海卫戍兵亦可早撤。初拟募集昭信股票，以备抵偿，未能收效。故清政府毅然欲募外债以结此案。沙俄以贷款自任，其条件为折扣九三，年息四厘，其报酬则为北省之铁路权，及罢总税务司赫德，以俄人代之。英使出而抵制，以九四折五厘息之条件，提议于总署，其报酬则系监督财政，及由缅甸达扬子江之铁路权等项。正在磋商之间，俄法两使抗议大起，清政府只好宣告各国，谓无论何国之债皆不借。并要求日本将偿款期限延二十年。时日本伊藤博文为首相，正值财政困难之时，复牒拒绝。最后仍向汇

① 《民国财政史》下册，第4编，第20~21页。

丰、德华两银行订借，为别于前次之英德洋款，名曰续借英德洋款。兹将甲午之役七次借款列表于后（前二款内容已详前节）：

外债名称	债额	订借年份	年息（厘）	折扣	抵押品	期限
1. 汇丰银款	公砝 1 千万两	1894 年	7	98	以关税作抵	20 年
2. 汇丰金款	英金 3 百万镑	1895 年	6	98	以关税作抵	20 年
3. 俄法洋款	法金 4 亿法郎	1895 年	4	$94\frac{1}{8}$	以关税作抵	36 年
4. 克萨镑款	英金 1 百万镑	1895 年	6	955	以关税作抵	20 年
5. 瑞记洋款	英金 1 百万镑	1895 年	6	96	以关税及江苏盐课厘金作抵	20 年
6. 英德洋款	英金 1 千 6 百万镑	1896 年	5	94	以关税作抵	36 年
7. 续借英德洋款	英金 1 千 6 百万镑	1898 年	4.5	83	以关税及七处厘金作抵	45 年

统计各债，本金为公砝银一千万两，法金四亿法郎，英金三千七百万镑，共约合银元六亿四千万元①。

（二）俄法洋款

俄法借款之动机，由于沙俄以英国在借款方面，处处均占先着，因此监督中国财政，海关总税务司一职亦由英人赫德担任，也就是利益均由英国方面独占。马关条约签订后，第一次就要交出八千万两

① 《民国财政史》下册，第 4 编，第 25 页。

(合赔款与赎辽费)，清政府决无偿付能力，除了大借外债再不能有任何办法。过去借外债，多委托赫德主持，以海关税收作担保，期限短，利息重（至少八厘），是英国在华银行一宗好买卖。这次清政府急需巨款，赫德又建议大借外债，沙俄为夺取英国的经济利益，愿单独借银一亿两。但俄系贫国亦无此实力，以法国银行团之帮助，四亿法郎之借款因而成立。法国银行团由六家法国银行组成，俄国银行团由四家俄国银行组成。其借款之条件：一、以中国海关所入税项及存票为抵押，关税收入有首先担保归还之义务。二、此项借款摊分法，由俄法德荷兰各银行按期交付。三、每年掣签由中国驻俄使经理，亦可由办事人代理。四、分三期付给，每次付三分之一。五、年息四厘。在当时认为最低之利率。六、分三十六年还清，即一九三一年还清。七、折扣九四零八分之一。按此项借款除上述条件外，在合同第四条尚有下列之规定："中国政府决定不以任何名义，任何利益，关于中国境内税收之行政及管理事项，让与任何一国。假若中国政府对于列强中之任何一国，给以此种利益，则此种利益，俄国亦应参与。"① 这种条文的意思，沙俄对于当时英国的独占以及它们中间的矛盾，是昭然若揭的。按四亿法郎合金卢布一亿，合英金一千五百八十二万镑。本利合计共三千零十一万五千二百九十八镑。

（三）克萨镑款与瑞记洋款

一八九五年，尚有两种数目较小的借款，每种均为一百万镑。一由英国麦加利银行承借，名曰克萨借款，一由德国的 Arn-hold, Karberg & Co. 承借，名曰瑞记洋款，亦名一八九五年南京借款。这两种借款，实开后来英德合作之先声，亦即英国拉拢德国以抵制俄法方面的进展。其借款条件，年息均为六厘，分二十年还清，自第五年起开始还本。两者均以关税收入为担保，但瑞记洋款加上以江苏厘金与

① 《清朝续文献通考》卷 356，考 11000；又见 A. G. Coons, *The Foreign Public Debt of China*, p. 6；又见《皇朝掌故汇编》第 32 卷，第 12 页。

盐课收入为担保①。当时认为这两种借款比较俄法借款有利于中国，因俄法借款把还本摊于三十六年每年之中，而这两种借款则还本从第五年起。实则这种看法是不对的，迟还早还，其关系并不顶大，其条件之苛刻在折扣，一为九五五，一为九六。按这两种本利合计三百五十万二千零一镑。

（四）英德洋款

英德两国银行团系由汇丰银行与德华银行所组成，其目的在政治上供给中国之借款。在一八九五年时，英德两国银行在远东之利益，有互相均沾之规定。加以德国为上次借款被俄法摈弃后，极为愤恨，是以与英合作。当一八九六年清政府应付第二次赔款之时，法国还想继续出借，以俄国公使之支持，与英德二国相竞，其目的在海关总税务司由法人担任，并给法国以广东、广西、云南之特殊利益，其保证在使中国稍沾优惠，发行价格亦可略高。因两方面互相竞争之故，闹得总理衙门像一个大拍卖场。翁同龢日记叙述英法公使忿争的情形，说英公使“咆哮恣肆，为借款也，此等恶趣，我何以堪”。说法公使“无耻无餍，日在犬羊虎豹丛中”②。结果还是英德成功，订立一八九六年之英德洋款。按此款又名五厘英金借款，总数计一千六百万镑，按百分之九十四实收，即实交一千五百零四万镑。在伦敦交款，比前议之百分之八十九点五的实交数，可使中国政府多得七十二万镑，但把前议之按年还本法，改为按月摊还，这也就保证了债权人的利益。因为抵押系以关税收入为担保，而关税收入除本款外，尚有前述之五种债款，均系以关税担保者，按月扣还自比按年摊还为稳定与可靠。而且清政府同意在本款发行之后六个月内，不另借其他债款。其合同中最重要之一项，即中国海关制度，在本借款未清偿以前，按照现状，不作任何之改变。这就是保证了英国人担任总税务司的现行组织不变更。这笔债款要到一九三二年才能还清，期限三十六年。统

① A. G. Coons, *The Foreign Public Debt of China*, p. 8.

② 范文澜：《中国近代史》上册，人民出版社 1957 年版，第 286 页。

共本利三千四百六十六万零二百四十六镑①。

（五）续借英德洋款

清政府截至一八九六年止，综括上面所述四项借款，共计英金已近三千四百万镑之数，以之归还日本赔款，相差已有限，但实在所付之数，只合赔款五分之三，其余均由经手人的回扣佣费及清政府本身提用，所余无几，无法付清赔款，一八九七年时，又预备再借一亿两，因此引起各国第二次大争闹。“李鸿章亲俄，主借俄款，张荫桓（代表翁同龢等亲英派大臣）主借英款。……清政府亲英派借口‘英款利息低而期限长’，与英国商订草约。俄公使坚决反对，亲到总理衙门提警告。翁同龢日记中述俄使语：‘若中国不借俄而借英，伊国必问罪，致大为难之事。’俄使走后，英使又到。……英俄两国争殖民地，而清政府中之帝后两党各依靠英俄争政权。”② 结果仍屈服于英国方面之压迫，订立续借英德洋款。

按此款又名一八九八年中国四厘半英金借款，年息四厘五，发行价格按百分之九十发行，其交付中国之实数则按百分之八十三成立，八三折扣是骇人的盘剥。由承借银行言，得百分之七的利益，清政府实得之数计一千三百二十八万镑，分四十五年还清，至一九四三年还清。仍按月由关税收入项下，扣还本息，即每月六万九千六百零二镑。与前项借款不同之点，即前项借款中国可随时偿还，而此种借款则在四十五年之内，每年应摊还之数不能改变，亦不能增加，即不能随时偿还。此种借款之其他负担，即各银行为支付持券人的本息，说是工作繁重，每年应按清还数目，索取手续费百分之点二五即二千零八十八镑。此数总计四十五年之中共十一万四千镑，均算入本款总数之内。按此项借款系以关税收入为担保，其不足额加以苏州货厘八十万两，淞沪货厘一百二十万两，九江货厘二十万两，浙东货厘一百万两，宜昌盐厘并加价一百万两，鄂岸盐厘五十万两，皖岸盐厘三十万

① A. G. Coons, *The Foreign Public Debt of China*, p. 10.

② 范文澜：《中国近代史》上册，第 287 页。

两，共为五百万两作抵。因之把厘金亦置于海关管理之下，并规定如果上项各种收入不能清还洋款时，总税务司得要求另提其他可靠之收入以凑足。同时以厘金作为借款担保之故，如有修改，须得银行的同意。至于现行海关制度，仍参照前项借款同样之规定，在本借款未清偿以前，不得作任何之变更，而且在一九四三年以前，中国不能提出预先偿还之方法，即改变关税管理之方法。总共本利计三千七百五十八万五千四百五十四镑①。

按此项借款的内容如此之苛刻，而当时清政府尚认为此项借款可以稍纾财力，比较有利，实则损失之大，彰明较著。他们究竟是愚昧无知咧？这是自欺欺人咧？下面所举，即关于经办此项借款之总理衙门的奏案，我们由此可以窥见单根据官方材料，即官样文章，实不足以说明当时之事实，并不足以窥见其损失之真相。

"总理衙门户部会奏，前借英德商款一千六百万镑（指第四项所述），约计库平银一亿两，经陆续提付日本赔款及威海卫军费七千七百五十九万余两，加以订购炮船等项，仅余银三百数十万两，而日本赔款尚欠七千二百五十万两。若不续借巨款，照约于二年内还清，则已付之息不能扣回，威海之军不能早撤，中国受亏甚巨，且本年应付之一千七百余万两亦尚无从筹措。上年英俄两国使臣迭向臣等商议，借其国家之款，息扣虽较商款为轻，而所索利息互相关碍，难以允从。臣等筹思至再，只可仍借商款以免轇轕。然不先指定偿款则借款仍归无着，中国借款向指关税作抵，关税每年约收二千一二百万两，内提出使经费各关经费船钞等项，并提还以前借款本息，所余无多，不敷抵借。至盐课地丁虽皆有着之款，均系每岁正供，不宜作抵，且所收数目，洋商无从周知，若准令照看，更碍于俄法借款一体均沾之条，恐别生枝节。通盘筹划，拟将苏淞沪九江浙东等处货厘，宜昌鄂岸盐厘等项，酌照广东六厂办法，札派总税务司赫德代征，以便按期拨付本息，不致迟误。此项货厘盐厘每年约征银五百万两，抵偿借款，当可取信洋商，而他国不致借口。当将此意面告赫德，令向英德

① A. G. Coons, *The Foreign Public Debt of China*, p. 11.

银行商办。经赫德与该行往复商论，定期续借英金一千六百万镑，仍合库平银一亿两，开具草合同，呈送前来。查合同所开，周息四厘五毫，八三折扣，四十五年还清，每四百镑用费一镑。虽较前次英德借款折扣较重，然前项周息五厘，三十六年还清，现款周息四厘五毫，四十五年还清，每年少还本息银十三万一千七百二十余镑，亦可稍纾财力。其余各款，与前次合同不甚参差，较诸俄英两国同时商借之款，利害相悬甚远。既无误日本偿款之期，亦免诸多要挟。臣等公商自可照此定议，谨抄合同底稿呈览，一面饬总办章京户部司员与该银行董事画押，订期交款，一面札总税务司并咨行江苏江西湖北安徽等省督抚遵办。从之。"①

按最后一次清政府借洋款以先期清还赔款的办法，实受五种重大的损失，为当时统治阶级所掩蔽者。第一，清政府认为赔款先期清偿以后，可以罢威海卫日兵之驻防。这是他们认为最充足的理由，也是他们最蠢的想法。实则威海卫的日本驻兵撤退以后，后来仍由英兵驻守，主权之不在我相等。第二，清政府认为先期清还日本赔款，可以按照马关条约规定，豁免六年的利息。这也是他们认为最充足的理由，实则日本赔款的利息，按照马关条约，订以五厘，分六次摊还，还一次即豁免一次之息，实计不过千余万两，而后来借债之息四厘半，即以最初五年计，约二千一百五十余万两，是坐亏一千余万两之息。第三，日本偿款无折扣，而借款按百分之八三交付，即借债百两仅得八十三两，一转移间又要损失一千万两之数。第四，债款还须加百分之点二五的手续费，即银行为经理支付本息时，每一万镑须取二十五镑的手续费，亦名经理费，每年以八十三万镑计算，即须支付手续费二千余镑。第五，马关条约载明以库平银两交付，而借款以镑价计算。中国归还借款之法，系在上海交银，在欧洲付金镑，金银比例以当天两地之行市而定，用银购金，即刻增加金之需要，势必使银价跌而金镑价涨，历年所受镑亏之损失甚巨，而此种损失，还是无法预先估计的。当时汲汲于清还，尚自以为得计，结果又加上五种损失。

① 《清朝续文献通考》卷71，考8274。

第三章 庚子赔款

第一节 赔款的性质

庚子赔款其本身本不是外债的性质；因为庚子赔款，系向外国赔偿之费，不算是外债，与甲午之役各种借款不同。庚子赔款其本身是赔偿各国的，并不是向各国借来的，其债权人并未付给一丝一毫的款项，实不能名之曰借款。为什么要列入外债史中来说明呢？因为帝国主义列强照外债一样的办法，公然分成五种债票形式，加算利息，按期摊还，规定抵押品等等，事实上等于一种借债，而从中国人民说来，其负担也是与外债一样的。若再进一步就其本质来说，这种赔款，不仅不是外债，根本上也不是赔偿的性质。因为赔偿，一定要有相当之损失，而帝国主义列强在一九〇〇年八国联军之役中，人力物力均无重大的损失。所以赔款四亿五千万两之勒索，是按照中国当时人口四亿五千万计算，来处罚四亿五千万中国人民的。除应偿本金四亿五千万两而外，每年按四厘息计算，至三十九年偿清之日止，尚应付利息五亿三千二百三十余万两。因此庚子赔款名义上虽为四亿五千万两之负债，而实质上则近十亿两，此为我国人所深知的。所以这种赔款，是帝国主义列强用来大大榨取中国人民膏血的，他们自己也承认实在所用军费及官商民教应请抚恤之款浮溢甚多①。并且挖掘各坟建碑及抚恤教民等费，尚另有规定（见辛丑和约第四款），外部另有

① 《财政年鉴》下册，第1430页。

核销京内教案收支各款数目奏折并附有清单①。这种凶恶行为，对于腐败之清政府来说，它无所谓，它是以人民为牺牲的。对于这次直接造祸之那拉氏（西太后）来说，她更无所谓，她认为借此出去看看世界，浏览风景，亦一乐也②。而实在受此项赔款负担的痛苦，致生活日陷于水深火热之中的，是广大的中国人民。

第二节　赔款的内容与勒索的过程

（一）总理事务衙门与各国公使关于赔款的谈判

各国联军自战胜了腐败的清政府后，气焰嚣张，各提出自己所适意的条件。在一九〇〇年十二月二十七日即光绪二十六年十一月初六日初步的由清政府降旨全行照允，足适各国之意以后，及辛丑和约尚未正式签字以前，在这个中间，于光绪二十七年三月一日总理事务衙门曾与各国公使开过一次关于赔款问题之重要会议。在中国方面是告苦，即筹款困难，在各国方面是怎样按期付款，即怎样筹付。会议的内容分三部分：一为总数的商讨，二为偿付的来源，三为赔款的摊还。其中以第二部分讨论最详，所有中国财政上的收入均包括进去，由此可见帝国主义者对于监督中国财政一点，已原形尽露，并充分地表现了对于中国人民之仇恨与恶毒。例如主张按人口抽人丁税是。同时还可以从他们谈话中，看出法使之凶横，英使之盘剥，以及清政府官吏委曲求情的丑态。现依据《清季外交史料》，加以整理后，作如下的纪述。

“三月初一日徐星使寿朋、那侍郎桐、周方伯馥同至德馆，晤法使毕君、德使穆君、英使萨君、日本使小村君，由联芳传语。

毕曰：今日系为赔款事，请示中国，每年可能摊还若干？

徐曰：请问各国共索赔款若干？

① 《清季外交史料》卷150，第5页。

② 李剑农：《中国近百年政治史》，第206页。

毕：赔款截至西历七月一日止，计银四亿五千万两。

徐：中国财力不足，各国既有顾全交情之意，应恳将赔款数目减少？

毕：此数各国并不多索，但所亏之数必须索偿。将来或多几日，少几日，仍须核算，此数不过约计。今日系专为要知中国有若干款项，可以作抵？

徐：中国近年库帑入不敷出，各位谅已尽知。我想海关进口货税，核计原定税则时，与现在镑价增订，商人仍可将多出之数加入货价之内。于洋商无所亏损，而中国办理赔款大有裨益。

毕：我等亦曾议及，似属可行，计中国每年约可多得银一千万两以上。中国常关税每年共得银若干？

徐：如交税务司征收，每年约可得银四五百万两。

毕：果能交给税务司否？

徐：常关多归海关道管，与海关相连，可交税务司代征。

毕：洋货进口加税，及常关税归税司代征作抵，我等皆以为然。但所差尚多。

徐：请问各国之意，可缓至若干年摊还？

毕：摊还年分暂且慢说。须考究再有何款能以作抵。闻中国盐课为大宗入款，如能变通办法，更可得多。然否？

徐：盐法变通甚难。

毕：盐款每年若干？

徐：盐款盐厘每年收数共约一千三百万两，已有宜昌鄂岸皖岸三处抵还洋偿，共应除银一百八十万两。又长芦每年销盐五十万引，自去年乱后，洋兵将盐任意销运，闻逾二百万引之多，以后三年芦盐无从行销，国课从何征纳。故以现在而论，盐课盐厘两项，每年只可作一千万算。

毕：然则此款可抵一千万矣。

徐：不然，我中国有若干应用要款，皆取给于此，只可挪出四百万作抵。

毕：闻漕粮改办法，每年可余银七百万两。

徐：所谓改办法，是折漕之说也，然则改收折色，断不能余七百万之多。

（按以上系讨论增加关税、盐税及漕粮改折，亦即抵偿赔款之主要部分收入。中略）

萨：京城进出货每年收税银若干？

徐：崇文门向来只收进城货税，其出城之货例不征税，每年约收银七十万两左右，为数无多。各口常关既拟改归税司征收，崇文门一处似可不必算入抵款之内。

毕：总理衙门所设之同文馆及出使各国人员所需经费，实无他款可筹，皆取给于海关税项，似可改由他处筹付。

徐：同文馆费用无着，出使经费实无他款可筹，断无因赔款不敷，将使馆撤销之理。

毕：学堂本系应设，若因此赔款致裁减出使人员，亦非各国所愿，此节可不论矣。闻裁减旗饷，每年约可省三百万？

徐：旗饷裁减甚难，即能裁减，而每年须付赔款，因而缺用甚多，此项节省之银，亦只可为自己补亏之用矣。

毕：水陆军饷项每年可省若干？

徐：水陆军不无可省，但难预定确数，且裁减之款，究属空名，似可不必指明款目，但酌定每年摊还若干，除盐课常税及洋货加税，其不敷之数，由中国设法解足可矣。

毕：每年究能摊还若干？

徐：至多一千五百万两。

毕乃持洋笔算之，左右顾英德使而言曰：如此须六十年，为期太远，能三十年摊还更好。

徐：一年三千万断不能筹。

（按以上系讨论节省各项经费，亦即挪移其他经费以抵偿赔款。）

毕：人丁税可办否？如每人每年征银五分，即可得二千万两。

徐：从前本有丁税，后来并入地粮，是以田亩赋课，名为地丁钱粮，若再按丁抽税，是重征矣。

萨：地亩亦可加税。

徐：各省多有瘠薄之处，所获本属不丰，若再加征，恐贫民更多苦累，地方难期安庆矣。

萨：然则办房捐如何？

徐：房捐亦有省分办过，总未办成，因一经收捐，其店家则歇业罢市，其居民则诉屈呼冤，地方官无如之何，故此事甚不易办也。

萨：闻土药较洋药多至三倍，如每担征银六十两，可得一千余万。

徐：土药出产处多散在内地，并无扼要稽征之处，若税厘太重，偷漏更多，恐无实济。

萨：印花税似可行。

徐：此事亦曾筹度，似只可于通商口岸，先行试办。因通商口岸风气略开，商民或肯遵行，若内地居民习故蹈常，视印花为无用，如派差随时随地稽察，徒为差役开索扰之门，于国课恐毫无裨益也。

（按以上系因摊还期短，加税的收入仍苦不足，讨论另筹新税，以抵偿赔款的办法。）

毕：请问赔款如何偿法，将分年摊还乎？抑借款总付乎？

徐：借债甚难，能宽定年期摊还最妙，若内有一二国愿得现银，各位为难，则请代为公保借债，亦无不可，应请各位酌之。

毕：是否托肯行缓期之国代为借债。

徐：不敢指定，必须肯行缓期之国代为借债，我想其急需现银者必不肯代为借债，又想现在应得赔款巨款者，均系富国，亦不至急需现银，故莫若宽定年限，容中国摊还为妙也。

毕：愿摊还不愿借债是何意？

徐：愿摊还不愿借债者，因各国既重友谊，不必为借债再独承一二国之情，且银若由一国借出，款数既巨，必不肯多宽年限，故不若分欠各国之为妙也。

（按以上系讨论借款以偿付赔款之法。）”①

综合这次谈判而观，赔款之要求与赔款之数目，各国均早已商

① 《清季外交史料》卷146，第7～11页。

定。这次谈判之目的，在如何偿付及抵押品问题，而偿付方法之决定，实取决于赫德之条陈，故赫德之条陈，对于赔款数目及偿付赔款，均有影响。

（二）辛丑和约第六款（即关于赔款内容）的分析

按照辛丑和约第六款所列，其中最重要之点，可分为下列六项。

（1）赔款总数之规定。按当时各国所要求之数，沙俄以调军较多，列为第一，德国以公使被杀，列为第二。其所开之数，据和约上所载，表面上系“各国各会各人及中国人民之赔偿总数。”（此处所指中国人民是指教民，可参阅外部奏核销办结京内教案收支各款数目折。）① 且以各国武官之刁难，几经磋商，始削减畸零，将原来所提出之四万六千零二十九万六千三百九十三两，定为四万五千万两整数。

（2）各国分得之赔款数目表（单位海关两，利息系照年息四厘计算）：

国别	百分比例	赔款本额	赔款利息	本利总计
俄	28.97136	130，371，120	154，196，630.49	284，567，750.49
德	20.01567	90，070，515	106，531，031.72	196，601，546.72
法	15.75072	70，878，240	83，831，340.74	154，709，580.74
英	11.24901	50，620，545	59，871，522.72	110，492，067.72
日	7.73180	34，793，100	41，151，589.28	75，944，689.28
美	7.31979	32，939，055	38，958，714.88	71，897，769.88
意	5，91489	26，617，005	31，481，301.11	58，098，306.11
比	1.88541	8，484，345	10，034，871.30	18，519，216.30
奥	0.88976	4，003，920	4，735，642.16	8，739，562.16
荷	0.17380	782，100	925，029.91	1，707，129.91

①《清季外交史料》卷150，第7页。

续表

国别	百分比例	赔款本额	赔款利息	本利总计
国际要求	0.03326	149，670	177，022.41	326，692.41
西	0.03007	135，315	160，044.01	295，359.01
葡	0.02050	92，250	109，108.82	201，358.82
瑞典挪威	0.01396	62，820	74，300.45	137，120.45
总计	100.00000	450，000，000	532，238，150.00	982，238，150.00

（3）五种债券之规定。由清政府发出债券，按数交各国收执。又以负债既重，更为之设法延长，分为五种，以便计算。

第一种，七千五百万两，自一九〇二年至一九四〇年止。

第二种，六千万两，自一九一一年至一九四〇年止。

第三种，一万五千万两，自一九一五年至一九四〇年止。

第四种，五千万两，自一九一六年至一九四〇年止。

第五种，一万一千五百万两，自一九三二年至一九四〇年止。其所以必分为五种者，目的是调剂旧债，使每年负担之额得平均。

（4）归还赔款之限期。此项赔款连同四厘年息，分三十九年还清，其各年度应摊还之本息，分列于后：

甲、自第一年至第九年，每年应付一千八百八十二万九千五百两。

乙、自第十年至第十三年，每年应付一千九百八十九万九千三百两。

丙、第十四年，全年应付二千三百二十八万三千三百两。

丁、自第十五年至第三十年，每年应付二千四百四十八万三千八百两。

戊、自第三十一年至第三十九年，每年应付三千五百三十五万零一百五十两。统计本利共为九万八千二百二十三万八千一百五十两。还本自一九〇二年一月一日起，每年还本一次。付息自一九〇一年七月一日起，每半年付息一次。首次之息即一九〇一年七月一日至一九〇一年十二月三十一日之息，可展到一九〇二年一月一日起，分三年付清，仍按每年四厘付息。

(5) 银两市价之规定。和约上所定之赔款是指关平银，这是规定很明白的。不仅中国方面了解如此，即各国方面亦有如此了解的(克恩斯亦说赔款是规定用银的①)。依据和约第六款第十三号附件甲所载，此四百五十兆，系照海关银两市价，易为金款，此市价按诸国各金钱之价，易金如下：海关银一两，即德国马克三·〇五五，美国金元〇·七四二，奥国克勒尼三·五九五，法国法郎三·七五，英国先令三·〇〇，日本元一·四〇七，荷兰弗乐林一·七九六，俄国卢布一·四一二。

(6) 担保品之规定。保证此赔款之财源，明载于和约上的计三款：一、新关各进款在前已作为担保之借款各本利付给后，所余剩者。又进口货税增至切实值百抽五，将所增之数加之。二、常关各进款，所有在各通商口岸之五十里内常关，均归新关管理。三、所有盐政各进项，除归还续借英德洋款一宗外，余剩之数一并归入。

(三) 赔款如何偿付问题

赔款之如何按年偿付，此为研究赔款之最重要关键，亦与中国人民之负担，有密切不可分离之关系。就清政府当时财政而观，真是“捉襟见肘”，就当时中国人民经济状况而观，真是“竭泽而渔”。在此无路可走之时，究竟怎样办呢？

甲、中央筹措的办法

户部奏：“据全权大臣先后来电，此次赔款共本利银九万八千二百二十三万八千一百五十两。中国财力万不能堪，然和议既成，惟有减出款，增入款凑偿，庶几不误大局。谨将增减各款开列：一、虎神骁骑护军各营津贴，一、神机营经费及步军营练兵口分，一、满汉官员八旗兵丁米折，一、南洋经费及沿海沿江防费，并各省水陆勇营绿营一律酌裁（按以上系属于减出款）。一、房捐，一、地丁收钱酌提盈余，一、盐斤加价，一、各省土药及茶糖烟酒，就现抽厘数，再加三成（按以上系属于增入款）。统计裁款可省三百余万，各省裁减及

① A. G. Coons, *The Foreign Public Debt of China*, p. 17.

加增之数，约计当有一千数百万两。惟各省情形不同，即照章筹办，凑款需时，仍恐有误还期。拟先就赔款二千二百万两之数（按此系指每年应摊还之数），令各省关将应解部库西征洋款改为加放俸饷一款，抵京饷改为加放俸饷一款，京官津贴改为加复俸饷一款，自光绪二十四年起加边防经费一款，向未有漕省份循案解部漕折一款，以上约共银三百余万两，全数提出留作赔款外，尚有一千八百余万，即摊派各省，按省份大小财力多寡为断。拟派江苏二百五十万，四川二百二十万，广东二百万，浙江、江西各一百四十万，湖北一百二十万，安徽一百万，山东、山西、河南各九十万，福建、直隶各八十万，湖南七十万，陕西六十万，新疆四十万，甘肃、广西、云南各三十万，贵州二十万，共计一千八百八十万两。自派定后，应按臣部单开办法速筹。倘各条与该省未能相宜，自可量为变通，另行筹措。惟必须凑足分派之数，如期汇解，迟延贻误，惟该督抚是问。再各海关税银，拟取足值百抽五，见已商办有成，将来关税增出数目，专为赔款应用，各省分摊之数，尚可酌减。"① 此系户部筹措偿还赔款及各省分摊之办法。同年十二月一日，又有“上谕”一道如下述。

上谕：“此次赔款载在条约，必须如期筹偿，万不可稍涉迁延，致失大信。着各直省将军督抚，务须遵照全权户部会议办法，竭力筹措，源源拨解，按期应付不准丝毫短欠，致生枝节。倘或因循贻误，定惟该将军督抚等是问，懔之慎之。”②

依据上面材料，清中央政府每年筹还赔款之办法，可分为二点：第一，即政府紧缩，将各种重要的军饷裁减，抵拨赔款；第二，令各省负责分摊，或开源，或节流，由各省自决，但规定每年呈缴一定数目，按期汇沪。关于前者由户部将各省关应解部库之款，如俸饷漕折等一律留作赔款之用，每年计得三百九十万零五百两。关于后者，则各省筹划情形不一。富庶省份多由藩库、运库、道库三机关分筹，来源为地丁、厘金、盐斤加价、常税、捐输等项。贫瘠省份则由他省代

① 《清朝续文献通考》卷71，考8276～8277。

② 《清季外交史料》卷150，第11页。

拨，如新疆、甘肃等省。总计各省筹划之款项，每年为一千八百八十万两，合户部改拨者共二千二百七十万零五百两。再加以一部分关税每年凑足数目，当在二千五百万两左右①。

照这种分摊的办法，各省是否能担任呢？现再根据当时各省报告的材料中，挑选几个省份较大财力较多者为例说明。

乙、地方凑足的情况

一、署浙抚余联沅奏详述浙省民穷财尽、摊派赔款为难情形电："浙江之宁波一关，自洋药并征后，税厘二项，光绪二十四年四结止，计征银百三十万，按时完解尚可敷衍。迨奉拨英俄洋款，数目太多，已形竭蹶，近又杭州设埠，商货前趋，茶叶之税已不及半，自二十五年十二月至二十六年七月止，四结期满，仅征银六十八万两，而开销税务司薪俸十二万八千零，又北卡局洋人薪水二万四千两，奉拨京饷十万两，内务府二万两，常税京饷二万两零，加放俸饷二万两，四国洋款二十万两，共需银八十三万三千余两，已不敷十五万两。虽洋税由杭关协解，而本省旗绿各营俸饷十万两，防营十万两，拨补浙东厘金十万两，以及正税项下应拨南北洋四成防费，与一成半出使经费，均归无着，统计积欠已逾百万。现在和议未定，将来洋款必奉摊派，罗掘俱穷，每一念之，兴嗟仰屋，而到处民穷财尽，真有不可终日之势，不得不详述情形，以备参考。伏乞圣鉴。三月初六日。"②

二、闽督许应骙致总署闽省裁兵筹款亦无济于事电："筹款一事，闽省岁入不过二百二十万左右，解款一切须二百五十万左右，而本省开销，尚不在此内，十分竭蹶。现惟有裁兵一法，岁可得十万，杯水车薪无济于事。四月初七日。"③

三、各省督抚张之洞等致枢垣，各省分派赔款为数过巨请减免四成以纾民力电："各省分派赔款为数过巨，筹措万难。方今民生困

① 汤象龙：《民国以前的赔款是如何偿付的？》，《中国近代经济史研究集刊》第3卷，第2期，第275页。

② 《清季外交史料》卷146，第11～12页。

③ 《清季外交史料》卷146，第12页。

穷，商业雕敝，经去年之变，各省商民元气大伤，种种筹款之法，历年皆经办过，久已竭泽而渔，若再痛加搜括，民力既不能堪，赔款仍必贻误。且沿江沿海五省盐厘货厘，久已抵还旧案洋债，拨补大半无着。今年加拨各款，多系有名无实，无法筹解。而自去年以来，南北各省闹教赔款，多者二三百万，少者数十万，即不闹教省分，摊派直隶教案赔款，亦二三十万至十数万，此又出于各项饷需之外，民怨已深，正苦无从设法。自新案大赔款经全权定议后，数月以来，屡与司道各局筹商，无不焦思束手，虽勉强搜罗，断难如数。且即所拟议奏明筹捐加收之数，将来亦恐难收足，实无把握。间有议加货厘者，乃是无聊之极思。窃恐驱鱼驱爵，徒归洋旗子口，收数转不能多。若按粮捐，输少则无益，多则必然扞格。房捐为数有限。此外各种筹款之法，无一易办者。总之，无论如何，筹加筹捐，无非取之于民。当此时势，民心为国家第一根本。以民穷财尽之时，倘再尽力以搜括追呼，以供外国赔款，必然内怨朝政，外愤洋人，为患不堪设想。否则商挂洋旗，民入教堂，国势何由固结。之洞等渥承厚恩，分膺疆寄，若因筹赔款之故，以致稍生事端，罪戾滋重。若百事俱废，专凑赔款，将兴学练兵，农工商务，一切养民治民卫民之自强要政，概行搁置不办，则民心日涣，士心日离，国势日微，外侮日甚，内乱将作，大局亦必难支。惟赔款岂能失信，窃拟一稍纾民力之法；盖各省赔款数巨，筹足困难，而尤以明年上半年一期为更难。筹款甫经试办，尚无端绪，期限已迫，必然贻误。查十月初一起，现办洋税加足值百抽五一条，据上年二月赫德条议，每年可增加三百万。向来免税洋货亦按抽五纳税一条，据上年二月盛宣怀条议，每年可增加一百万。常关归税司代收一条，据德国穆使自天津来与之洞面言，津海一关，每年可多收三十万。准此类推，除粤海关外，各海关监督兼管之常关税司代收，每年必可多收一百五六十万，有盈无绌。现在饬办折漕一事，电询漕督张复称，每年可省百余万。四项合计已有六百六十万。又查张春发、陈泽霖两军去秋裁汰八营外，每年可节省银二十八万，董军余众无多，已归他人接统，每年可节省银四十余万。六项增收款及裁省款并计，共得银七百三十万。就每年赔款一千八百万之数，核计正得四成之数，尚多十万。伏思洋货加足抽五，免税之货完税，常关税归司兼办，全漕改折四款，乃各国公使所指定者，本议明专为赔款而设，拟吁恳圣恩俯念民生困苦，巨款难筹，准将各省赔款减免四成，将上项所指加增裁省之款凑足，上半年只解一成，下半年解五成，以纾民力而免贻误。此减剩六成自必如期筹解不敢延欠。惟所指抵凑四成之款，必须明年十一月方能收齐，而明年上半年五月还期万不能缓，拟请敕下户部盛宣怀及上海道向外国银行如汇丰德华之类，商借七百二十万，约定明年五月半交银一年归还，酌给利息，能只借八个月尤善。国家只借此数并不为难，年限既少，则利息稍重，亦属有限。俟明年十二月间，核计所指增收裁省各款实得若干，如足敷四成及息银，即请于光绪二十九年起，令各省以后即照此六成之数筹解。如洋常两税于抵足四成外，能再多收一成一百八十万，各省即再减一成，能再多收半成，即再减半成。如尚不敷四成及息银，则请由各省照数分摊，解部补还，限后年二月解足。盖减少四成，薄海商民固感朝廷宽恤之恩，且展至下半年始解巨款，亦可从容妥筹，免致操切从事。此外西北各省尤为瘠苦，情形亦必相同。之洞等为仰体皇仁抒民力固邦基起见，不得已勉筹此策，仰恳圣裁施行，不胜迫切待命之至，请代奏。十月初二日。"①

四、直隶总督袁世凯请贷款电："略称财政支绌，京外略同，欲集巨金，舍贷款外别无良策。惟募集洋债，利息轻重常受挟持，镑价涨落复多亏损。中国历来办理官债，半由官吏鲜克践言，以致民多观望，即或勉集巨资，亦视为报效，不冀偿还，利国便民之政，转为误国病民之阶。臣私心痛之，今欲开募债票，宜公家严守信实，俾民间便利通行，方足挽浇风，服天下……"②

依据上述各种材料而观，各省财政困难情况与凑足之难，可以概见。浙江、福建为富庶之区，湖北、直隶为较大省份，其情形尚如此。尤以各省督抚联衔电奏中所陈："无论如何筹加筹捐，无非取之

① 《清季外交史料》卷149，第15~18页。

② 《清朝续文献通考》卷71，考8277~8278。

于民”，尚有“民怨已深，内怨朝政，外愤洋人”，以及“百事俱废，专凑赔款”等语，自是刻画当时实际情况。但各省关实际应付的情形，究竟如何解决这个问题，可从两方面分述。即（一）由各省摊还之数，（二）由关税摊还之数。由关税摊还之数，计分关余，增税，拨部改作赔款与火耗四种，关余系指摊还外债余款及五十里内常关税两项，增税系指切实值百抽五，拨部系指军饷等原应解之款现改作赔款，火耗系指各关节省之倾熔折耗等费。四项共计，就一九〇二年至一九一〇年统计观之，每年约三百余万两，有三年超过四百万两，其中以实行切实值百抽五方面收入最多。由各省摊还之数，其主要来源为地丁、盐课、厘金、漕项、常税、捐、杂税等项，即加征加赋与苛捐杂税是，其摊还数与户部原定之计划虽无甚出入，但其中亦略有改变之处①。就一九〇二年至一九一〇年统计观之，每年约二千一百余万，其中以江苏、江西、广东、四川等省较多。这样巨大的负担，全部加在从事生产的农工肩上，自然人民生活愈益穷苦，社会经济愈益雕敝。当时所谓“民生重困”，这个“重”字，就表示殖民地化又进了一步，清政府灭亡的时期又迫近一日了。

第三节　镑亏借款

镑亏借款亦名赔款补充债款，因系向汇丰银行等订借，又名汇丰新借款。按庚子赔款之本息，已达关平银九万八千余万两，后以金价日涨，银价日跌，损失更大。自一八八〇年以后，银价已逐步下跌，到一九〇〇年时，其下跌之情形更甚，在一九〇一年辛丑和约签字时，英金一镑尚只值关平银六两六钱六分，至一九〇三年还本付息之时，英金一镑，涨到关平银七两五钱②。中国资源之收入均系用银，即关税亦系用银两计算。银价日跌，金价日增，则此加增无定之镑

① 汤象龙：《民国以前的赔款是如何偿付的?》，《中国近代经济史研究集刊》第3卷，第2期，第275～277页。

② A. G. Coons, *The Foreign Public Debt of China*, p. 17.

亏，实为庚子赔款之余毒。

按辛丑和约第六款第十二号附件甲项之规定，此四百五十兆，系照海关银两市价易为金款，此市价按诸国金钱之价，即海关银一两，易英金若干，美金若干（见前）。这种规定是很明白的，即中国赔款是按海关两计算，即用银计算，同时因各国所用之钱系用金计算，因此即按海关银两市价易为金款，以便支付，中国总是交出这些银两来，按市价折成金款多少，这是收款人的事，不是付款人的事。如银两不能交足，是付款人的责任，如银两交足后，因汇兑上吃了亏，这不是付款人的责任。当时不仅中国人心目中均认定赔款是关平银四亿五千万两，所欠外国人的是关平银，不是金款，即外国人心目中，自要求以至定议，亦认定中国赔款为关平银四亿五千万两，也不是指金款，此征诸前后交涉情形可以概见。这种见解，当时帝国主义者中间例如美国方面，亦认定赔款是规定用银支付的①。乃帝国主义者专恃武力，一味横蛮，强谓中国赔款是用金计，如此则当时订和约之时，为什么不说明对英赔款为若干镑，对德赔款为若干马克，而只照关平银计算，这种很显明的事实亦置之不顾。而且美国既认定赔款是用银付的，为什么要钱时，又跟着各国，一道勒索，此中实可表明帝国主义者之欺诈与贪婪。当时清政府官吏亦不敢据理力争，惟知屈服，其媚外惧外之心理，更可表现其成为十足之帝国主义代理人。甚至事隔二十余年，贾士毅编《民国财政史》时，尚认为当时未知银价下落之趋势，及未下正确之解释，一切都是为外人说话②。银价下跌不是从一九〇〇年开始的，甲午举借外债时即知之，而且甲午以前，即有“镑价涨落后多亏损”之辞，是中国人何尝不知之。至未下正确之解释，其责不在中国人，而在帝国主义者。此点可由他们后来一律改为各国金额折成数可以证明。他们为什么原先不如此，而到后来始如此？这就证明原先是以关平银计算，而后来始以金款计算。这是帝国主义者之狡猾，不是未下正确之解释。

---

① A. G. Coons, *The Foreign Public Debt of China*, p. 17.

② 《民国财政史》下册，第 4 编，第 30 页。

按镑亏问题之争执，三年有余，其中交涉经过，见外务部奏折：

“查辛丑和约所载赔款关平银四百五十兆两，各国不允还银。臣部另议办法三端，迭与各使商议，今始就绪。缘与议和约者十一国，势如连鸡，诸多牵掣，稍未平允，群谋不易佥同。前所拟三端，一金价按月折中，一镑亏免再计息，一每月付款扣还息银。各使俱谓前三年已付之款，早经本国兑收拨用，碍难照办，只允嗣后设法通融，而前欠仍须索还，此在彼为有词，难与争辩。惟查各国银行每届还款之期，不免浮开镑价，此三年内付过本利六期，据其银行公会结算，亏欠已至一百四十余万镑。经臣等详核指摘各银行所定镑价之不公，各使始允以一百二十万镑，合和约关平银八百万两，作前三年亏欠之数，于议定后清还，此议结从前镑亏之情形也。至以后还款，欲免巨亏，必筹善后，原拟每月匀付之款，未届还期，按月扣还息银，各国已允照行。金价折中之议，各使亦以为公允，惟谓上海金价不能划一，恐滋争论，因议或照伦敦市面银价用银付还，或以金钱期票或电汇票，听各国择定其一。其期票电汇票由中国不拘在何处及何银行任便自购以后，每届还期，照各国分票所载应付之数付清，自无镑亏。此议定嗣后还款之办法也。以上议定各国皆愿用电汇票，惟俄日愿照伦敦市价付银，而俄款最巨，尤宜详订，所有俄之卢布与伦敦之金镑比较，伦敦之温司与中国之关平比较，饬江海关道与该国银行董事详细议定。又日本在伦敦需用，请将应付该国之款，电汇伦敦，按日币合成英镑，均行照允。此则各国各有分别之办法也。美国之款前允照银数付还，此次各国已一律还金，美亦须照办，自未便因其曾经允许而强与争论，此又美国亦照各国办理之缘由也。窃维还金还银，辩论数年，迄无定局，处不得不转圜之势，借此整顿还款办法，亦可稍资补苴。现所议定者，或由中国自购金钱汇票，则取舍之权，操之在我。或照伦敦市价付银，则价值划一，银行无可居奇。至按月扣还年息四厘，其数积少成多，计算至三十九年终，所节省约在一千万两以上。又查赔款所欠首六个月之息九百万两，照约应展在三年内带还，二次以八百万两偿清前三年欠款，所有展息九百万两亦计在内。故从本年起，每年付数较前三年已减三百万两，即可以此款为弥补镑亏之用。至第十年以后，赔款应付之数渐增，而旧日之洋债渐减，其款仍可移挪。倘镑价不至异常腾贵自无庸再加摊派各省之额。臣等筹议已妥，即会同各国使臣在部签字，互换照会，俾各遵守。"①

按奏折中所陈，一为议结镑亏情形，一为议定嗣后还款办法。清政府官场的"奏折"及"上谕"，对外无论吃亏到什么地步，他们总要自己安慰一番，并认为可以"稍资补苴"，而事实上不得不将三年来镑价所亏，照数补还。至所提三项办法，第一，每年镑亏之款，不再算利。这是当然的，问题尚未解决，利息从何说起，而且他们自己早已兑收拨用。第二，中国方面交银行收存之款，按月扣还利息。这也是当然的，现款存入银行，自存入之日起，当然计算利息，因为付款之期未到，先期所缴，当然以存款计，即所谓回头利息。第三，以前镑价按月折中计算。这就是根本上吃亏之原因。已过去之事，还须按月折中计算，不知中国方面有何利益可言，难道还要按照镑价最高的一天计算吗？当时清政府自认为满意，实则此项损失，计八百余万两，约合英金一百二十万镑。以外各国在何地需用款项，即汇往该处，例如应付日本之赔款汇往伦敦，具见资本主义国家之盘剥无微不至。

赔款本息之外，又突然增加这一笔常额以外之款，且为期迫切，计无所出，不得已只有乞灵外债之一法。因向汇丰银行及德华银行（贾士毅《民国财政史》中无德华银行，克恩斯著作中有德华银行②）订借英金一百万镑，借作弥补镑亏之用。年利五厘，发行价格百分之九十七，以崇文门关税及山西厘金为抵押（贾士毅财政史中无崇文门税作抵之记载，克恩斯著作中有之。）③ 借款期限为二十年，每年还本五万镑，直至一九一五年始还清。

① 《清朝续文献通考》卷71，考8278。

② A. G. Coons, *The Foreign Public Debt of China*, p. 18.

③ A. G. Coons, *The Foreign Public Debt of China*, p. 18.

第四章　清末其他各种政治外债

第一节　清理财政与本时期中外债情况概述

自清光绪三十二年（一九〇六年）改革官制，三十四年下九年预备立宪之诏，于是发布清理财政章程，派财政监理官驻各省，当清理之职。从事二年，编有三十四年岁出岁入额清查报告。岁入约计二亿三千四百八十余万两，岁出约计二亿三千七百余万两，比光绪二十九年前后，岁出入约增二倍。仅五年之间而增加二倍，这是一个待考虑的问题。有人认为当时每岁征税实额，为贿赂上官，收入私橐，其超于报告总在五成七成之间，故前此岁入如此之少。但新政浩繁，物价翔涌，其征税额之大部分消费于行政，亦事势之所必然。按照本表，出入相比，短缺不过三四百万两，似乎光绪二十九年以来，财政上并不艰难，不过这种报告实有疑问，或系凑合，或系虚造，证之事实，年短二三千万两，为中外所共见，无庸置疑①。欲补岁入之不足，惟有仍借外债而已。

除上述清查报告而外，日人根岸佶另有一段记录。谓自庚子后，岁亏二三千万两。洎筹备立宪及扩张军备同时并起，岁出愈多，岁入愈少，不敷至三千七百万两。据政府细算，中央所短每年二千四百八十万两，各省所短每年二千九百万两，因筹备立宪追加预算，又二千四百万两，合计七千七百八十万两。此后岁出将在四亿二千六百余万两以上，而岁入不及三亿六千七百万两，每年短少五千九百万余两。

① 《清朝续文献通考》卷68，考8249；又该书卷72，考8293~8294。

欲补此缺额，舍募借外债外，实无他术①。

关于清末财政情况及筹备预算的经过，当时官方尚有许多文件，综括来说，其关于收支方面，有三种不同之数目字。一为各省汇报之数，二为度支部核减之数，与京内各衙门拟提拟拨之数，三为资政院修正之数。惟汇报之数不尽可凭，复核之数亦嫌未确，修正之数但求表面上之适合，均不能据为信案。总之收支不能相抵，则是事实，舍借外债外无他途，亦系当时的事实。兹把历年来之旧债，作一综括之叙述。后面所录，即截至一九〇七年（光绪三十三年）年底止清政府之外债所现负之数（即把已还者除外）。

一九〇七年末止清政府外债现负额一览表②（以英镑计）

外债种类		发行年度	利率（厘）	款项（镑）	现负额
甲、甲午以前外债	怡和借款	1886	7	115,000	48,000
乙、甲午战后外债	汇丰银款	1894	7	1,635,000	817,500
	汇丰金款	1895	6	3,000,000	1,200,000
	俄法金款(此款系法郎合镑)	1958	4	12,819,100	12,417,476
	怡和金款	1895	6	1,000,000	466,700
	瑞记金款	1895	6	1,000,000	466,700
	英德金款	1896	5	16,000,000	13,342,625
	续英德金款	1898	4.5	16,000,000	14,584,000
丙、庚子事变后外债	赔款甲种	1901	4	11,250,900	10,257,254
	乙种	1901	4	9,000,000	9,000,000

① 《清朝续文献通考》卷68，考8251。

② 《清朝续文献通考》卷68，考8251。

续表

外债种类		发行年度	利率(厘)	款项(镑)	现负额
	丙种	1901	4	22,500,000	22,500,000
	丁种	1901	4	7,500,000	7,500,000
	戊种	1901	4	17,250,000	17,250,000
	镑亏金款	1905	5	5,000,000	483,333
	英法金款			5,000,000	5,000,000
丁、铁路外债	关内外铁路	1898	5	2,300,000	2,070,000
	东清铁路(华俄银行)	1898	6	750,000	750,000
	正太铁路(华俄银行)	1898	5	1,600,000	1,600,000
	汴洛铁路(比利时仙治洁特)	1904	5	1,000,000	1,000,000①
	沪宁铁路(中英公司)	1904	5	2,900,000	2,900,000
	道清铁路(福公司)	1905	5	700,000	700,000
	新奉铁路(日本)	1905	5	32,000	32,000
	京汉铁路	1898	5	4,500,000	4,500,000
	邮传部外债(英法银行)	1905	5	5,000,000	5,000,000
	吉长铁路(日本)	1907	5	80,000②	80,000
	广九铁路(中英公司)	1907	5	1,500,000	1,500,000
	粤汉铁路	1907	5	1,000,000	1,000,000
	沪杭甬铁路(中英公司)	1907	5	1,500,000	1,500,000
	九江铁路(英国)	1907	5.5	1,500,000	1,500,000
	津浦铁路	1907	5	5,000,000	5,000,000
合计四项外债				158,432,000	144,475,588

① 实在两次共164万镑。

② 实为日币215万元。

按照上表所记，铁路外债（表中有漏列的，参阅铁路借款部分）约合二亿九千余万元，而甲午庚子两役负至十一亿五千余万元。其算法系将各债合成英镑，再由英镑合成银元，其折合率不详，无由考其本身之是否准确。此数虽巨，但从克恩斯所记载者而观，单庚子赔款折成英金已有一亿四千七百三十三万五千七百二十二镑，截至一九〇八年时，所付还者有限，此款合成银元已超过其政治外债的总数。若再加上甲午之役的外债（据克恩斯所记，折成英金计五千四百四十五万五千镑①，在一九〇八年时所付还者亦比较有限），这两笔共计为英金二亿零一百七十九万零七百二十二镑。与日人根岸佶之四项外债总数英金一亿五千八百四十三万二千镑尚超越甚多，以此简单之一事观之，可见历年之记外债数字者，均不精确。此中最大的原因是利息问题，因为日人表中所列，只有本款而无息款，既曰现负数，则息款自应加入。再各债名目各人所采用者亦间有不同，例如克萨镑款与怡和金款，即有同一款而各用各的名称。而前表中之英法金款疑为邮传部借款之重复，此点当于随后再详述之。其中所列，比较重要者，即关于铁路外债，与克恩斯书中所附之表相差很大。本表中之所有者，有为克恩斯附表中之所无，克恩斯附表中之所有者，有为本表之所无。以外在克恩斯的附表中，多系根据合同之所载与当时之事实，例如津浦铁路借款本系四次，在清代时共二次，而本表中把前两次并为一次。至于债款中之数目字，则相差更远（按克恩斯所作之表，截至一九二二年为止，不是专记载清朝时期之外债，总数更无从比较）。除这些不确实之处，尤其是清朝外债总数上不确实之处应予校正外，总之当时清政府所欠之外债未还者从政治外债言，即甲午庚子两役之赔款合计已达英金二亿零一百七十九万余镑，以每镑折成十元计，约合银元二十亿一千七百九十余万元之多，所付还者有限（见表中）。铁路与实业外债，即以日人根岸佶所列举者而言，已达银元二亿九千余万元（克恩斯系截至一九二六年止，计英金四千九百六十三万二千八百八十四镑。再按每镑以墨洋九元五角计，合成四亿七

① A. G. Coons, *The Foreign Public Debt of China*, p. 14, 16.

千一百五十一万二千七百元)。在此种现象下，为弥补每年行政上之亏空计，又另借新债，实等于“饮鸩止渴”。

第二节　各省滥借的地方外债

清政府偿还洋款与赔款的方法，均由中央责成地方分摊，即由各省按期汇解。历代从未区分中央收入与地方收入，并以同为民财同归国用相传授。至举办新政后，地方经费开支更大，求之中央，中央以库储奇绌不能应，为了挽救统治政权的崩溃，一方面用新政欺骗人民，一方面训练新兵镇压起义，这就是地方经费增加的原因。经费既有中央与地方之分，则收入亦不容混合，所以各省竞行借洋债，以图扩充收入，弥补支出。现将各省借债经过的材料，分别叙述。

一、直隶省（河北）。“直隶总督袁世凯欲开内债之端，创为新法，募四百八十万，许债权者以种种权利，必欲集事而终不能成，不得已由正金银行借三百万两以实其言。”①

二、江南省及湖北省。“度支部奏议江督请以轻息议借重息还清略称，原奏内称，‘宁省上年维持市面，蒙准借洋款三百万两，七厘行息。又光绪三十四年江北灾赈，借正金银行一百万两，八厘行息，已还五十万，见尚欠五十万。宁省财政困竭，平时已入不敷出，乃遽负此三百余万短期重息之债，而抵款皆本省行政之需，其竭蹶自较平时为更甚。况历年以来，补助创办各项实业，如大生纱厂、印刷厂、电灯厂、宁省铁路、云南铜本、赣州铜矿、阜宁煤矿等一百数十万，亦无非将行政之款，挪为实业之用。是因市面及实业而行政受其影响。如海军处经费预备检阅秋操建造兵房以及新政调查等局经费，赈饥平粜劝业会亏耗等项，约增支银一百六十七万。需款巨而待支迫，行政固已不敷，而每年须备还款，约七十余万，尤无可措。背期不付，失信外人，更恐别生枝节。惟有先将重息短期之洋款，设法全还，并酌筹余款，以抵历年维持市面补助实业之款，使洋债不致失

① 《清朝续文献通考》卷68，考8251。

信，市面实业不致摇动，而行政亦不致堕坏，庶几稍纾喘息。然去年借款，专为维持市面，见在元气未复，借款之流存市面者尚多，若悉数提还，则恐慌更甚。而历年创办补助之实业，一经抽本，危险尤多。查湖北省因历年借欠洋债，请借轻息还重息，借长期还短期，业已奏咨允准。江南情势相同，拟请以轻息议借五百万两，将两次借款一律还清，稍有所余以抵市面及实业不便抽回之款。如蒙照办，见已探有五厘周息，十五年期限之的款可借，每年以财政公所之行政费，鄂、湘、赣、皖四岸收回复价八成盐厘，江南要政盐斤加价等项财款作抵，无须另筹等语’。臣等查上年两江总督奏借洋款三百万两，奉旨允准。市面暂时恐慌，由公家借款接济，平靖自应速还。盖借款以便流通，并非给资以弥亏空，前项究竟放给何人，为时已久，似不得以元气未复为言，久令公家受累。此次该督拟以轻息借五百万两，将两次借款一律还清，以所余抵市面及实业不能抽回之款，借轻息还重息，在该督未始不亟意筹维，然展转套搭，使暂时维持之款，变为长年亏累，为数又复加巨。近来各省每因财政支绌，辄假借外资为取给目前之计，揆之理财原则，殊多不合。惟该督迫切电陈，并援湖北借款还债办法，似亦必不得已之举。查湖北新借之款，未逾旧欠之数，事前又经臣部电令，交谘议局议决。此次借款亦属地方公债，应令照章由该督先交该省谘议局议决再行核办。”①

按湖北借外债办法内容不详，只从此折内可以窥见一二。其相关之文件，另见陈夔龙电奏中：“又湖广总督陈夔龙奏鄂省财政支绌，善后局积亏甚大，挹注无从。拟援直隶成案试办公债票以资弥补。”由此可见湖北募债办法亦系援引直隶，先拟办公债，后来仍借洋债。

三、东三省。“谕：东三省总督锡良等电奏，添设医院检疫所，经费浩繁，请饬度支部在大连税关拨银十五万两，解应急需，著照所请。”次年春又“向各国银行借二百万两”②。

四、江西省。度支部奏，江西“抚谘商臣部，筹议借款……臣

① 《清朝续文献通考》卷72，考8292。

② 《清朝续文献通考》卷72，考8291。

等公商该省如为扩张政费起见，则应另筹经常入款，万不宜轻议借债。若为整理旧债起见，苟能减重息为轻息，易短期为长期，办法尚无不合。惟所指统税抵款，于预算原额外，能否增筹，所拟章程有无流弊，请饬该抚妥慎规定，仍交本省谘议局议决，再行咨部核办”。①

五、广东省。两广总督张鸣歧电奏，“订借外国银行现款五百万两，周转市面”，“著照议行”②。

按地方外债多系各省径向外商承借，以上所记，系依据“清朝续文献通考”所载，中央方面有案可稽者。其未报告中央者，据贾士毅《民国财政史》下册所述，调查不易，每多遗漏。兹将贾氏所编地方外债一览表，附录于后（一九一二年即民元以后未录入，两家即刘与贾所载不同）：

外债名称	债权者	债务者	债额	利息（厘）	折扣	起债期 偿还期	抵押品
汇丰银行借款	英	湖北省	50万两	7	无	1909年 1919年	宜昌盐厘
鄂省借银还银借款	英法德美	湖北省	200万两	7	无	1911年 1920年	宜昌盐厘
维持上海市面借款	英俄德日法美和比	江南省	350万两	4	无	1910年 1915年	由上海道担保
维持江南市面借款	英法德	江南省	300万两	7	无	1910年 1911年	湘鄂赣皖盐厘 江南盐斤加价 两淮盐厘
周转广东市面借款	日本	广东省	日金 60万元	6	无	1911年 1912年	未详
周转广东市面借款	日本	广东省	日金 100万元	6	无	1911年 1913年	小押饷及硝磺饷

① 《清朝续文献通考》卷72，考8293。

② 《清朝续文献通考》卷72，考8296。

续表

外债名称	债权者	债务者	债额	利息（厘）	折扣	起债期 偿还期	抵押品
上海商会维持市面借款	英	上海商会	200 万两	7	无	1911 年 无定限	上海各商私产
英法隆兴矿山公司借款	英法	云南	180 万两	5		1911 年 1936 年	
瑞记洋行借款	德	直隶	英金 80 万镑	7		1911 年 1921 年	以直省烟酒茶三税作抵

以上所述，系指京外各省纷纷议借洋款以应急需，并省与省之间互相援引成案，债与债之间辗转套搭等情况。同时京内各衙门，即各部之间亦有借洋债者，据日人根岸佶所述："中央各署及直省督抚因紧要而向外人银行私贷者亦不少，即以日本论，已在二千万元以上，则合诸国总在亿元。"① 这种混乱的局面，自非从速解决不可，因之中央方面最后提出统一财权之办法，其中第一项即关于外债方面者。以下系度支部原奏。

"奏清理财政以统一财政为先务……一、外债流弊，言之疚心，若准各部各省自为商办，是放任仍旧，益滋其患。请嗣后各部各省必不得已募借外债，须由臣部出名订借，各部各省领用，不得径向外国订借。"② 以上系各省各部滥借洋债的情况，到清政府灭亡之前夕，以库空如洗，军饷无着，例如上述湖北各省均请加借洋债，中央亦只好"着照所请办理"。

第三节　币制实业借款之准备及垫款

封建的腐朽的清代统治到了溥仪（宣统）即位的时候，财政上实已到了山穷水尽之秋，中央与地方官吏的惟一指望，就是借外债以

① 《清朝续文献通考》卷 68，考 8251 ~ 8252。

② 《清朝续文献通考》卷 71，考 8281。

苟延残喘。但欲进行大借款，必须找一个大题目，而改革币制与振兴实业，原为当时朝野所主张，于是表面上借币制与实业之名筹借外债。美国资本家闻之，决拟单独借款，以五千万金元为额，事见度支部奏折中。

度支部奏："与北京华旗银行会议，借款总数不逾美金五千万元，年息五厘，每百元扣五元，已由美国资本家摩根公司、昆勒贝公司、第一国立银行、国立城市银行四家联合承办。先拟草合同六条，该公司等公派在京花旗银行总办梅诺克与臣部所派左丞陈宗妫等签字，请饬外务部照会美使，以便照合同所订各事，续议条款。""从之"。① 此系币制实业借款第一阶段。

自美国借款发表后，日俄间有违言，尤以日本反对较激烈，因之美国资本家遂联合汇丰银行、德华银行、东方汇理银行组成四国银行团，向清政府磋商借款事项，即由一国单借，改成四国银行团共借。此事亦见度支部奏折中。

度支部会奏："拟定美英德法四国银行借款合同二十一款，为画一币制及兴办扩充东三省实业事务之用，总数一千万金镑，利息五厘，折扣九五，还本以四十五年为期，由发售债票之日起，第十一年始还本，每半年一次，二十五年内欲全还或分期多还若干者，每百镑须加付二镑半，二十五年后无须加价。四国银行因合同第十款所定无汇兑之利益，又无购料扣用之处，故允于首次售票所得之款，扣支七万五千镑以作酬费。"② 按此项合同，系于一九一一年旧历三月十七日签字，其主要条件，除度支部奏折中已载明外，尚有担保与特殊条件之规定。担保品为东三省烟酒税、出产税、销场税及各省盐斤新加价，每年共计库平足银五百万两。特殊条件共分为二：一、银行团关于东三省之实业，所关投资及合办两事，对于他国资本家有优先权。二、银行团关于币制改革，得派监理官监督之。此系币制实业借款第二阶段。

---

① 《清朝续文献通考》卷72，考8291。

② 《清朝续文献通考》卷72，考8295。

由币制实业借款合同中，可见美国资本家已准备扩充其势力范围于东三省方面，并日本为什么亟力反对之原因。清政府为缓和日本方面反对计，又另向日本单独订借一千万元（此款为整顿铁路之用，另详铁路外债中）。此事另见当时“上谕”中。“近来国家财政竭蹶，由于币制不一。民生困苦，由于实业不兴。朝廷洞鉴于此，不得已饬部特借英美法德四国银行一千万镑，日本横滨银行一千万元，专备改革币制，振兴实业，以及推广铁路之用。”①合同签字后，当时四国银行团曾垫付十万镑。后延宕未付。清朝灭亡以后，原合同以未履行之故亦作废。后来一变而为善后大借款之张本，并将垫款本息，亦规定于该善后借款合同附件内还清。此为币制实业借款第三阶段。

以外在清代，尚有一项借款，名为英法借款，又名振兴实业借款。按此项借款，原因芦汉借款订约后，英使忽以俄国与是项借款有关，提出抗议。遂另向英法两国，订借五百万镑，名曰兴办实业借款，又曰英法借款，以赎回前项借款。清政府“上谕”中，系由邮传部经办，故又名邮传部借款。以此款用途为偿回铁路之用，故有一部分人把它归入铁路外债。但五百万镑借款之中作赎款之用者，仅四百万镑（即八成），其余一百万镑（二成），名义上作为自办实业之用，或即政治上之用，故有人把它归入政治外债。本篇仍认它为铁路外债，不过在此附带说明。

① 《清朝续文献通考》卷72，考8295。

第五章　本时期中路政借款（电政借款附）

第一节　铁路借款的一般情况

（一）中国铁道年表

中国铁道年表之作用，在了解铁路发展之过程及筹借外债之简单的记录。此项年表之预备编制，始于清光绪三十一年（一九〇五年），当时清政府曾有“上谕”，饬商部编纂全国铁路表①。但是只见命令，并未实行编制。邮传部初成立时，虽有九年筹划书，亦系一篇官样文章。英文《中国年鉴》上虽有铁道表与铁路借款的情况，但毫无系统，不管已成未成之路，及假铁路名义之借款垫款，事实上并无开工勘路之准备者，均混在一起，好像一本流水帐。另有湘乡李仲光所编之中国铁道年表，按铁路修建与借款成立之时间先后，扼要分列。其表列至一九一六年为止，本篇只录其清代一段；其中亦有错误与不详之处。

一八七六年（光绪二年），上海吴淞间铁路告成。按此为中国境内最早之铁路。据两江总督沈葆桢奏，系由上海英商于租地内擅筑，实则当日发轫，虽在租界，而所经之线，什九属内地。其动议实在一八六三年（同治二年）开始计划，建筑则在一八六五年（同治四

① 《清朝续文献通考》卷364，考11092；又见国民政府主计处统计局：《中华民国统计提要》，第1076页（注一）。

年)。后经迭次交涉，始由中国买回，共计规平银二十八万五千两，至一八七七年（光绪三年）九月十五日由中国收管，即于是年撤废。在此以前，一八六五年（同治四年）七月，英商杜兰德在北京宣武门外，曾筑一里许之小铁路，但开行未久，旋即拆毁①。

一八八〇年（光绪六年)，唐山炭矿铁道竣工。按一八七七年发现开平炭山，李鸿章创设开平煤矿公司，聘英人金达为技师，从事采掘。金既就职，患无输送石炭之路，奏请在开平塘沽间布设铁道。当时满清官吏群起沮之，金不得已，乃开凿运河，仍诸多不便，由是更布设人车铁道，以人力推挽车辆于铁轨之上，然终不堪其劳。乃再三上奏请设铁道，当局许之。嗣后设立中国铁道公司以伍廷芳为社长，自塘沽延长至天津，自一八八六年起工，至一八八八年完成。当时已完成之线路总延长八十一哩（英哩)，即天津塘沽间二十七哩，塘沽芦台间二十五哩，芦台唐山间二十九哩。

一八八七年（光绪十三年)，台湾铁路开筑。按台湾铁路起于台北府，东北通基隆，西南通新竹，计七七公里。工程起讫时间不详，《清朝续文献通考》认为在光绪十一年（一八八五年）升改行省后，《中国近代经济史统计资料选辑》表中列为一八八七年。一八九五年中日战争后和台湾一并割给日本。一八九二年（光绪十八年)，大冶铁路着手工事。自大冶县铁山铺起，至长江南岸石灰窑止，计十九哩(英哩)，以搬运大冶铁矿石为目的。其支线自得道湾至狮子山约二哩，建筑费约二百八十五万余元。

一八九五年（光绪二十一年)，津榆铁道由唐山延长至山海关。(亦作一八九三年)。

一八九六年（光绪二十二年)，龙州铁路合办契约成，法人得滇越铁路敷设权（一九〇三年组织滇越路公司)。沙俄得东清铁路及一切支线敷设权（一八九七年开工)。

一八九七年(光绪二十三年),京汉铁路比国借款成。京津铁路成。

一八九八年（光绪二十四年)，正太铁路借款成（此系草合同，

---

① 《清朝续文献通考》卷362，考11057。

正式合同系一九〇二年)，京汉铁路比国借款改订，英国得道清铁路敷设权，上海吴淞间铁路再开通。京奉铁路借款成。粤汉铁路第一次借款合同成（美国)。

一八九九年（光绪二十五年)，津浦铁路借款成（指草合同，续通考为一八九八年德国得胶济铁路敷设权)。

一九〇一年（光绪二十七年)，东清铁路全通。

一九〇三年（光绪二十九年)，沪宁铁路第一期借款成，粤汉路支路广东佛山线开通，商部奏重订铁路简明章程二十四条，汴洛路（即陇海路一部分）借款成。

一九〇四年（光绪三十年)，西陵铁路竣工，胶州铁路竣工，粤汉路佛山三水线开通（即广三铁路)。安奉铁路成（日俄战争后成为南满铁路一部分)。

一九〇五年（光绪三十一年)，道清铁路竣工（一九〇二年先由英人直接经营)，政府收买，同年本路借款成。萍株铁路（即浙赣路一段）全通，京汉路全线竣工，俄国以南满铁路让诸日本。赎回粤汉路借款成（该路于一八九八年与美国订借款合同，一九〇〇年又订追加条约)。

一九〇六年（光绪三十二年)，粤省铁路公司成立，沪宁路沪锡段开通，潮汕路开通。新宁铁路开工。

一九〇七年（光绪三十三年)，广九铁路借款成（此路光绪二十四年即允许英人修筑，另一说三十二年借款成)。吉长铁路协约成（三十四年借款成)。津浦路第一次借款成。南浔路借款成。正太铁路完成。

一九〇八年（光绪三十四年)，沪宁路完成，沪杭甬路英借款成（亦作一九〇七年)，邮传部借款成，即英法借款及京汉赎路三项外债。

一九〇九年（宣统元年)，京张铁路竣工（一九〇五年筹办)，胶沂线敷设权收回（一八九八年德人得承筑权)，南京城内铁路开通，汴洛路全通，齐昂轻便铁路竣工，吉长路开工，三十三年协约成，三十四年借款成。新奉路借款成。

一九一〇年（宣统二年)，滇越铁路全通，洛潼铁路开工，南浔路一段开通，津浦路第二次借款成，津浦路得达泰安，广九路一段竣工，漳厦路得达石义。

一九一一年（宣统三年），开海路一段开通，粤汉路长株线开通，广九路全通，津浦路南段得达利国。邮传部正金银行整顿铁路借款成。汉粤川铁路借款成。

（二）帝国主义列强在华的铁路网

铁路网是说明帝国主义列强侵略中国领土政策的一面，重要的一面。铁路外债是巩固和扩充其铁路网的势力。垂死之清政府，把中国一切权利，尤其是铁路方面的建筑及管理权，皆被外人夺去，凡一举一动，皆为人所牵掣，以帝国主义列强之要求无已，于是清政府时期之铁道，亦于此时开端，所谓被逼处此。全国重要干线之布设权，悉归于英法俄德美日等国之手。试列表以明之（此表系依据东亚同文会所编）。

甲、英国之势力圈

铁道名称	起讫地点	哩数（以英哩计）	备　考
关内外铁道	北京天津营口间	613	
津镇铁道	山东交界镇江间	300	后更名津浦，北段归德国经营
矿山铁道	浦口泽州道口襄阳间	919	后改
沪宁铁道	吴淞上海南京间	204	淞沪计十一哩
苏杭甬铁道	苏州杭州宁波间	250	后改沪杭甬
浦信铁道	浦口信阳间	333	
南京汉口线		380	
滇缅铁道	中缅界经云南至四川泸州	1，000	
广九铁道		93	
合计		4，110	

另西藏方面铁路，亦订有约。首见于1904年英藏条约，又见于

1913年英国工程司与达赖复议合资建筑。

乙、沙俄之势力圈

铁道名称	起迄地点	哩数	备考
东清铁道	中俄界至哈尔滨大连间	1，682	日俄战争前之全部
京汉铁道		725	表面上由比国承修
开洛铁道	开封洛阳间	136	表面上由比国承修
正定西安线	正定太原西安间	475	此中正太铁道35哩
吉长铁道		32	后改
蒙古线	张家口恰克图间	780	
合计		3，777	

丙、法国之势力圈

铁道名称	起迄地点	哩数	备考
滇越铁道	老开云南间	255	
广西铁道	谅山龙州北海南宁广州湾间	316	
合计		571	

丁、美国之势力圈

铁道名称	起迄地点	哩数	备考
粤汉铁道	武昌广州间	838	此中干线710哩

戊、德国之势力圈

铁道名称	起迄地点	哩数	备考
山东铁道	济南青岛沂州间	435	此中青岛沂州间160哩
津镇铁道	天津山东江苏交界间即北段	300	后更名津浦，南段归英国经营
济汴铁道	济南开封间	220	
合计		955	

己、日本之势力圈

按日本方面，可分成三个时期：（一）甲午之役后，（二）日俄之役后，（三）第一次世界大战后。除第三时期中，满蒙四路济顺高徐二路以及吉会等路，属于北洋军阀时代，随后再叙述外，此处只述前二时期。

铁道名称	起迄地点	哩数	备考
杭州广东沿海路线	以杭州为起点沿浙江福建广东沿海区域	1，115	以杭州为起点，以广州为终点。
杭州九江路线	自杭州至南昌达于九江	470	
杭州福州路线	本线分四大段		以下各线，日本均从事调查，但未设施，并曾与法国美国互相竞争，后来因注全力于东三省方面，遂移其经营华南之手腕于东北。
	（1）海岸线	505	
	（2）自杭州经衢州至福州	475	
	（3）自杭州入江西转入福建	633	
	（4）自杭州出南昌经抚州建昌光泽邵武延平等处迂回曲折而至福州	990	

以上属于甲午之役后。

南满铁道　本线分七大段　自宽城子至旅顺口，约四百五十英哩，合中国里一千四百零四里。此原系东清铁路之一部分，沙俄败后划归日本者。

（1）大连长春间

（2）南关岭旅顺间

（3）大房身柳树屯间

（4）大石桥营口间

（5）烟台炭坑间

(6) 苏家屯抚顺间

(7) 奉天安东县间

以上属于日俄之役后。

因布设诸处之铁路，遂各组织铁路公司，公司既成，乃着手于线路之敷设，即使不动工，他们亦认为各自的势力范围，与他国相抗，甚至中国人民要求自造，他们亦据约干涉，清代交通之血脉，遂全归于外人的掌握中①。

第二节　铁路借款内容的分析

一、京奉铁路。本路始名津芦（芦台），又名津榆，又名关内外。至一九〇七年，路线直达奉天（沈阳），始曰京奉。档案经庚子事变，散佚殆尽，今择其可据者言之。一八八〇年开办唐山煤矿商路（亦作一八七九年），一八八八年自胥各庄接修至天津（亦作一八八七年）。一八九〇年自唐山延长至古冶，一八九五年自古冶延长至山海关，即所称为津榆铁路者是（亦作一八九三年）。嗣改公司线为官线。一八九七年京津铁路竣工。此年十月设复线，又自山海关延长至营口。所需经费半借洋款，并由各省协济，暨劝办捐输。即由山西陕西河南安徽年协五万两作为续修铁路应还洋款之用。按一八八七年至一八九八年间，该路曾借洋款四次，两次为津沽铁道借款，一次为津通勘路借款，又一次为英德法各银行借款，此四款共约五百余万元，均已还清。一八九八年十月十日息借中英公司英金二百三十万镑，订合同二十款，以铁路产业及脚价进款担保。该路始归借款官办，而全路亦改称关内外。其合同中主要之条件列之于后：

名称：关内外铁路公债（英文为一八九八年中国政府铁路五厘金公债）。

债权者：中英公司。

发行日期：一八九八年二月六日。

---

① 严中平等编：《中国近代经济史统计资料选辑》，第184～189页（表）。

用途：(一) 还津榆路及津芦路所欠各外国银行借款。(二) 天津山海关各段路添设工程车辆。(三) 延长天津山海关间路线至新民府并修造营口沟帮子支线。

总额及利息：总额英金二百三十万镑。年息五厘。

担保品：本路财产及收入。

折扣及年限：折扣九七；期限四十五年。如欲提前偿还，每百镑加二十镑。合同签定后，是年八月即行兴工。时沙俄闻而嫉之，恐此路成，中东路与京汉路不能连接，乃愤懑不已，极力反对。英亦不屈，其势几欲以兵力从事。迨迟之又久，英人之志终不可夺，清政府亦利用英以制俄，俄不得已遂为让步。于是英俄二国在圣彼得堡缔结协商条约。自此协约定后，此铁路之名义虽为中国所有，其实清政府与英人结有秘密条约，将关内外线质之于英，为借款之担保。用人之权悉归于英，沙俄虽怒目相视，亦无可如何。一八九九年此路延长至锦州。一九〇〇年义和团事起，北京塘沽唐山山海关等铁路遭破坏，凡前所经营及材料等皆归乌有。迨联军入天津，关内铁路归英占据，关外铁路归沙俄占据。至和议定后，英俄均订交还中国条约，在山海关签押交收。自收回后，又进行修筑。一九〇三年冬，延长至新民屯。一九〇四年支线亦皆开通。日俄战争时，日本为谋军事上之便利，曾将新民屯至奉天间，铺设狭轨铁路。一九〇七年清政府曾与日本缔结收买新奉路及自造吉长路的条款。计新奉收回价格，为日金一百六十六万元。自购回后，须照关内外铁路新造同式之路，从事改筑，需费颇巨，而前项条款第一款内，有改造款项须向南满铁路公司筹借一半之语，遂于一九〇九年，向日本南满铁路株式会社，订借新奉借款。其合同主要条件列之于后：

债权者及债额：债权者为南满铁道株式会社。债额日金三十二万元。

折扣利息及担保：折扣为九三扣，年利五厘，以本路财产及进款作抵。

用途期限及特殊条件：用途为改筑本路之用，期限十八年，在债款未还清以前，聘日人为总工程师，所有本路进款应存日本正金银行。

自合同签定后即展宽新奉铁轨，以与关内外一律，即所谓京奉铁路是，全长计一千八百十七里（亦作九八八点七公里）①。

二、京汉铁路。本路始名芦汉（从芦沟桥到汉口），自展至北京，易名京汉。一八八九年张之洞督粤时，曾奏请开办，议格不行。洎甲午战后，始决意兴办，惟以该路延长三省，款巨工费。一八九六年下直督王文韶、鄂督张之洞议，两督会奏承办各商均不可恃，力保盛宣怀堪胜总理。盛所拟办法，一请设立铁路总公司，二请招商股二十万股，每股百两，三请先借官款一千万两，续借洋款二千万两。洋款由公司立约，商借商还。当奉上谕，借款事宜著王文韶、张之洞等以全权办理，并设立铁路总公司于上海。一八九七年，先与美国议借款未协，英德两国又多要挟，适比国领事介绍比利时合股公司开议承借，在武昌先订草合同，是年六月，在上海由盛宣怀与比公司正式签字，作为正合同。到一八九八年，交付第一期款项之时，比公司忽翻议，头批银两，逾期不付，续送条款，多与前议相背。因为比公司承办此路，原受沙俄及法国方面之指挥。其中赞成此事者，华俄道胜银行亦与有力。由是盛宣怀与比公司再三磋商，遂改订合同。凡借款以全路作抵，一切造路及行车管理事皆归比公司综揽，此即第三次改订正合同之内容。今将合同之主要条件，列之于后：

（一）铁路总局有布设京汉铁路之权利，因向比国银行工厂合股公司借款一万一千二百五十万法郎，即英金四百五十万镑，合库平银三千七百五十万两。该债分为二十二万五千股，由巴黎华俄银行购买七万八千股，其余十四万七千股，由该银行经理。折扣九折。

（二）第一期交付七万八千股即三千九百万法郎，此中八百六十万法郎，储存于上海华俄银行，其余由比公司与铁路总办及华俄银行商议，储存于他家银行。

（三）用途为建筑铁路之用，概由比公司承造，限三年竣工，一

---

① 日本东亚同文会编：《中国经济全书》，贺﨟晃等译，第11册，第202页。

切费用由华俄银行及商定所指名之银行支出。

（四）比公司因筑造铁路所需之一切材料，除汉阳铁政局供给一部分外，凡购买一切材料皆经比公司之手，并免除赋税。

（五）年息五厘(《皇朝掌故汇编》及《中国经济全书》均是五厘，惟贾士毅书中系四厘)，期限三十年。自一九〇七年后无论何时，可偿还本银之全部，或仍按抽签之法还本付息。全数还清后，本合同销废。

（六）铁路公司以芦沟桥至汉口铁路路线及其产业与一切属于该路之物，作为本利担保，如届偿还之期不偿还本利，则债主为保护其权利，有自由处分之权。

（七）比公司经理铁路营业，由铁路公司监督之。其每年收入额充营业费及借款本利之用，而以所余十分之二，纳付于铁路公司。若收入额不能支办营业费，则不足之额归铁路公司负担。

（八）总公司与比公司，或中国官与比国代理人有争论时，由总理衙门与比公使处理，若两者不能妥协，则以双方之同意，选第三仲裁人，为之裁判。

依据此合同，京汉铁路借款之权利，皆归沙俄享有，修筑之权则由比公司担任。一九〇〇年义和团事起，比使以借款系将铁路作保，今长辛店烧毁轨道，与行车利息有碍，请妥筹担保。总理衙门照复毁当修复。当时汉信间保正间先后竣工。一九〇三年中英公司与比公司订立北京牛庄铁路芦汉铁路合同三条，由是决议铁轨直达京城，即所谓京汉铁路是。一九〇五年盛宣怀将建造情形咨部，其最重要者有三项：一勘查路政，二验收路工，三续借比款。是时南北两干线告成，黄河桥工告竣。全路即于一九〇六年三月二十三日通车，其中保定至芦沟桥一段原系津榆铁路局所造，嗣售归本路者，芦沟桥至北京正阳门一段，系庚子年法军所造，经中国收回，并入本路者。计自汉口玉带门至北京正阳门，共长二千四百三十里（亦作一三三二·四五公里)。当因工程款项不敷，拟续借比款，由铁路公司向比借款一百二十五万法郎，是为续借比款成案。一九〇六年盛以病辞职，唐绍仪代之，裁撤上海总公司。时邮传部前尚书陈璧提议赎回自管，因为该铁路原拟十年赎回，如早日清还，则可早日自管。于是召募公债，挪借官款，但不敷尚巨，乃另借新债，外人之运动借债者日接踵于王公大人之间，英使以沙俄关系，更亟力进行，以抵抗沙俄在京汉路方面势力之扩大。遂于一九〇八年九月十四日，向英法两国订借兴办实业借款英金五百万镑。名为兴办实业，其中以四百万镑，凑成赎回京汉铁路之用。其合同之主要条件，列之于后：

（一）债权者：汇丰汇理两银行。（二）债额：英金五百万镑。（三）折扣：按九四实收。（四）利息：前十五年五厘，以后四厘五。（五）用途：以八成赎回京汉铁路，二成自办工艺实业之用。（六）担保：以下列杂项进款，共库平银四百二十五万两作抵。即浙江房捐酒捐当捐契税作四十万两，浙江新旧盐斤加价作六十万两，江苏盐斤新案加价作七十万两，江苏房捐作三十万两，湖北川淮盐新旧加价作六十万两，湖北烟酒糖税、田房契税作四十万两，直隶烟酒杂税作八十万两，直隶运库均价作二十万两，直隶盐斤新案加价作二十五万两。（七）期限：三十年。

在一九〇八年准备收赎京汉路时，邮传部原定同时募集内债一千万元，但开募以后，购者甚鲜，在一九一〇年时，以需款甚殷，遂将公债作抵，先向英国敦菲色尔公司，承借英金四十五万镑，次向日本正金银行，承借日金二百二十万元，后又向敦菲色尔公司及密德伦银行，承借英金十九万四千四百镑。三种借款条件略同，年利七厘，均以本路收入作为保证。

依据邮传部奏折，收赎京汉路之款，一为度支部筹拨之五百万两，一为内债之一千万元（即先由政府挪拨，后来向外国银行抵押之三项小借款），一为英法借款五百万镑中之四百万镑，三数凑足后，即于一九〇八年十二月六日由驻比公使李盛铎，将所有应交本息各费，共法金一万二千七百四十万零一千零四十一法郎三十三生丁，统在巴黎全数交清，并派梁士贻等将比公使经手各项文卷款项材料一并点收，并将抵押证据悉数收回①。

三、沪宁铁路。本路为中国中部横断线之一。按中部横断线东起东海，沿长江流域西行至四川，复南折入云南，与缅甸铁路线连结，可以交通欧亚，与西伯利亚线有互相竞争之势，而路线悉属英人之势力范围，因英人夙有窥伺长江之野心，经营亦不遗余力。先从起点沪宁铁路历史言，自一八七六年购回淞沪铁路后（详前），迟至一八九六年，南北洋大臣据督办盛宣怀之请，得旨允准后，开办之基始定。一八九七年盛奏先由吴淞造至上海，由上海至苏州，其苏州至江宁一段，俟开车后续展。斯时适值中日战争之后，列强皆乘机扩张势力，英人夙有独占长江之意图，苦于无所借口，故瞠目以待时机之来。适芦汉铁路借款之条约成，英人遂以为口实，乃扬言曰，该问题非特英国贸易上工业上之问题，乃侵害英国长江流域之势力，实政治上之问题。因此英公使向总理衙门抗议力争，谓芦汉铁路借款合同第十八条，该铁路股票，悉归华俄道胜银行经管，事实上即华俄道胜银行投资，所谓比公司者，乃暗受法俄二国之助，比公司持其假名，用是援最惠国利益均沾之条件，以要求清政府，清政府官吏对外向无胆识，无词以拒，遂请英国与沙俄自行交涉，后沙俄承认不侵害英国之长江势力范围，清政府遂于一八九八年以沪宁铁路借款之权利畀诸英国，先立草合同，由盛宣怀委派潘学祖会同英人玛礼孙勘测，当时玛即出箧中所藏苏沪铁路图说以为蓝本，盖已早有预备要攫夺该路。一九〇〇年测竣，会义和团事起，英人亦以塔国乱事，暂停进行。一九〇三年由盛宣怀与英公司订立正式合同，其主要之条件如下：

（一）总额英金二百二十五万镑（此系指第一期，即一九〇四年之发行额）。以九折交付（亦作九七·五折，但与事实不符），年息五厘，限五十年清还。用途以供收买淞沪支线及建筑自上海至南京之铁路。（二）担保以既成之淞沪路，及现筑铁路车辆房屋土地并一切收入等为抵押。（三）为管理布设线路运输列车等一切事务，在南京

① 《清朝续文献通考》卷369，考11137～11138；又见《中国经济全书》第12册，第16页；又见《民国财政史》下册，第4编，第62页。

上海设立铁路管理局，议定用委员五名，其中中国人二名，英国人三名。若中英两国委员意见有冲突时，由督办大臣与英公司经理人和衷商酌。（四）布设铁路所需土地，由中国自行购买，以交付于工程师，其必要材料，先以汉阳铁政局制造，不足者则购买于外国。凡内外输入材料，均免关税厘金。（五）铁路工事自本合同批准后即当开办，限五年为竣工之期，若十二个月内不开办，则本合同作废。非得督办大臣之允许，若五年不竣工，则铁路营业所生之利益，不得分配。（六）公司债利息每年交付二次，还本办法自第十二年半至二十五年时期内，可将借款提前还清，惟每百镑须加二镑半，并须于六个月以前通知，在第二十五年后，照票面偿还。（七）五十年之期限将满，尚未清还时，应于二年前以书面通知英公司，商议犹豫时间，若六个月内无成议，中国当另筹别法，预备资金以偿还此公司债。（八）若于约定之时日内不交付利息，或至期满时不还本，则该铁路及附属物件，当属英公司，概归英公司管理。（九）凡本铁路及支线所通过之路旁，有害本铁路之利益者，不得敷设铁路，亦不得敷设与本铁路平行之铁路。

自合同签定后，即于是年九月开工。居民以外人穿屋毁垣，凿山开道，屡起反对。其甚者为囊河之变，囊河隶金匮县，入境测勘，树标于居民屋脊，乡人鸣锣攻之，县尹多方开导，英工程师要求重惩居民，相持至一九〇四年案始结。一九〇五年适粤汉收回之议成，江苏人民力主废约，争之者虽甚力，而英人以成约在先，不稍让步。乃谋减轻借款以冀早日赎回，当时所发行之公司债二百二十五万镑，以九折之故，实收只二百零二万五千镑。至该路糜费之甚，甲于其他各路。至一九〇六年，该线路自上海敷至无锡，用款告乏，英公司与铁路公司会商，乃有第二次再借六十五万镑之事，每百镑实收九十四镑半（一作无折扣），年息五厘。其中详细经过与丧权辱国及滥费之事，具见唐文治奏折中。兹将唐奏摘要纪述于后：

“窃臣于上年十月二十一日奉旨办理沪宁铁道。……十二月十八日，准前工部左侍郎盛宣怀移交合同文卷，并购地款项银两。本年正月三日，续据总管理处造送工程帐册，因洋帐支款浮滥拨回，未据禀复。本年三月复准盛宣怀移送购地收支各帐册，均经复核驳回，此接收之大略情形也。沪宁合同吃亏，比京汉铁路为甚。其最棘手者，在设立总管理处，华员二人，洋员三人，每届会议，彼众我寡。若华员不通英文，会议时不能逞其辩舌，机宜坐失。即谙英文者亦须明敏坚忍，始克胜任。议者故有添举监督之说，不知权在总管理处，合同早已订明。虽有监督，实不济事。其尤棘手者，财政之权，操于洋人掌握，用款虽由华洋员签字，而司帐者为洋员也。分段司帐，其支发权又在工程司。购料事宜，又由怡和洋行经手。行车总管，皆洋员所专司。以彼众我寡之因，故成事事掣肘之果，此臣接收后查悉向来受病最深之处也。合同载明总管理处办事章程，由督办会商英公司订定，臣审知挽回补救之术，舍此无从下手，即拟定章程，饬钟文耀与英公司商订。至整顿财政事宜……总管理处司帐饬令加派华员，分段司帐翻译，饬由华员黜陟，怡和代购材料亦改由总管理处自购。行车总管材料总管，均饬令添设华员……此臣接收后择要补救之大纲也。至全路工程用款……续借六十五万镑……倘因款绌中止，则此路吃亏更甚。再四思维，不能不出于续借等语。”①

按第二期借款英金六十五万镑，系一九〇七年七月一日发行(主要条件详前)，两次合计为二百九十万镑。一九〇八年三月全线告成，自吴淞至南京，共六百五十四里（其中南京至上海计三一一点四公里)。

四、汴洛铁路。自一八九九年津镇铁路之议起，盛宣怀恐伤芦汉行车之利，乃议办汴洛开济以保全支路，因借款未定而义和团事起遂寝。一九〇二年比公司代理人卢法泉到沪面商盛宣怀，重申前议。一九〇三年由盛与豫抚会奏请展筑开封洛阳支路，与比公司议订合同，外部复奏允准。其合同之主要条件如后：

（一）债权者：比国电车铁路合股公司。（二）债额：比金四千一百万法郎，合英金一百六十四万镑。（三）折扣：九折，利息五

① 《清朝续文献通考》卷370，考11157；又见《中国经济全书》第13册，第10页。

厘，期限三十年。（四）用途：为供建筑开封至洛阳间铁路与沿路支线之用。担保以本路之财产及收入。并规定在该项借款未清还之期间内，中国政府授与比公司以管理该路行政及工程之全权。按该项合同，大致取法于京汉路。合同签定后，即于一九〇四年开始建筑，一九〇八年竣工（亦作一九〇九年）。全线自开封至洛阳，计长三百七十里①。

五、道清铁路。自道口至清化镇，长不过二百六十余里，经过交涉最多，其内容最复杂。开始以泽襄（由山西泽州至湖北襄阳以为由此可达长江）为缘起，继而以怀浦（由河南怀庆与芦汉接，过安徽以达浦口）及浦信为波澜，最后以道清为归结。一八九八年英公使请造铁路五条，末条拟由山西河南以达长江，总署复俟福公司晋豫开矿工程成后再商。一九〇三年英使重向外部声请，将已定泽道铁路，由福公司代为借款照正太章程办理。旋由外部函复，泽道原议由福公司备款自造，不应由中国借款收路。英使以泽襄不得，必欲取偿于道泽。盖英人先欲自办，嗣以长江取道之策不行，而道清养路费难支，故欲中国借款收回，迭催外部订立合同，部催盛宣怀定议，盛派詹天佑察勘时，已成之路，只道口至清化镇九十余英里（亦作二三一点五一公里），其清化镇至泽州三十八英里并未起造，名为泽道，实则道清。一九〇四年，詹天佑到京与英人哲美森议价，共英金六十一万四千六百镑。一九〇五年由盛宣怀与福公司订立道清铁路借款合同，其主要条件如后：

（一）债权人为英国福公司，债额两次共计英金八十万镑。（二）折扣九折，年利五厘，期限三十年。（三）担保以本路财产及其收益作抵。（四）用途为延长及偿还该公司所筑道口至清化铁路价款之用（按此为本路借款之特殊的性质，因为用途不是为修路，是为买路）。

为什么这条短短的铁路情形如此之复杂呢？为什么福公司起初要自修，后来又要中国买回呢？此中关系很大，实为英帝掠夺中国矿权

① 《清朝续文献通考》卷369，考11144；又见《民国财政史》下册，第4编，第68页。

与路权之一重大事件。原来道清铁路之敷设，系为沿近各矿地输运便利而起，当时福公司在山西之孟县、平定、潞安、泽州、平阳五处，开办煤矿，要求修路以便运输。盖自甲午之役以后，中国割让于列强之权利，以福公司为最多。在一八九七年时，福公司即与山西巡抚订约，谋得山西全省矿山采掘权。当时反对山西矿山假手于外人者很多。皆无效力。不仅中国人反对，俄国以其有害正太铁路之利益，亦大为反对。由福公司与正太铁路公司协商之后，福公司实已握得山西矿山采掘之全权，并且有布设铁路之特权。然而福公司侵略之心犹不能已，复欲取得河南之矿权与铁路权，借道清铁路之布设，伸张其势力于河南之焦作镇等地，一八九八年时又以前合同中（即五月二十一日协议成立之合同），有准修铁路通至最近水口一条，应许其开设黄河以北之矿山及布设黄河以北之铁路，问题更多更严重。

因此可以了解福公司之第一目的原在攫夺矿权，即山西全省之煤矿与河南全省之煤矿是。而欲布设道清铁路以及最初提议之泽襄怀浦等路，目的在运煤与争得铁路权。后来之所以要求清政府收买者，实因为该铁路竣工以后，损害利益，大失所望，且与京汉衔接，京汉路若不予调车之便利，转运亦困难，福公司深恐路费无着，乃密商驻京英使，要求外部及盛宣怀将该路归并铁路总公司办理，成为京汉支路。以借款为买路之用，他们仍得运煤之实用，而由中国承受其铁路上开支之损失，此所以复有道清铁路借款合同之订定①。

六、广九铁路。本路自广州至九龙，计长二百六十七里（亦作一四二点七七公里），与粤汉路联络，实为欧亚往来之孔道，中外交通之枢纽。通粤汉以直达内地各省，其商务繁荣，必凌驾上海而上。借款修路之开议在一八九八年，英使请准英商承修，总理衙门咨盛宣怀核议。一八九九年与怡和公司订立草合同，其中规定工程师及会计员均用英人，抵押以盐税作抵，铁路落成后，以铁路财产及收入作抵，届期如不能偿还借款，则此路归英国管理。并声明俟沪宁路合同

---

① 《清朝续文献通考》卷370，考11156；又见《中国经济全书》第13册，第235～238页；又见中国银行经济研究室：《中国外债汇编》，第75页。

定妥再议。一九〇四年沪宁路定妥，英使遂援前约催办正合同。一九〇五年因赎回粤汉向英国借款，又勾起广九路借款的要求。同时广东人民以粤汉路赎回之影响，群起争求废约。彼等以合同中所订第十五条，中国不得再设一线路，以争夺此铁路之利益。此条若承认之，是不啻缚广东人民之手足，扼广东人民之咽喉，举广东南部必出此铁路之一途，即失广东南部一切权利，不能再经营铁路。且当时正计划广厦铁路（后改惠潮），与此合同之原文显然相悖，因广九路修筑之宗旨，原欲珠江东方一带之商权，悉归其掌握。若广厦成，则珠江货物之集于广州者亦可以出厦门，香港贸易必为减杀。所以广九路成，英人之利大。广东之害多，广厦路成，广东之利即英人之害，中英利害势不两立。广厦路由中国人自办，广九路由英人承办，粤商谓广九借款损失权利，电请勿许外人建筑，实争其所必争。粤督咨请合同暂缓签押，粤民愿自办。然该路已有成约之故，英使持之甚坚，外部亦不敢主持，卒蹈沪宁路之复辙，合同因而商定。最后由外部会同邮部具奏，邮部以广厦一路业经自办有案，反复声明以杜枝节。其合同之主要条件如后：

（一）债权人中英公司，总额英金一百五十万镑，按九四折交收。（二）年息五厘，期限三十年。如提前在一九三二年以前偿还须加价百分之二点五。用途专作建造铁路及预备行车以及筑路时支付借款利息之用。（三）所有地基材料车辆房屋，暨铁路已购或将来所购各产业，以及路成后一切进款作为本路借款之担保品。（四）此路准备建筑之时，在广州设立总局一所，办理造路行车事务。该局由总督派一中国总办管理，佐以一英国总工程师及一英国总管帐人，该二人由中英公司荐举。（五）利息如不能按照日期交付，本款如不能按照表列时间清还，则全路及附属产物，应抵押于债票执掌人。（六）布设铁路报酬金议定为三万五千镑，凡购买材料，若英国价值品质与他国同，则当在英国购办。（七）执掌债票之受托人，于上述报酬金之外，每岁给予英金一千镑以为报酬。自借款之日起至偿款之日止。（八）中国政府不得于本路建造平行铁路，以争夺此路之利益。

按该路在相持不下之时，曾议定将借款之一百五十万镑，提出一半七十五万镑之债票，归粤人购买。并电禀邮传部十二年以后本利还清之时，概归华商办理①。

七、沪杭甬铁路。一八九八年英使窦纳乐函请总理衙门，准英商承修中国铁路五条，其中第五条路，即由苏州至杭州或展至宁波，经总理衙门行知督办铁路大臣盛宣怀与英商怡和洋行议办。是年订苏杭甬铁路草合同四条。一九〇五年商部具奏浙江绅士筹办全省铁路，并请派员总理，先行立案，奉旨允准。御史朱锡恩奏请将苏杭甬草合同速废，奉旨著责成盛宣怀赶紧磋商，务须收回自办。适英使萨道义亦照会外务部，请派员与怡和洋行代理人商订正约。嗣后英使迭次照会，或谓浙抚纵令绅民抵制，故作难题，或谓浙省绅民无理举动，颇有险碍，或谓中政府如仍袖手坐视，深恐两国纠葛，华英利益均受巨亏。种种恐吓之词，势非订约不可。经外务部再三商榷后，始允俟广九路约订定再议。迨广九路约议成，英使催商更迫，由汪大燮与银公司商议，舆论愤激，责汪卖国。后定借款与办路分为两事，路由中国自造，除华商原有股本尽数备用，不使稍有亏损外，约仍需款英金一百五十万镑，向英公司筹借，另指的款为抵押，使公司不得借口干预路务。遂于一九〇八年二月由邮传部与中英公司订立沪杭甬铁路借款合同，其主要条件如后：

(一) 总额英金一百五十万镑，年息五厘，折扣九三（一作九九)。(二) 期限三十年，惟二十年以内，多偿债款时，须另加二厘五之费，担保系以关内外铁路余金及本路收入作抵。以外并规定提用款项，均由邮传部或其所派之人经理。此路建造工程以及管理权全归中国国家，该英公司代购外洋材料机器，以三万五千镑作为酬劳，一切用银均包在内，选用英总工程师一人，须听命于总办。虽名为铁路借款，凡属铁路内事与该借款之英公司毫无干涉。

按沪杭甬铁路借款办法，实表示清朝官吏之两面妥协性，也是自欺欺人之法。在执行的过程中，由邮传部规定章程十四条，因路归商

① 《清朝续文献通考》卷365，考11103；又见《中国经济全书》第12册，第160~172页；又见《中国外债汇编》，第55页。

办，款由部拨，江浙两省公司接款还款，即按照部定之章程办理。其对外合同，原有折扣等等规定，目的在收回草合同之亏损，因定以利易权之法。惟路归商办，商力微弱，自未便专令商民受亏，因此江浙两省公司在承领部拨存款之时承认年息五厘，这也是官绅间互相沟通以求妥协解决之办法，当然是不彻底的自办办法。以上所述，均见邮传部奏折中。全长共三五八点六九公里①。

八、津浦铁路。津浦原名津镇，北起天津，南迄镇江，后改由天津达南京对岸之浦口，易名津浦。一八九六年候选道容闳发起筹办，谋借美款。忽英德二国公使同起反对，英使以沙俄经营京汉已妨碍英国在长江之势力，若津镇又归他国承修，势必侵害英国势力范围更大，非由英国经营津镇以与沙俄对抗不可。德使以津镇若归他国承修，其影响必及于胶济。英德二国均欲单独承修，几至冲突，迨大开谈判，彼此磋商，遂定分界限之法。自天津至山东省南界，归德布设，自山东南界至镇江，归英布设。英德二国因此订修建津镇铁路之协约。一八九八年总理衙门奏准派员自立公司，向英德两国银行商订借款草合同三十五条。一九〇二年特派袁世凯为督办，与英德银行立正合同，节次磋商，迄未就范。未几而全国铁路自办之说起，直隶山东江苏三省绅商与京官联名奏请筹款自筑，废弃前约，英德坚持不允，磋商数次迄无成效。一九〇七年奉旨著袁世凯张之洞妥商办理，德华银行代表柯达士至武昌，促张之洞速订约。张力言借款修路应分为二事，即款虽借自英德，路则归我自办。其议乃定。遂由外务部侍郎梁敦彦与英德二国银行代表，订立津浦铁路借款合同二十四条，路线由津至山东峄县为北段，峄县至浦口为南段，北段归德工程师承修，南段归英工程师承修，全长一千八百九十三里（亦作一一〇五点七四公里）。其合同之主要条件如后：

（一）债权者英国华中铁路公司及德国德华银行。债额第一期发行英金三百万镑，第二期发行英金二百万镑，共五百万镑。汇丰银行

① 《清朝续文献通考》卷 367，考 11115；又见《中国外债汇编》，第 57 页。

担任一百八十五万镑，德华银行担任三百一十五万镑。折扣第一期三百万镑九三扣，第二期二百万镑九五·五扣。年息五厘。（二）担保品以本路收入及直隶山东二省厘金、江宁厘金、淮安关厘金作抵。（三）用途为建筑本路及在筑路期付还利息之用。期限三十年，前十年付利，后二十年还本，在二十年以内，如欲提前偿清，须另加二厘五之费。（四）选用英德工程师各一人。本路需用外国材料，由银行等代办。将来本铁路之支线借用外债时，先向汇丰德华两行商议。

一九一〇年津浦建筑尚未竣工，而前项借款行将用罄。糜费之大，殊骇听闻。当由徐世昌沈云霈等向英德银行续借四百八十万镑，名曰津浦铁路续借款。款分两期发行，第一期三百万镑，德发一百八十九万镑，英发一百一十一万镑。第二期债票一百八十万镑，因欧洲金融财政发生困难，并未继续发行。年息五厘，其发行价格每百镑加半厘。担保品仍以本路收入及直隶山东江宁厘金及淮安关收入并加安徽厘金，总计各处厘税备抵之款每年计关平银七百三十万两。至于用途期限及特别条件等，均与前次本路借款所定条款相同①。

本路直至一九一三年，始全路开行，直达通车。德发部分之债票，因对德宣战之故，中途停付，惟其中一部分债票落入他国人手中，仍由汇丰银行代付。

九、正太铁路。本路筹办之经过，比较周折，其起源是由于沙俄得志于东省后，企图向西发展，并开发山西省之煤矿，遂力索正太路的建筑权，清政府允之。一八九七年华俄银行代理人璞科第与晋抚及晋绅开议承办。一八九八年由山西商务局与华俄银行订立借款草合同。正太铁路全权由此遂入于华俄银行之手，是时英国福公司因开采山西煤矿，搬运困难，正拟于山西求一便宜路线，计划尚未成，忽闻此举，乃起而抗议，谓前次所订之条约中，有左右百英里之地，不许布设其他铁路，是华俄银行显有妨碍福公司之利益。一九〇〇年晋抚毓贤咨请总理衙门暂行停办，会义和团事起，彼此迁延。一九〇二年

① 《清朝续文献通考》卷367，考11119；又见《中国外债汇编》第二篇，第59、63页。

晋抚岑春煊据璞科第之议，将该路作为芦汉支路，援照芦汉合同，归并铁路总公司，由盛宣怀奏明从前合同作废，另立合同，其主要之条件如后：

（一）债权人华俄银行，债额四千万法郎，折扣九扣，年利五厘。（二）担保以本路之财产全部及收益为担保，期限为三十年，自第十年起，匀分二十期还本，并得提前还清。（三）用途为本路建筑之用。由华俄银行代聘谙练工程之总工程师一员，并派经理行车人员。

合同签定后即分段动工，一九〇七年因建筑款项不敷，邮传部奏准将京汉路余款借拨。八月全路告竣派员验收。起石家庄至太原省城，长四百八十六里（亦作二五六点九公里），为京汉路支线。其与全国铁路相异之点，在用窄轨，故工程较速，至其规模办法，略同京汉①。

十、吉长铁路。本路自吉林省城至长春，即由吉林之省会长春互相连结。中东铁路大工将成之际，沙俄亟欲接展吉长一路，屡以为言。前吉林将军长顺恐利权旁落，欲自办吉长铁路。一九〇二年估定建筑工费，需银二百六十万两，奏请专归中国自办，由户部筹八十万为基础，不足则由吉林就地集华商股。沙俄处心积虑，常以归华人另办难，归公司接办易，来相絮聒，卒以再四要求，订合同十六条，有改归公司修造之奏，无何，日俄搆兵，此议遂寝。署将军达桂以草案逾限，应归无效，仍向争回自修。一九〇五年拟将吉省官帖银元两局余利及公款内先期筹拨，购料兴筑。一九〇七年外务部咨吉长铁路已与日本林使商订条款七则，奏准通行。约内载吉长路仿山海关内外铁路借款合同办法。其辽河以东一段，所需款项向南满铁路公司筹借一半，吉长铁路所需半数亦向该公司筹借。因于翌年订立吉长铁路借款合同，其主要条件如后：

（一）债权人南满铁道株式会社，债额日币二百一十五万元，折扣九三，年利五厘。（二）担保以本路财产及进款作抵，期限为二十

---

① 《清朝续文献通考》卷370，考11152。

五年，前五年付息，后二十年将本款分四十次匀还。（三）用途为建筑本路之用，聘任日人为总工程师及会计主任。本路入款须储存于正金银行分行或出张所。迨六个月付本利后，余款方缴还中国政府①。

按此路一九〇九年开工，一九一二年通车，共一二七点七四公里。后来在二十一条之中，又把本路资本改为悉向日本借款，共借日金六百五十万元，将中国资金归还（其详情见后）。

十一、粤汉铁路。本路纵贯鄂湘粤三省，实为中国腹心一大干路，计长一二三八点七五公里，与京汉路同为国家之命脉所关。京汉路前以比国之名筑造，其实权已归法人与沙俄，是中国之大干线已失其半。且法俄二国皆竭力经营，法人欲由汉口经广东以接安南边境，沙俄欲经北京，通张家口以接西伯利亚铁路，皆垂涎粤汉，各欲与其范围地互相联络。计划未成，复有美人争夺之举。于是湘鄂粤三省人民决定三省通力合作，以杜外人要求之渐。一八九八年由官吏代奏得旨著照所请办理。当时虽已募集一千二百万两之股本，但不敷之款尚巨，结果官吏拟借洋款，且避法俄二国，而借之于美，由驻美公使伍廷芳与美国合兴公司交涉，共借美金四千万元。其第一次合同系一八九八年四月十四日签订，其第二次合同系一九〇〇年七月十三日签订（第一次原借四百万镑，因勘测线路，用费不敷，第二次改为四千万元）。以全路财产作抵，限期五年竣工。合兴公司遂于广东三水动工，成路十五里，糜费二百余万元②。合兴公司代理人毕来斯死后，工程停顿，原约定明五年后不动全工，契约作废，期限已逾而全路尚未动工，比人乘机收买美股三分之二。比与法通，法与沙俄合，是购此股票者，比有其名而法俄占其实，由政治上之抗议，一变而为经济上之操纵。按粤汉路交涉之初，原为中美之交涉，不料美国黑幕之后有比国，比国之后有法俄，是中美之交涉变为中法俄比等国之交涉。

① 《清朝续文献通考》卷367，考11122；又见《民国续财政史》（四）第232～233页。

② 《中国经济全书》第12册，第65页；又见《清朝续文献通考》卷368，考11133；《清朝续文献通考》，卷371，考11159～11161。

鄂督张之洞闻知，谓京汉路已由法俄比经办，若粤汉路复入其手，则与东三省铁路钩连一气，既扼我之吭背，复贯我之心腹，为患不浅。乃电湘粤督抚提倡废约。湘绅龙琠霖等群起力争，各省商民均响应，粤汉路问题遂为全国人士所注视。合兴公司骤得废约之信，主张美人自行赎股，并派美人柏士来华游说，先运动盛宣怀、王之春，盛王为所惑，张之洞力破其说。此交涉案遂归张之洞主持，日筹划废约办法及应赔偿款项。查一九〇三年三水广东间既成铁路，与他处开工铁路及一切产业，核算应偿费若干，张之洞曾电驻美公使与合兴公司交涉，其中经无数波折，乃议定偿美金六百七十五万元（合当时银元一千三百五十万元）。而所备偿之款，除佛山工程及中国自买小票外，仅余二百余万元，所短甚巨。遂决借英金一百一十万镑，以三省烟土税作抵,期限十年,不折不扣。但英国提出两个重要要求:一、今后在华南一带，他国若要求铁路矿山之权利，必谘之于英国，二、今后中国在华南计划修路采矿时，若欲借款，必借英国之资本。盖英人以京汉路为法俄攫去，故欲从粤汉路方面来抵补，而张之洞以迫欲借款，偿还合兴，不得不承诺之。当时人士以为以英易美，不如勿赎，攻张甚力，结果以巨资不易集，卒借英金，于一九〇五年收回全路，订明中国政府可将合兴公司所有铁路产业材料，测量图表，开矿特权，以及应得利益，无论明指暗包，一律收回。以上系叙述粤汉路立约废约的经过。

自收回后，三省各举代表在武昌设粤汉铁路总局，并议定路归各办，款归各筹，拟修路公共章程十四条，路成后公共条款四条。其最重要者，一、赎路款英金百十万镑，照七分摊派，湘三粤三鄂一，未赎之小票准是。二、三省路各从本省起修，尽款先修干路，不得先修支路。三、湘省路线较长，愿将宜章以下至郴州属境之永兴县，让归粤修。四、佛山三水已成之路，所有余剩材料地基等，均按湘三粤三鄂一分派，是为三省共同派法。至三省各办之法，鄂以官钱局彩票募资，先募六百万元，不足续招，大股百元，小股五元，分为三期，利息六厘，由买股日起算，不许转卖外人，亦不许外人购股。湘则较鄂为难，一九〇五年创设湖南铁路筹款购地公司，提米盐捐厘作为保息。一九〇六年湘省商会议改商办，认股二百余万元。嗣又改为官督商办。粤省始议时，议决商办，举黎国维赴鄂调查，时粤督岑春煊恐商力不继，欲收为官办，遂议加抽各捐，以充路本。黎回陈官办之不善，抽捐之扰民。岑督怒黎梁（梁庆桂）异议，电参革职，由是粤省士民及东南洋学商界交电力争。后卒复黎梁官，并责成招股，旬日间得股四千余万元，先收第一期一千三百余万元。是三省各办之大略情况。大概粤汉全路自一八九八年至一九〇五年为借款及收回自办之时，一九〇五年至一九〇七年，三省各疲于集款，而粤省则官绅互闹意见，风潮迭起，是又进行较迟之原因。以上系叙述粤汉路三省筹办的经过。

按此路收回后，原欲借三省之力以成此路，而且广东方面实力尤较雄厚，而乃前有官绅之风潮，后有绅商之风潮，龃龉经年，久无成效。推原其故，一由官吏恣势力以压迫绅商，绅董复恣势力以压迫市民，实封建社会之作祟。至湘鄂方面，虽封建地主豪绅资力亦不弱，但集款无着，徒糜局费。且款未齐而滥费，官绅沆瀣一气。张之洞于是仍拟借款筑造，乃向英德法三国银行，订借款草合同，正欲入告，因美国援案插入暂缓，张之洞旋即病故，此事遂一搁。计自废约至此时，其间已有七载之久。一九一一年，因干路收归国有，由盛宣怀与英德法美四国银行代表，议定汉粤川铁路借款合同二十五款（亦名湖广铁路公债，时五月二十日），其主要条件如后：

（一）债权者汇丰银行、德华银行、汇理银行、美国资本家。债额英金六百万镑，折扣九五，年利五厘。（二）用途分为三种，一为赎回前美国合兴公司代售债票，二为建筑武昌至湖南宜章县路线，及汉口至四川夔州府路线之费，三为造路期内提付本借款利息。（三）担保以湘鄂百货厘金盐捐及赈粜捐等项，为数共达九十五万两：如该项税收裁撤之后，则将两湖税收移充还本付息之用。裁厘加税后则改由增加之关税抵补。基金保管者后来指定为盐务稽核所组办。（四）期限为四十年，前十年付息，后三十年分六十期还本。在十七年以内多偿债本时，须另加二厘五之费，满十七年后无须加费。（五）武昌至宜章选派英人为总工程师，广水至宜昌选派德人，宜昌至夔州选派美人。工程经费如有不敷时，银行团以同一之条件，应四百万镑之第二次借款，且将来本路延长，须仰外资时，银行团有资金供给之优先权。本路所需材料，限于同一品质价格之材料，英美德法较他国有优先权。(按此合同虽名为湖广，实包含粤汉川汉两路线。)

自借款合同签字后，各省人民纷纷反对。据湖南巡抚杨文鼎奏："湘省群情汹惧，哗噪异常，遍发传单，意在煽动。"当时上谕中，亦有"如有从中煽惑，扰害治安，意在作乱，准如所拟格杀勿论"等语。而格杀勿论的结果，当时所谓"滔天之祸"即随之而起。以上系叙述粤汉路银行团借款及国有干路政策的经过①。

十二、整顿铁路借款。此项借款，按其名目言，实为铁路外债之一，但不是专为一路而借，在一九一一年时，清政府为缓和日本对四国借款之反对（见前），同时以各项借款亟待偿还，而款无所出，遂向日本横滨正金银行，商订整顿铁路借款合同，其主要条件如后：

（一）债权者横滨正金银行，债额日金一千万元，折扣九五，年利五厘。(二）担保以江苏漕折每年一百万两作抵，并以京汉路借款进项为偿还本借款本息之用，如有不敷，由中国国家凑足。(三）用途为清还京汉路官款，暨付还各项借款之用。(究其用途来看，此借款之一部分，系清还前次度支部所拨交京汉路赎路时之官家垫款，其他部分所谓各项借款，系何所指，则内容不详。)（四）期限为二十五年，前十年付息，后十五年平均还本。在二十年以内如欲多偿债本，另加二厘五之费。(五）偿还本利，均以京汉路之赢余付给，不足由中国政府另选财源付给②。

以上各路借款，均截至满清时期为止。其他各路如平绥路，虽筑在清代，但当时号称国人自办之路（暗中亦有英国之关系，借以抵制沙俄)，后来虽亦入不敷出，形成借款，但事在北洋军阀时期，归

---

① 《中国经济全书》第12册，第65页。又见《清朝续文献通考》卷368，考11133;《清朝续文献通考》卷371，考11159~11161。

② 《民国财政史》下册第4编，第75~76页；又《中国近代经济史统计资料选辑》，第190页（表）。

入后段。此其一。同时直接由外人经营之路，如中东铁路、滇越铁路等，与上述之借款修路情形又不同，故此处均不述。至于胶济铁路后虽由中国收回，但亦在北洋军阀时期，归入后段。此其二。以外各矿山附近，亦筑有极短之铁路如大冶等处，目的为运输矿产品而设，其中有由国人经营者，或由外国人经营者，其事属于矿权之内，故此处未分别叙入。此其三。其他各路如浦信同成钦渝宁湘等路，或有其名而无其实，或虽有少数之垫款而工事迄未进行，或虽发动于前清而立约于民国成立以后，故此处均未叙入。此其四。最后尚有地方筹办之铁路（大部分未兴工），在《中国经济全书》中，除全国干路外，其他分省叙述，《清朝续文献通考》中除干路外，亦有按省分别之纪要法，自非此处所能详，故从略。此其五。

第三节 电政借款

中国电报之设，缘于一八七四年沈葆桢奏言其利，奉旨饬办，时未果行。迄一八七九年，李鸿章在大沽北塘海口炮台设线，以达天津，是为电报之权舆。一八八〇年遂有试办南北洋电报之请，声明办成后官督商办，奏入允准。由盛宣怀于一八八二年三月招商接收，一九〇二年冬谕归官办，设电政大臣，准原有商股悉仍旧贯。一九〇六年设邮传部，归部直接管辖，由部派员赴沪接收，是为历办电政之关键。比而观之，电报商局始创于李鸿章，而终辖于邮传部。其中沿革可分为三时期：自一八七九年至一八八二年为官款官办，自一八八二年至一九〇二年，为官督商办，自一九〇二年至一九〇七年为商股官办。在官督商办时间即自一八八二年集股商办，垂二十年，盛宣怀一人主政，股亦独多。袁世凯向与盛有隙，至是任北洋大臣，乃议收归官办，攘夺利权，名公而实私也①。

清政府时代电政借款，截至一九一一年为止，共计三次：

（甲）沪烟沽正线借款。一九〇〇年在庚子事变之时，帝国主义

① 《清朝续文献通考》卷373，考11195、11182。

列强在沪烟沽沿海安设水线，传递外人消息，嘱大东大北两公司承办。而电局则援二十二年（一八九六）会订三公司电报合同款内第十五条所载，公司线路除电局允准外，不得再在中国界内推广一节以驳之。后经往返磋商，允由中国买回，仍托两公司承办，其款即由公司借贷，按年拨本付息，分期摊还。其合同主要条件如后：

（一）起债期：一九〇〇年七月十日。（二）债权人：英国大东电报公司、丹麦大北电报公司。（三）债款额：英金二十一万镑。（四）利息：年利五厘，实收，无折扣。（五）担保：即本海底电线。借款未还清前，本电线事务，委任债权公司经营。（六）借款用途：本海底电线之收买资金。（七）偿还期限：三十年。

（乙）烟沽副线借款。其合同主要条件如后：

（一）起债期：一九〇一年十二月二十一日。（二）债权人：大东大北两电报公司。（三）借款额：英金四万八千镑。（四）年利：五厘，实收，无折扣。（五）担保：即本海底电线副线。（六）借款用途：本海底电线副线收买经费。（七）偿还期限：二十九年。

（丙）整顿电报电话借款。一九一一年，邮传部向大东大北两电报公司借款，以充整理电报电话经费。其合同之主要条件如后：

（一）订约时：一九一一年三月十二日。（二）债权人：大东大北两电报公司。（三）债额：英金五十万镑。（四）利息：五厘，实收，无折扣。（五）担保：以应归中国政府之电政收入，及中国政府保证为担保品。（六）用途：用以整理电报及电话。（七）偿还期限：二十年①。

---

① 谢彬：《中国邮电航空史》第 245 ~ 247 页；又见 A. G. Coons，*The Foreign Public Debt of China*，p. 45.

第二编

北洋军阀政府时期的外债

（一九一二年至一九二六年）

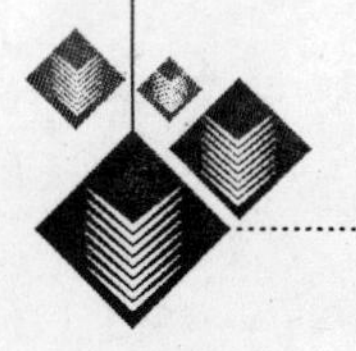

第一章　辛亥革命与外债

第一节　南京临时政府的外债

南京临时政府是急于想借外债而不易借到的，其中虽借到几笔日债，并不是由于日本之帮助，实是由于日本之捣乱与存心侵略。此中经过自比较复杂，在革命酝酿期中，有少数日本人士表同情于中国旧民主主义运动，或为中国革命奔走。“其对于中国革命事业资助者，以久原、犬塚为最；其为革命始终奔走不懈者，则有山田兄弟、宫畸兄弟、菊池、萱野等；其为革命尽力者，则有副岛、寺尾两博士。东州之役，山田良政且以身殉。至若日本之政界人士，如民党之领袖犬养毅、大隈、大石、尾崎等，亦与中山先生有旧。”① 但日本政府之目的，在造成中国骚扰之局面，以便从中取利，并非有爱于中国之民党，更不是愿意帮助中国，建立共和政体。武昌起义后，日本民党之领袖主张援助中国革命党，元老派则主张维持清室，大多数人士之意见，则认为中国革命系日本千载一时之机会，应利用之以扩充日本在华利益，故报纸上均采强硬政策，军阀甚至主张占领东三省。国内之意见既不一致，干涉之主张亦不能得列强之同意，因之一面与清政府交涉，请以东三省为日本助清之酬劳，一面又与民军领袖交涉，给予日本以若干路矿权利。所以对南北两方，均进行小额借款交涉，而主

① 张忠绂：《中华民国外交史》卷上，第57页。

要则在售卖军火①。其对于南京临时政府的借款计共四项：

（一）由沪军都督陈其美联络日本之大仓（大仓是日本新财阀），把沪杭甬铁路中之江苏一段，即由上海至枫桥，作为抵押，名曰沪枫铁路，借款数额日金三百万元，年息八厘。据大仓之意，在乘机攫夺沪杭甬路之路权，陈其美则因为筹款困难，想出这种把一条铁路截成两段之办法，结果惹起英国之抗议。因沪杭甬路早与英国有交涉，订有借款合同，所以随后（一九一四年二月十四日）仍由中英公司另借英金三十七万五千镑以清偿此款②。

（二）南京政府军需借款总额日金二百五十万元，年息七厘。此项借款，当时仅交到二百万元，后来（一九一五年十二月一日）亦另订合同，由三井洋行承借③。

（三）陆军部军装借款总额日金二百万元，年息八厘。此项借款，系订购军械被服各项价款。后来（一九一五年十二月一日）亦重行改订，共计银元一百九十三万五千三百三十一元④。

（四）以汉冶萍公司名义借日款二百万元（一作三百万元），年息八厘，三井公司承借。此项借款，系充南京政府军费之用，以汉冶萍公司所属汉阳铁工厂及大冶铁矿之财产作抵，期限一年⑤。

以上四项日本借款，当时比较秘密，外间不得详悉其经过情况，后来改订借款合同时，始知道。据说沙俄道胜银行亦有借款之举，其内容与经过不详。其他德国方面为推销军器起见，亦有二项借款。一为德商克志蓟军器公司借款五百万马克，年息六厘，由浙江军政府名义订借，以浙江厘金及茧捐作抵。二为德商捷成洋行借款三百万两，年息六厘，由湖北军政府名义订借，以汉口各税作抵。以上二款，虽

---

① 张忠绂：《中华民国外交史》卷上，第63页，引见“*Foreign Relations*”，1912，pp. 67～68.

② 《中国外债汇编》第76页。

③ 《民国续财政史》（四）第122～123页。

④ 《中国外债汇编》，第127页。

⑤ 《民国财政史》下册，第4编，第110页。

系地方性质，亦属民军方面，均系一九一二年时所借①。总之这一类的借款，并非日本与其他各国帮助民军，实则想利用借款以获取利益。斯时南京政府对外方面，承认尚谈不到，借款更不容易，其财政上之困难，自可想见。日本而外，沙俄为获得东三省北部外蒙及中国西北部之特殊利益，认为有与日本合作之必要。一九一二年七月曾与日本订立一秘密协定，承认彼此在中国之利益范围。因此后来日本有减税筑路之交涉，沙俄后来有外蒙之交涉。日本与沙俄的政策，一方面表示他们对华之干涉与侵略，另一方面也表示帝国主义者间本身之矛盾及斗争的尖锐。

第二节　北京临时政府的外债

欲说明北京临时政府借外债的过程，必先从美国方面叙述起，也就是从帝国主义本身间的矛盾去探索。自南京政府成立后，南京政府外长虽一再请求美国承认，美国政府均未置答，并于一九一二年一月十三日训令驻汉美领事严守中立，以保卫美国之利益为最要，实质上并未承认民军政府。但自袁世凯担任临时大总统以后，美国上下两院于一九一二年二月二十九日，通过一决议案，庆贺中国共和政府之成立。自唐绍仪接收南京临时政府后，美政府复于一九一二年五月六日电询驻华美使对于承认新政府之意见，美使复电主张迅速承认，以各国意见之不一致，尤以日本之反对，中间搁置若干时，直至一九一三年五月二日，始先由美国单独正式承认。美国的对华政策始终是表示与日本的矛盾尖锐化，其所以首先承认者，在制止日本非分之要求。当时日本的目的，在获得东北之特殊利益，这一点是美国最不愿意的，它时时想向中国东三省方面进行利益均沾。在清末筹办币制实业借款时，即已注意及此。不过欲制止日本，非联络英国不可，日本为英国之同盟国，英国一方面对美表示同情，在中国革命时期中，严守中立，一方面对于日本武力干涉之主张，及向南北政府两方同时进行

① 《民国财政史》下册，第4编，第111页。

借款之行为，表示抗议。但是英国对于西藏，仍具有自私之企图，苟中国不承认英国对西藏之要求，英国亦不承认中国之新政府，这点又是与日俄两国相同的。至于法德两国，是与美国接近，只要求中国新政府对外债及外人在华利益获得保障后，即可立即承认，与美国合作。以上是就帝国主义者本身间的情况而分析。就美国对中国的特殊情况而言，美国对于民军是不理会的，观其对王宠惠之电不答复，已可概见，对于袁世凯是支持的。其支持之表示，一见之于上述承认的过程中，再见之于借款中。当一九一一年十二月时，驻北京美使即决定借款与袁世凯。"倘北京政府因财政困难，不能维持，则中国或将陷于无政府状态，列强之干涉亦将不免（怕日本干涉）；若然，则届时美国虽欲维持中立，亦有所不能。且列强合作借款与袁世凯，亦可对中国南方领袖之气焰加以打击（要打击民军），不致要求过奢，致中国南北两方和议不能成立。"① 因此美国政府乃答应袁世凯并与各国合作，由四国银行团以少数之款项，先垫给袁世凯，作普通行政费用，维持北京政府，以便中国南北两方和议早日获得圆满之结果。但此项垫款必须如英政府之原议，遵守中立之原则，由列强共同合作，且须根据一整个计划（整个侵略计划），以保卫各国在华之共同利益②。以上系说明美国政府与袁世凯勾结之情状，一方面针对日本，表现帝国主义者间本身之矛盾，一方面针对民军，表现对于其代理人袁世凯军阀封建势力之支持。

因此北京方面财政虽困难，比之南京政府方面，自觉优裕，其外债之种类亦较多，除银行团垫款而外，当时北京方面，以袁世凯与一般旧官僚如唐绍仪、熊希龄等，向与各国有联络之故，因此在南北尚未统一之时，在南方反对秘密借款之时，在银行团谈判停顿之时，他们仍设法进行各种借款。第一即向银行团以外之其他各国借款，如比国借款、奥国借款是，第二即向银行团以外之其他各资本家借款，如英国之克利斯浦公司借款是（克利斯浦公司虽属英国商家，但未参

① 张忠绂：《中华民国外交史》卷上，第85页。

② 张忠绂：《中华民国外交史》卷上，第85页。

加银行团)。兹将这一系列的借款，分述于后：

一、瑞记第一次借款。此项借款，最初原系清政府资政院议决借用的。武昌起义后，在一九一一年十二月一日，就清成案，向瑞记洋行订借，目的在维持北京市面之用，即作北京临时政府行政上之费用。数额为英金三十万镑，年息六厘，折口九五，以崇文门商税作抵，期限为五年，自第二年起，分四年偿清①。

二、瑞记第二次借款。此款性质与前款同。在一九一二年二月时，清政府已下令退位，由袁世凯以全权组织临时共和政府，与民军协商统一办法。当时需用浩繁，又向瑞记洋行商借英金四十五万镑，亦充北京维持市面之用，利息折扣抵押均同前，期限为十年，自第四年起，分七年偿清。这两项借款，因当时列强欲守中立态度，表面上不肯借款一方，但又要支持袁世凯，所以由奥国瑞记洋行承借，以便暂时维持。②

三、比国借款。自南北两方和议成立后，以南北统一，需款甚急，唐绍仪欲冲破银行团的罗网，于一九一二年三月十四日，与比国财团签订借款合同，总额英金一百万镑，年息五厘，折扣九七，以中国通常岁入及京张铁路之净利及财产为担保。自起债之日起，届满一年，按照票面定价赎回。又该行有承借债款之优先权，以一千万镑为限，至少为五百万镑。得此一款，北京政府可资挹注。未几，又商订续交英金二十五万余镑。前后二款，共英金一百二十五万余镑，均系分拨南北两京应用之资，此即当时宣传之比国借款。实则此项借款，虽由比国财团出面，但其背后尚有沙俄及法国财团。自借款合同宣布后，南方表示反对，因为不知道其内容，且手续亦不完备，加以议定之总额，原为英金一千万镑，疑北京政府得此巨款，只分少数拨与南方。而帝国主义方面如英美各国政府，亦向中国提出抗议，指斥中国政府不遵守诺言。英美各国驻华公使并于四月十八日联合照会中国外部，以不许银行团与中国政府续议借款相要挟。中国政府不得已，乃

① 《民国财政史》下册，第4编，第34页。

② 《民国财政史》下册，第4编，第35页。

于四月二十七日，答复各国驻华公使，应允遵守袁世凯三月九日之诺言，取消与比国财团签订之借款合同，并允许不以此后向四国银行团借得之款，归还比国财团①。

四、德商美商借款。自与银行团借款之交涉中止以后，垫款亦停交。在克利斯浦借款之前，尚有几项小借款，在此连带提及一下。北京政府于一九一二年七月至九月中，先后向德商借银三百万两，又八百万马克，向美商借英金三十万镑，广东省政府亦向美商借银五百万元，就是分途举行的小借款②。

五、克利斯浦借款。上述各项小借款，自不能解决当时财政上之困难。故一九一二年八月三十日，由中国驻英公使刘玉麟与一伦敦财团，签订借款合同，名为一九一二年中国五厘息金镑借款，因承借人为英国克利斯浦公司，普通称为克利斯浦借款。定额英金一千万镑，备还从前借款，整顿政务，及兴办实业之用。年息五厘，折扣八九，以盐课羡余作抵。期限为四十年，前十年付利。自第十一年起，分年还本。自借款起期十五年后，中国政府如欲全数偿清，或多偿债本，于期前六个月知照银行，均可照办。惟在二十五年以内，须照票面之数，每百分加二分半之费。至二十五年以后，则无须加价。交款之期，约定一九一二年份内交款三百万镑，次年二月交款二百万镑，九月交款五百万镑。在本借款全数未交清以前，不得以较本合同从优之条款，另行订借外债。如欲添借外债，承办条款，与别家相等，而为本资本团所赞同者则仍当先尽本资本团承办。按当时此项借款实在交到之数，为英金四百七十六万二千七百六十镑③。再此项借款每届本利，如能按期清偿，则对于所抵押之税课，即不得干预。如遇有本利届期拖欠不还，更延至展限时日之外，则应将此项所抵课税，或足敷

① 《民国财政史》下册，第4编，第35页。

② 张忠绂：《中华民国外交史》卷上，第99页（注四六），德商为Diederi-chsen & Co.，美商为Baldwin Locomotive Works，广东方面经借之美商为Los Angeles Firm.

③ 《民国财政史》下册，第4编，第36～38页。

抵偿所欠之一部分税课，交与海关，由海关管理，以保全执有此项债票人之利益（合同第四款丁）。同时并规定在本项借款未清还之前，及随后再有以上项课税作抵他项借款者，仍须以此尽先归还本项借款之本利。此后无论何项抵借款目，均不得越乎本项借款之前，或与本项借款并重，以及有损及本项借款担保之处（合同第四款戊①）。

六国银行团原欲停止垫借，并力阻私家财团借款给中国，以此压迫中国就范，服从它们，乃中国政府竟与英国克利斯浦公司，签订此宗相当数目之借款，而其担保品又为盐税收入。此宗借款实现以后，中国政府之态度自会变成强硬，善后借款纵能成立，其可能之担保品，亦将因之减少。甚至六国银行团将不能继续存在。是以六国北京驻使于十月二十三日，联合向北京政府抗议，反对以盐税为克利斯浦借款之担保品。并谓银行团前此因交涉善后借款之故，已垫借中国政府达一百八十万镑之多，此项垫款对盐税担保应有优先权。同时克利斯浦借款签订后，该公司乃于九月二十六日，在伦敦发行五百万镑之债票。但此项借款，既为六国政府所反对，故应募者寥寥。中国政府不得已，乃于十月二十五日，向六国银行团表示，愿取消克利斯浦借款合同，复与六国银行团磋商借款问题。嗣后中国政府请求克利斯浦公司再借一千万镑，该公司因无力承当，是以谢绝。中国政府乃借此表示，中国将向他处借款，前此之合同无效②。而此种合同之能取消，实因英国一方面既加入银行团，而另一方面又不能阻止本国之其他财团的借款，在银行团中实说不过去，备受其他各国之攻讦。

六、银行团垫款。按银行团之垫款，在武昌起义之前即有之，当时曾垫给清政府三百一十万两，是为第一次垫款。一九一二年曾垫款二百万两，作武昌军费之用，是为第二次垫款。熊希龄就财长后，四国银行团曾于五月十七日又垫款三百万两，分上海北京两处交付，并限制中国政府此后不得准许地方政府向他处举借外债，是为第三次垫款。四国银行团加入日俄，变成六国银行团后，曾应允袁世凯之请

① 张忠绂：《中华民国外交史》卷上，第99～102页。

② 张忠绂：《中华民国外交史》卷上，第101页。

求，垫借银一百一十万两，是为第四次垫款。旋因中国政府需款孔急，中国驻美公使乃迭请美国政府居间斡旋，俾大借款得早日成立。中国财长曾函致银行团代表，请求于六月中垫款一千九百万两，否则中国将向他处告借，银行团乃垫借银三百万两，以应中国政府急需。是为第五次垫款。据贾士毅《民国财政史》上所记载，先后收到垫款共计一千二百余万两。除上述各项垫款外，当时以银行团提出之条件过苛，国内反对之声浪激烈，英法等国政府曾电令本国北京驻使，转饬银行团不得再垫，德政府亦主张暂不再垫，美政府虽曾建议，可与中国磋商办法，借款中国，以应中国政府急需，但因他国反对，遂亦阻止美国国民私自借款给中国。在克利斯浦借款成立时，英国曾主张六国银行团应放宽借款条件复与中国开议，但亦因各国反对而止。

第二章　五国银行团与善后借款

第一节　银行团的成立与交涉的过程

（一）善后借款的由来

袁世凯领导下之北京政府，实为清朝灭亡后遗留下来之政府，也就是封建势力之残余与军阀买办的结合体。从外债史方面说，善后借款实即清政府遗留下来之币制实业借款改头换面，所以在帝国主义者看来，是继续的交涉，就袁世凯的政府看来，也是继续前清的成案。在武昌起义之前，清政府曾于一九一一年四月十五日与英美德法四国银行团，签订币制实业借款合同，借款额为英金一千万镑，但此项借款，虽已签订，尚未发行债票，只付少数垫款。在南北未统一之前，南北两方虽因财政困难，接洽借款，但上述之四国银行团以各国政府严守中立之故，迄未进行交涉，当时列强名为严守中立，实则各为本身之利益起见，对华有一整个之借款计划，亦即整个之侵略计划。自南北两方和议成立溥仪宣布退位以后，帝国主义列强以代理人袁世凯之地位渐形巩固，乃与北京政府交涉借款，由四国银行团一面磋商借款之条件，一面先行垫款若干以应其代理人袁世凯之急需。

（二）善后借款的磋商时期

中国政府代表唐绍仪于谈判之初，即请四国银行团，先垫款七百万两，以应南京政府之用，再垫付三百万两，以供北京政府之用，并于随后四、五、六三个月中，每月垫付银六百四十万两，由南北双方平均分用，到一九一二年七月即正式签订合同，交付借款全数。但经过一次交涉后，四国银行团只允拨款二百万两交给南京政府，另拨一百一十万两，交给北京政府，并提出条件四款，其条件中说：此后中国政府需用之垫款，四国银行团有尽先供给之权利，倘中国自他处借款之条件，不能优于四国银行团所提之条件，则中国之善后借款，亦应由四国银行团先供给。袁世凯于同日承认上述之条件①。这种条件就是说，只准向四国银行团借，只准接受四国银行团所要求之苛刻条件，不准与别方交涉，完全由四国银行团垄断之意。当时北京政府希望善后借款于七月中即可成立，其总数为英金六千万镑，而以每年收入之四千七百万两盐税，作为抵押。英国依据当时之报告，谓盐税之每年收入，只有一千三百万两，一时不易增加，交涉遂暂搁置。适当此时，唐绍仪另向比国财团接洽借款成功（见前）。英美德法四国政府乃向中国政府提出抗议，并指斥中国政府不遵守三月九日之诺言。北京政府为列强所威胁，当即答复取消比国借款以了事。当时四国驻京公使接得袁世凯卑躬屈节之答复后，认为满意，乃于四月二十九日训令四国银行团复与中国政府续议借款问题。乃四国银行团代表复提出一开支军费解散军队之办法，主张由外人监督。以各方面反对之故，谈判又停顿。财长熊希龄就职后，提出一监视用途，开支各省军饷，解散军队之具体办法，四国银行团根据熊希龄之建议，议定详细办法七款，略经修改，即获得中国政府承认。详细办法既已议定，四国银行团乃于五月十七日正式通知中国财长，已备就银三百万两，分上海、北京两处交付，但中国政府此后不得准许地方政府，在未向四国银行团交涉之前，先向他处举借外债②。这是比从前又进了一步的苛刻条件，不仅说要限制中央，还要限制地方。总之四国银行团为垄断中国借款起见，处处加以限制，主要是限制中国不得向他处举借外债，以完成其垄断之目的。但又无法制止其他财团不借款给中国，因

① 张忠绂：《中华民国外交史》卷上，第87～88页。

② 张忠绂：《中华民国外交史》卷上，第91页。详细办法7款见 Foreign Relations，1912，pp. 132-133。

此北京政府方面亦利用它们这种弱点，在要求垫款时，即说财政如何困难，如不先垫，自当另借。所以后来到不得已时，又垫过一次三百万两，这就是继续不断屡次垫款之根本原因，形成一年中一面磋商一面垫付之办法。据美国国务院《外交关系》一书上所记载，前后共垫借一百八十万镑（与贾士毅所载相同，不过一系英金，一系银两，可参照上述）。

（三）银行团的变化

当一九一〇年美国首先与清政府交涉币制实业借款时，本有独自垄断借款与开发东北实业之意图，但以列强之反对，知独占之不能成功，所以与英法德三国合作，于一九一〇年十一月十日，成立对于中国借款之谅解，此即四国银行团之肇端。一九一一年清政府之湖广借款及币制实业借款，均由四国银行团出面，与清政府签订合同，但沙俄是时方注意于北满外蒙与新疆，日本亦恐日本对华之行动自由，将被限制，故均未参加。其后沙俄曾主张俄法比日四国，另组银行团，以与美英德三国对抗，但法国力劝沙俄不要对抗，以加入为便。在一九一一年四月十五日清政府与四国银行团签订币制实业借款合同时，依据该合同之条文："其目的在改革中国之币制及振兴东三省之工业。其担保品为东三省每年之烟草及烧酒税一百万两，生产税七十万两，消费税八十万两，及全国新增之盐税附加税二百五十万两。并规定，苟上述之税收不足以偿付借款之本利时，则中国政府应先以东三省之税收弥补，必需时，始得以他项税收弥补。在借款未还清之前，上述之各项税收不得移作他用。本利届期如不能偿还时，则上述之税收应交由税务司经管，以保卫债权人之利益。倘中国异日为继续或完成本借款所兴之事业，欲再举借外债时，则签订本合同之四国银行团，有优先应募权。如中国与四国银行团协议不成时，中国始得向其他财团商借。"① 此项合同签订之后，日俄二国因英美德法四国之势力，将依据此合同而伸入东三省，或将危害日俄二国在东三省之利

① 张忠绂：《中华民国外交史》卷上，第92～93页。

益，乃表示反对，对合同第十六款之规定，日俄二国反对尤力。中国革命军兴之后，英美德法四国因同意采取一致行动，不愿违背中立之原则，故中国与四国银行团之借款交涉，迄无结果。币制实业借款亦因中国内部不安宁之故，未能发行债票，日俄二国与英美德法四国之交涉亦暂告停顿。以上是四国银行团初成立时之经过。而借款停顿之基本原因，是由于帝国主义本身内部之矛盾。

自南北两方和议成立后，四国银行团复与中国政府进行借款交涉，四国政府均愿日俄二国参加。逮四国银行团获得四国政府之同意，应允袁世凯之要求，先行垫借银一百一十万两，并同意邀请日俄二国银行参加，四国政府乃于三月十一日正式邀请日俄二国政府以同等资格参加对华借款，并请二国政府指定代表银行与四国银行磋商详细办法。按此次之邀请，系由法国提议，英为日本之同盟国，法为沙俄之同盟国，德国起初虽不愿日俄二国参加，嗣因政治上之理由，维持列强在华之一致的侵略行动。美国亦以政治上之理由，四国不如六国，此时它认为还是一致行动进行侵略为上。袁世凯政府方面亦赞成日俄二国加入银行团，以免日俄二国阻挠中国借款之进行。沙俄当于三月十四日答复，四月六日正式允诺。日本于三月十八日答复，同时允诺。日俄二国之应允参加，均附有条件。沙俄于正式参加之前，曾与法国成立谅解，以保卫沙俄在华之利益。北京日俄二国驻使自五月六日开始参加四国北京驻使会议，协商对华借款问题。五月十五日各国银行团在伦敦议定一借款办法，电致各国银行团驻北京代表。嗣因日俄二国坚持日俄二国的财团应有自由选择对外放款之代表机关，不必定由六国银行团经办。日本主张大借款之款额，不得用于东三省与蒙古境内，并认为六国银行团之借款，应限于中国之中央政府与地方政府，中国一般公司之借款，纵由中央政府或由地方政府担保，亦不应列入六国银行团借款范围之内，故伦敦六国银行团之会议，乃不得不又暂告停顿。考究此次停顿之原因，一由于沙俄惟恐此次借款，妨碍沙俄侵略北满外蒙及中国西北部之特殊权利与利益，二由于日本惟恐此次借款，妨碍日本侵略南满及内蒙之特殊权利与利益。英美德法四国银行亦自了解此点，因此又达成谅解，并于六月十八日，由六国银行团代表在巴黎修正五月十五日议决之办法，签订合作契约。六国银行团自此始正式成立，此由四国银行团变成六国银行团之经过。

当时奥意比等国均曾请求加入，沙俄曾代比国要求加入，以备英国若不与日俄法三国合作时，俄法等国在银行团中仍可获得多数。但英国与德国反对比国参加，德曾赞成奥国加入，但又以英法反对，均未成功，故事实上仍限于六国。

在银行团成立之初，美国活动甚力，但美政府之意图，首在独揽，后来见垄断不成，又拉拢英法德等国，以帮助袁世凯不至陷于破产。初未料到改变成六国银行团后，日俄二国竟利用银行团之组织，以达其政治上之目的，矛盾日形尖锐，致交涉终年，不能予袁世凯以方便，反使中国无法向他处举借，此种情形如长此继续，则中国或将被迫而承认野心国家之条件，势必与美国之利益相冲突。自一九一三年二月美国财团因政治与经济之不安状况，即已严重考虑，如借款合同不能早日签字，则美国财团或将退出。驻华美使于二月二十一日电告美政府谓："六国银行团此时之目的，已非合作以援助中国（即已非合作以侵略中国），其目的为合作以达到其政治上自私之目的。""新总统威尔逊就职后，向报界发表声明，申述美政府之意见。自此项声明发表后，美国财团乃根据美政府之意旨，于十九日分电其他五国财团，及美国财团驻北京代表，并转致中国政府，告以美国财团已决定退出善后借款交涉。"由此可以说明美国之发动，是企图独占，而美国之退出，是独占不成。以上所述，系由六国银行团变成五国银行团之经过。

（四）借款条件的苛刻与洋员问题

依据银行团在巴黎之决议，中国对于善后借款，须遵守下列之条件："（一）指定垫款之用途；（二）担保之税收应由海关或类似之机关管理之；（三）借款之用途应由六国银行团监视；（四）垫款应认为大借款中之一部，六国银行团对于大借款有优先应募权；（五）明定大借款之一般原则，其原则在大体上，应如上述；（六）在大借款未发行以前，中国政府不得向他处商借外债；（七）上述一切，应为

'必需'。中国政府且应承认六国银行团为中国政府之财政代理人，以五年为期。"① 六国银行团既已议定对华借款之条件，乃于六月二十四日以监视并管理中国借款用途之计划，通告中国财长，并谓中国盐税亦应由外人管理。中国财长于接到银行团之通告后，立即表示拒绝。中国政府于七月一日向各国建议，减少善后大借款之总额至一千万镑，请求各国放宽借款之条件，英法等国仍拒不允诺。六国北京驻使于七月九日联合晋谒中国内阁总理及财长，转达本国政府之意旨，谓除依照银行团提出之条件外，各国政府不能赞助各国国民借款中国政府。此时中国人民反对借款之条件甚力，中国政府实无法承认。财长熊希龄于接见六国公使时，且曾言清政府违背人民之意志，签订湖广铁路借款合同，致有辛亥革命，现政府如违背人民之意志，承认银行团所提之条件，则现政府将与清政府遭遇同一之命运。中国与银行团借款之交涉，至是乃不得不陷于停顿。

至十一月四日，各国政府电令银行团驻京代表与各国公使会商新借款"必须而能实行"之条件。因此十一月六日中国政府与银行团借款之交涉复赓续开议，至一九一三年二月借款合同大致议定，银行团已拟签字，而各国政府复因雇用洋员问题发生异议，致合同不能签定。根据"中国政府与银行团之交涉，中国政府应雇洋员三人。中国政府初拟雇一丹麦人为盐务稽核总所之总办，一德人为外债室之稽核，一意人为审计处之顾问。但俄使坚决反对，认为庚子赔款以盐税为担保，俄国所得独多，是以中国政府至少应雇用一俄籍人员。法国主张中国政府应雇用洋员六人，参加借款之国家，每国应有一人，其权力应能监视中国之公用事业农业海军等。二月四日六国北京驻使议定，管理外债之人选应为德籍，盐务总稽核应为英籍，审计二人一应为法籍，一应为俄籍。嗣后因德政府意欲使德人担任总稽核一职，英德交涉之结果，乃决定添一盐务副稽核，以德人充之，余如二月四日六使之决议。六国驻北京公使于三月三日以此意通知中国政府，中国政府因此与原议不符，是以拒绝接受"。由此可见洋员问题就是监督

① 张忠绂：《中华民国外交史》卷上，第97~98页。

中国财政的人选问题，监督人选问题就是各国势力均沾问题，熔政治侵略与经济侵略于一炉，是显然的①。

（五）袁世凯之发动内战与善后借款合同的迅速签订

以人民之坚决反对，与银行团内部矛盾之尖锐（指美国退出），假使此时不是袁世凯居心制造内乱，与迫切的需要外资去镇压革命的原故，这时候确是冲破五国银行团罗网的一个机会，乃京内方面以赔洋各款，积欠累累，无可应付，他方借款又成画饼，英使开单索债，俄使催索尤急，做成圈套以相逼。京外方面，各省都督多电索饷款。这些情形，均使袁世凯有所借口，因袁世凯于宋教仁被刺案发生后，与国民党冲突日甚，只望善后借款早日成立，总可以捞到一笔钱，借以压抑民党。因此秘密与五国银行团交涉，五国银行团只要袁世凯接受其苛刻之条件，焉有不欢迎之理，故二年多来屡议屡辍不能成立的善后借款合同，忽于数日之间，悉依照五国银行团所提条件，即行签订。

第二节　善后借款的内容与其损失

（一）善后借款合同的内容

此项借款，名为一九一三年中国政府善后借款，其合同中主要之条件如后：

（一）债权者：汇丰银行、德华银行、东方汇理银行、道胜银行、横滨正金银行。以债权人之关系，故又名五国善后借款。

（二）债额：英金二千五百万镑。

（三）利息：年息五厘。以利息之关系，故又名一九一三年中国政府五厘善后金借款。

（四）折扣：九十发售，八四净收。

---

① *Foreign Relations*, 1913, p. 160.

（五）用途：共分六种：一、偿还一九一二年及一九一三年两年赔款，六国银行垫款，币制实业借款的垫款，比国借款，及中央各部所欠五银行零星借款，约六百余万镑。二、预备赔偿外人因中国革命所受损失款项二百万镑。三、划还各省历年旧欠五国银行旧债二百八十余万镑。四、预备裁遣各省军费三百万镑。五、预备中央六个月行政费及各项工程费五百五十余万镑。六、整顿全国盐务经费二百余万镑。从用途的分配中，可以见到善后借款之最大的用途，是还旧债付赔款与军政费。这就充分说明了他们借款给中国的目的，主要的是为了清偿他们的债务。这就是把这次借款的性质与作用，通通表现出来，其次即为了帮助袁世凯的军费与行政费。综括起来说，一为帝国主义侵略之用，一为帮助中国内战之用。

（六）担保：共分三种：一、盐税；二、海关税；三、直隶河南山东江苏四省所指定之中央税。先从盐税言，庚子赔款与英德洋款等，均有盐税作抵之明文。当时应偿之数仅二千零七十五万两，而盐税实在收入，约五千万两，故此次担保以盐税为中坚。再从海关税言，当时海关税仅三千五六百万两，而所负外债本利约须五千余万两。其所以为担保者，一因进出口贸易，将有日益增加之趋势，一以将来如按照辛丑条约，加关税为值百抽十二点五，当可增加一倍有余。再其次就四省所指定之中央税而言，是恐盐税初整理之时，或不免有减少之象，而关税之增加，希望尚在未来，因此以四省税款，作为上半年应付息票之用。迨一周年后盐税收入确有余款，足敷此次借款付息之用，即行停止。据合同观之，以盐税为第一担保，关税为第二担保，四省税项为第三担保，从剥削方面言，考虑可谓周到。后来以关税收入日形增多，自一九二二年起，此项借款完全改用关税担保，因关税羡余，可以还是项借款之本利。

（七）期限：为四十七年，前十年付息，后三十七年，本利并付。但自借款之日起，十七年后无论何时，中国政府得任意偿还，于六个月以前，知照银行团均可照办。惟在三十二年以前偿本时，每百分须另加二分半之费，迨三十二年以后赎回，则无须加价。

（八）特别条件：共分三种：一、将来如以盐税担保而借款，或与此次借款相同之用途而借款，则银行团有进而承办之选择权。二、提用借款，须将领款凭单，经审计处华洋稽核员签字后，将发款命令，随同支票，一律送交银行代表核对，再行提款。三、财政部盐务稽核所于中国总办外，设洋会办一员，主管盐务稽核之事。将来盐务收入存于银行，非经稽核所总会办签字后，不得提款①。

（二）善后借款的损失

综计这次借款之损失，可分为十点，叙述于后：（一）利息计英金四千二百八十五万零八百一十镑。表面上比本金多一千七百余万镑，实际上要比本金多一倍多，因为实得之本金只二千零九十七万三百六十八镑。（二）折扣以九十发售之故，名曰二千五百万镑，开始时即须除去折扣二百五十万镑。（三）经理费。在交款时，以八四净收之故，即由银行提去经理费一百五十万镑。再还本付息时，又由银行提去按数千分二五之经理费，计十六万九千六百二十九镑。（四）汇费。在交款时，汇入之汇费，计二万九千六百三十二镑。还本付息时，汇出之汇费，计八万五千五百五十镑②。就以上各项相较，实得之收入，只有二千〇九十七万三百六十八镑，实际之付出，须六千八百一十万五千九百八十九镑。收支之差额，计四千七百一十三万五千六百二十一镑。（五）镑亏损失。借款收付均以英镑计，而中国每年还本付息，须按银两购买金镑。在购进英镑付还借款之时，以金贵银贱之故，损失最大。但这项损失，逐年不同，而且随时不同，是无法估计的。（六）垫款利息。此项借款，按照合同规定，偿还到期借款及历次垫款，约六百余万镑，而这种垫款，均系按七厘利息计算的。（七）提前偿本之另加费。按合同规定，偿还未到期之款，每百镑须另加二分半之费。（八）担保品之收入款项先交。按合同规定，担保品中如盐税收入关税收入及由各省提出之税款，先交存于银行。以收入悉存银行之故，造成一九二四年东方汇理银行竟因金法郎问题，勒

① 《民国财政史》下册，第4编，第39～41页。

② 《民国财政史》下册，第4编，第41页。

扣盐款，以从事要挟。(九) 按此次借款用途，单以中央六个月费之行政经费计，即占五百五十余万镑，约占实际收入四分之一。再加以赔偿外人因革命所受之损失及裁遣军费，三共约占总数实际收入之一半。以外应特别提出者，即此次借款中，仍包括有赔款（指革命时期中）在内。(十) 名曰整顿盐务，实则整顿盐务之经费，只有二百余万镑，只占实际收入总数中十分之一，而且其中一部分，后来仍由袁世凯提供军费之用。

(三) 盐税权的丧失

这次借款的最大损失，除上面所述各点而外，为盐税主权之丧失。先于是者，虽有瑞记洋款、英德洋款、庚子赔款、英法借款、湖广铁路借款、克利斯浦借款，均以盐税供担保品之用，但祸国殃民，尤不如善后借款合同之烈。按合同第五款，规定“中国政府承认，即将指定为此项借款担保之中国盐税征收办法整顿改良，并用洋员以资襄助。至如何办法，已由财政部定夺，即……由中国政府在北京设立盐务署，由财政总长管辖。盐务署内设立稽核总所，由中国总办一员，洋会办一员主管。所有发给引票、汇编各项收入之报告及表册各事，均由该总会办专任监理。又在各产盐地方设立稽核分所，设经理华员一人，协理洋员一人（此二员之等级职权均相平等，即系英文所称华洋所长)，该二员会同担负征收存储盐务收入之责任。华洋经协理及稽核总所并各稽核分所所必需之华洋人员，其聘任免任，由华洋总会办会同定夺，由财政总长核准。各该华洋经协理须会同监理引票之发给，及征收各项费用及盐税，并将收支各事，详细报告该地方盐运司及北京稽核总所；由稽核总长呈报财政总长后，分期报告颁布。各产盐地方盐斤纳税后，须有该处华洋经协理会同签字，方准将盐放行，所有征收之款项，应存于银行，或存于银行以后所认可之存款处，归于中国政府盐务收入帐内。……以上所言盐务进款帐内之款，非有总会办会同签字之凭据，则不能提用。总会办有保护盐税担保之各债先后次序之职任。此项借款，如本利按期交付，则不得干预以上所详盐政事宜，倘利及本届期拖欠，逾展缓近情之日期后，则应将该盐政事宜，即归入海关，并由海关管理所担保之收入，以保执票人之利益”①。由此盐税征收支取之权，悉操诸外人，而盐务署总稽核所之洋会办，实与海关之总税务司权力相埒，即派来监督中国财政之赫德安格联而外，又加之以丁恩，遂使中国之主要税收，处处均仰外人鼻息，实是经济侵略又向前迈进了一大步。

（四）善后借款的风潮与全国人民的反抗

先是一九一二年九月，财长周学熙开列善后大借款办法及要求条件，报告于参议院，当时参议院以为此系报告之性质，无讨论之必要。十二月二十七日之报告，与前相等，而当时参议院所表决的，不过为交涉之范围，合同之订定，提交之手续而已，固未尝即承认借款之有效。一九一三年四月二十六日重与五国银行团，缔结正式善后借款合同，并未交付参议院讨论，仅咨国会查照备案②。“是时国会已经开会。参议院已选出正副议长。特众议院因袁世凯利用金钱，捣乱选举议长，以故未能开议，袁乃于此时突然违法签字借款。参议院已选出之正议长张继，副议长王正廷，先一日闻之，即往谒袁世凯，袁拒见，乃遣以书。次晨，袁答云：‘国家需款孔急，不能再事迁延，今拟派秘书面陈委曲’云。又知本晚为签字期，二议长又忠告银行团主任，谓政府违法借款，必引起反对，又不省。是夜有议员代表，在汇丰银行前门候至翌晨。乃国务总理赵秉钧等至二十七日早两点三十分签字，事毕由后门潜去。此案由张继、王正廷以议长资格通电后，各省本因宋教仁被刺案愤激于袁，加以此次违法借款，全国益哗然。此次借款之目的在政争，明系欲先对付国民党，故国民党之都督民政长及国民党员占多数之省议会，尤一致反对。黄兴更直接通电，谓‘应夔丞逆证内之内务部秘书洪述祖，至望大借款成立，分下润费，为政府锄除异己’。于是各方函电纷飞，公民大会拒债会，纷纷发生。及众议院选出议长，政府即将借款案咨国会请备案。由代理总

① 合同原文见《中国外债汇编》附录，第7～17页。

② 田斌：《中国盐税与盐政》上编，第83页。

理段祺瑞出席众议院答复，亦谓此次借款手续未完。众议院乃表决：‘政府违法签约，咨送本院查照备案，本院决不承认，应将合同咨还政府。’其结果以二百十九人对一百五十三人多数表决。时汤化龙为众议院议长，袁正利用此借款接济汤化龙、梁启超等，合民主党、共和党、统一党为进步党；于是汤化龙不将此决议案咨达政府。袁同时收买一部分议员，攻击表决案，谓表决案有疑义，当再表决，国会乃日为此事争执。袁更收买国民党议员，另组他党，以杀国民党之势。例如党员景耀月、孙毓筠之组织政友会，以及超然社、相友会、集益社、潜社等小团体，在国会内纷纷发生。此借款案遂不能得正当解决。"① 又善后借款合同草案当缔结时，财长周学熙讳莫如深，其在参议院所报告者，仅有大纲五条，而无条文，及后始知其华洋文意不同。诸如中文华洋总会办华洋经协理，英文则为华洋所长，与稽核造报所所公布之章程，在在都有抵触。对帝国主义列强只知谄媚取悦，而对本国人民，则诈欺掩饰，无所不用其极。当时海内骚然，违法问题卖国问题嚣然震于国中，然而签押已成，虽责难交至，袁世凯处之泰然。并利用此项用款，一面发动内战，一面收买各省都督与国会议员，使他们出来辩解，最后始将赵秉钧、周学熙免官以了事。但其所给予全国人民之痛苦实为六千八百余万镑之负担。以当时每英金一镑合银元十二元计，约八亿一千七百余万元，实为甲午与庚子赔款以后一笔最大之负债。清政府虽亡，而卖国衣钵，传授有人。这种卖国政策，自然增加了广大人民的愤恨，而这次借款风潮中各地所组成之拒债会，实为人民群起反抗卖国借款之具体表现。

① 《中国近代史资料选辑》第705～706页。

第三章　赣宁之役前后的各种外债

当赣宁风潮紧急战祸将开之际，袁世凯因军械不足，曾秘密进行借款，购买军火，故在善后大借款签字之前，即有为当时国会未经通过，简直使国会中梦想不到之几项购械借款，已秘密成立，这是指二次革命战争前之借款。自战事结束后，为整顿军备，添购器械，抵还旧债，补充政费之故，又接连举行几项借款，这是指二次革命战争后之借款。兹将战前战后之各种借款，分述于后：

一、瑞记第三次借款。因以前曾有瑞记洋行两次之借款（详前），故此次名曰瑞记第三次借款。总额英金三十万镑，利息六厘，折扣九五，以契税作抵。期限为五年，前二年付利，自第三年起分三年还清。起债期一九一三年，在善后借款签字之前（四月二十日）①。

二、奥国第一次借款。实则奥国借款亦系由瑞记洋行经理，而瑞记洋行即属于奥国，名目上要作此分别之原因，系由于购买军械之故，随时购取即随时成立之借款。所付现款较少，购买军器较多，而且为掩蔽外面视听，与一家操纵买卖之故，两个名目比一个好。按此项借款，总额为英金一百二十万镑，利息六厘，折扣九二。仍以契税作抵，期限为五年，前二年付息，自第三年起，分三年偿本。起债期一九一三年②。

三、奥国第二次借款。因此项借款仍由奥国瑞记洋行经理，故名曰奥国第二次借款。总额计英金二百万镑。所有利息，折扣，抵押

① 《民国财政史》下册，第4编，第46页。

② 《民国财政史》下册，第4编，第46页。

品，期限，均与奥国第一次借款相同。起债期亦系一九一三年①。

四、奥国第三次借款。总额为英金五十万镑，所有利息，折扣，抵押，均与前二次相同。期限为四年，前一年付息，自第二年起，分三年偿本。按此项借款，订于一九一四年，当时袁世凯因整顿军备，亟需添购器械，因之此款亦系添购军械之用，而以现款补足其数②。

按以上四款，均以购买该行之军械为特别条件，其所付现款，仅得半数。

五、中英公司借款。债权人为中英公司，总额为英金三十七万五千镑。用途为偿还南京政府沪枫铁路之日债三百万元。利息六厘，折扣九一，以京奉铁路余利作抵。期限为二十年，前十年付息，后十年分期还本。按此项借款，据当时官方之材料，谓与“沪杭甬借款合同，稍有抵触”，实则系帝国主义本身间之矛盾，即英日二国之利益上冲突（该路原属英国势力范围）。它们虽系同盟国，但利之所在，势在必争，这点是不放松的③。

六、狄思银行借款。债权人为比国华比银行，总额英金四十万镑。用途为偿还贺尔飞借款之需。利息五厘，以田赋或关税作抵。期限为五年，第一年付利，自第二年起，分四年还本④。

按以上二款为偿还旧债之用，并非当时政府要清还旧债，实系帝国主义之压迫，或其他利害之关系，势非清理不可。

七、中法实业借款。债权人为中法银行。总额原定一万五千万法郎，实收一亿法郎。利息五厘，折扣八一。先以兴办实业之收入作抵，不足再以烟酒税补充。期限为五十年，前十五年付息，自第十六年起，分年偿本。按此项借款用途之内容不明，所谓兴办实业，究何所指。究竟法国之意旨何在？这是应考虑的一点。其次债权人中法银行与当时政府关系很深，中国政府曾请五国银行团加入中法实业银

---

① 《民国财政史》下册，第4编，第46页。

② 《民国财政史》下册，第4编，第47页。

③ 《中国外债汇编》附录，第9~10页。

④ 《民国财政史》下册，第4编，第46~47页。

行，事虽未成，事实具在。且当时各国财团借款之说很盛，例如奥比财团之三百二十万镑借款，英国财团之三千万镑借款，美国财团之六百万镑借款及交涉中之二千万镑借款。均见美国国务院纪录中，传说虽未完全实现，各财团争先恐后之情况自系事实，这是可参考的一点。再其次，此项借款成立于一九一四年，库款既极其支绌，政务又急待扩张，而善后借款之收入，早已告罄。因之此款用途，纯系弥补政费，毫无疑义，兴办实业，挂名而已。这是可证实的一点①。

八、中法银行钦榆铁路借款。债权人为中法银行，借款总额原定法金一亿法郎，实收二千二百十一万五千五百法郎。利息五厘，折扣八九二五，以烟草税作抵，期限为六年，前一年付息，自第二年起，分五年偿清②。按此项借款，本系垫款，有人按其名目以为应归入铁路借款中，实则有铁路借款之名，与上述之实业借款假借实业的名目一样，目的系供政费军费之用。为什么要借用铁路借款的名义呢？这是因为帝国主义者想借此在铁路范围内，扩充势力。先垫少数款项，签订合同，可以作为根据，进行侵略。若不是第一次世界大战突起，按照当时情况看，则此种类似之借款，恐如雨后春笋，还要更多。

---

① 张忠绂：《中华民国外交史》卷上，第108页（注）。

② 《民国财政史》下册，第4编，第47页。

第四章　帝制运动与外债及本期第一阶段外债的综合

第一节　帝制声中的美国借款与援助

兹据克恩斯的著作，述美国借款事。

1. 一九一六年四月理细金生公司与中国政府订立一个美金五百万元之借款合同。以中国财政债券交与该公司，期限三年，利息六厘，公司方面九七出售，九三实交，就是百分之四的经理费。该公司曾交付美金一百万元，后来债票无法发行，成为无担保品外债之一。这是帝制运动期中接洽的。

2. 一九一六年（月份不详）由美国芝加哥大陆商业信托储蓄银行借给中国政府美金五百万元，以中国财政债券交与该公司，期限三年，利息六厘，抵押品为烟酒公卖收入。该公司照九七出售，实交九一，即百分之六的经理费，其出售额如超过百分之九十七时，由中国政府与公司匀分。如提前偿还，则第一年须按百分之一百零一归还，以后按百分之点五归还。以外尚有一附约，即以河南安徽福建山西之货物税（每年约四百四十九万零三百八十三银元收入）作抵。法公使因烟酒专卖收入抵押事，曾提出抗议，谓与法国以前借款利益冲突。此项借款因中国政府无力偿还，一再延长，后来以掉换新债券之故，始为外间所知道。此款未付过一次利息，本金五百万元亦延付。烟酒专卖之收入本可以偿付，因各省扣留，归入中央者不够支付本息之用，故虽每年有一千四百余万元之收入，除税收机关之经费及各省扣留外，归入中央者不过六百万元，故事实上亦成为无担保品外债之一。（后来改订之合同见贾士毅《民国续财政史》（四）一四三页，并参照后来南京反动政府整理旧债案。）

3. 广益公司整理运河借款。此款合同系一九一六年五月十三日订立，原订借美金六百万元，定名为整理运河七厘金币借款，统计先后由广益公司垫款五次，总额为美金九十万五千元。（按此款之订借，贾士毅谓系民国六年，张忠绂与马克麦纳均谓系一九一六年。）

4. 裕中公司铁路借款。此款系一九一六年五月十七日订立，允许该公司在中国境内，建造一千五百英里之铁路①。据芮恩施所述："凯内来到中国时，携有大部分人员，事先并与纽约资本家有接洽，其本人亦勇于做事，有开发中国铁路事业之决心。"② 加之当时欧战正急，各国无暇经营及此，所以美国资本家认为此是进行侵略之好机会。其条件之内容不详，而且这种借款，名曰铁路借款，既无路名，只有里数，在美国资本家心目中，大有趁此时机垄断中国全国铁路之野心，在当时袁世凯方面，多系移作政治上之用，因为需款很急，名曰运河借款也好，名曰铁路借款也好，总之假用种种名义以进行借款，虽不能得到总数，即垫款亦所希望。

5. 美国还有一笔借款虽在帝制运动之后，仍系借给北洋军阀政府之用者。事在一九一九年十二月，由太平洋拓业公司承借，透过大通银行者。此款总额为美金五百五十万元，利息六厘，以烟酒税收入余额作抵，其每年收入约二千万银元。当到期时，此款亦延期，情形与第二种借款相同，亦为无担保品外债之一。此项合同中，还有一特别条件，即指定一美国顾问，作为烟酒税行政之稽核员，以三年为期③。

综括以上所举事实，一方面可见美国对于袁世凯及北洋军阀之极力帮助，一方面表现欧战期中美日两侵略国之矛盾。

① 张忠绂：《中华民国外交史》卷上，第 275 页。

② P. S. Reinsch, *An American Diplomat in China*, p. 207.

③ A. G. Coons, *The Foreign Public Debt of China*, pp. 88-90.

第二节　一九一六年以前的各种短期零星外债

在袁世凯统治下五年中，中央短期外债种类甚繁，数额亦巨，其性质多系购买外国商品，尤其是陆军部海军部方面购买军火与军器，及充作行政上之费用。不过内容均不详，何时举借，其时间亦不详，后来或由其他借款中提出扣还，或展延期限分别清理。总之到了债权人索债时，这一类的借款，始行发表出来。此种事实，实开后来零星借款之先声，亦即帝国主义者向各方面进行侵略，伸展势力，无孔不入之现象。截至一九一六年七月底止，综括袁世凯时期之各种短期外债，约分六类（交通部及各路路政借款另述）①：

甲、外交部借款

款　　目	债权国	数　目
隆兴公司补款库券款	英法	英金 83，791 镑 8 先令 3 便士

乙、财政部借款

款　　目	债权国	数　目
多尔孟库券款	德	公砝 2，042，240 两 5 钱 9 分 9 厘
德华银行借款	德	规元 500，858 两 7 钱 1 分
道胜银行借款	俄	公砝 550，000 两

① 《民国财政史》下册，第 4 编，第 53～56 页。

续表

款　　目	债权国	数　目
美钞公司印制兑换券价款	美	英金56，137镑19先令
前南京政府欠三井洋行库券款	日	日金2，441，250元61钱
中法实业银行垫款库券款	法	银元140，000元
中法实业银行陇海路借款利息库券款	法	法金5，250，000法郎
中法实业银行钦渝垫款过期利息库券款	法	公砝62，820两6钱4分
奥款过期利息库券款	奥	英金164，093镑3先令3便士

丙、陆军部借款

款　　目	债权国	数　目
礼和洋行库券款	德	德金4，481，185马克16分尼
法达生洋行炮弹价库券款	德	德金1，923，725马克37分尼
道胜洋行龙华被服价库券款	俄	银元830，000元
汇理洋行瑞记库券款	法	行化62，904两5钱
泰平公司军火价库券款	日	日金1，036，609元19钱
三井洋行军火价库券款	日	银元1，738，416元7角5分
布来法公司机器价款	美	美金79，500元

丁、海军部借款

款　　目	债权国	数　目
阿模士庄厂船价库券款	英	英金 170，000 镑
硕効船厂船价库券款	德	英金 120，730 镑 10 先令 9 便士
礼和洋行炮价款	德	英金 30，974 镑
安些度厂船价款	意	英金 79，500 镑
士地俾路免图厂船价款	奥	英金 49，374 镑 10 先令 2 便士
泰来洋行汽管价库券款	德	公砝 46，923 两 5 钱 5 分
三菱船厂船价库券款	日	日金 159，700 元 76 钱
川崎船厂船价库券款	日	日金 862，195 元 34 钱
逸信洋行火药价款	德	银元 119，916 元 5 角 6 分

戊、教育部借款

款　　目	债权国	数　目
华比银行法金款	比	法金 400，000 法郎
华比银行公砝款	比	公砝 100，000 两
华比银行垫款	比	英金 32，632 镑 14 先令 5 便士
道胜银行公砝款	俄	公砝 300，000 两
北京大学仪品公司款	比	银元 200，000 元

己、汉口商埠事务所借款

款　　目	债权国	数　目
怡大洋行垫款	英	公砝 213，000 两

共计约合银元二千九百七十一万零二百零一元（按当时外汇兑换率）。

第三节 本时期中第一阶段外债的综合

按本时期可分成前后两期，以上所述，自第二编第一章至第四章，是北洋军阀政府前期（即窃国大盗袁世凯时期）的外债。现将前期的外债作成一个总表。

前期（袁世凯时期）的外债表（包括南北未统一以前的外债在内。）①

（一）南京临时政府的外债

债款名称	经理机关	债 额	利率（厘）	抵押品	说 明
1. 沪枫路借款	日本大仓公司	日金3,000,000元	6	上海至枫桥铁路收入	此项借款名曰铁路借款，实作政治之用，后由中英公司借款偿还。
2. 南京政府军需借款	同上	日金2,500,000元	7		1920年另订合同，改由三井银行承借。
3. 陆军部军需借款	同上	日金2,000,000元	7		1915年改订合同，分9期偿还。

① 本表系结合贾士毅《民国财政史》、克恩斯《中国财政》二书编制。

续表

债款名称	经理机关	债　额	利率（厘）	抵押品	说　明
4. 汉冶萍公司借款	日本三井公司	日金2,000,000元	6		一作三百万元，此项借款亦系政治上之用。

（二）北洋军阀政府前期的长期外债

债款名称	经理机关	债　额	利率（厘）	折扣	抵押品	起借日期	说　明
1. 瑞记第1次借款	奥国瑞记洋行	英金300,000镑	6	95	崇文门商税	1912	分4年还本
2. 瑞记第2次借款	同上	英金450,000镑	6	95	同上	1912	分7年还本
3. 比国垫款	华比银行	英金1,250,000镑	5	97	通常岁入及京张路财产	1912	分两次交拨南北两京应用，克恩斯名为英法比三国垫款。
4. 意比借款		英金625,000镑	8			1912	名称依据克恩斯所载
5. 德商借款第1次							
第2次	德商德利兴公司	3,000,000两				1912	贾士毅名为捷成洋行借款，由湖北地方政府借。
6. 美商借款第1次	同上	德金8,000,000马克				1912	贾士毅名为克志萄军器公司借款，由浙江省政府借，债额为5百万马克。

续表

债款名称	经理机关	债　额	利率(厘)	折扣	抵押品	起借日期	说明
第2次	波罗文火车头公司	英金300,000镑				1912	
	洛杉矶公司	美金5,000,000元				1912	广东省政府借，(5)、(6)两项见张忠绂《中国外交史》73页(注46)。
7. 克利斯浦借款	英国克利斯浦公司	英金10,000,000镑	5	89	盐税	1912	实交5百万镑
8. 瑞记第3次借款	奥国瑞记洋行	英金300,000镑	6	95	契税	1913	分3年还本
9. 奥国第1次借款	奥国瑞记洋行	英金1,200,000镑	6	92	契税	1913	自第3年起分3年还本
10. 奥国第2次借款	同上	英金2,000,000镑	6	92	契税	1913	同上
11. 善后借款	英法德俄日五国银行团	英金25,000,000镑	5	84	盐税	1913	自第11年起分37年还本
12. 奥国第3次借款	奥国瑞记洋行	英金500,000镑	6	92	契税	1914	自第2年起分3年还本，克恩斯称为奥日第4次借款，但无第3次。

续表

债款名称	经理机关	债　额	利率(厘)	折扣	抵押品	起借日期	说　明
13. 意比借款	华比银行	英金400,000镑	5		田赋或关税	1914	贾士毅名为狄思银行借款，本名系依据克恩斯所载①。
14. 奥国补充借款	奥国瑞记洋行	英金1,233,000镑	8	92		1916	
15. 奥国息金借款	同上	英金66,314镑	9	92		1916	
16. 中英公司借款	汇丰银行	英金375,000镑	6	91	京奉路余利	1914	归还南京临时政府沪枫路借款用
17. 中法实业借款	中法银行	法金150,000,000法郎	5	81	兴办实业收入不足以酒税补充	1914	实收1亿法郎
18. 中法银行钦榆垫款	同上	法金100,000,000法郎	5	89 25	烟草税	1914	此款本系垫款，实收3千2百11万5千5百法郎。名为钦榆铁路借款，实系政治借款。

① 此项借款，克恩斯谓系调换一九一二年前次意比借款之用，贾士毅谓系筹还贺尔飞借款之用，但贺尔飞借款之内容亦不详，或系一款有两个名称之故。

(三) 北洋军阀政府前期的短期外债

按此项短期外债共分六类,合计三十二项,内容已详前,兹不赘述。

以上各项外债，贾士毅所著《民国财政史》中，列有总数，计长期借款约合银元四万六千七百一十万零九千一百五十三元，短期借款约合银元二千九百七十一万零二百零一元（息不在内）。但外币与国币折算率不详，而且其中有几款未列入，或系遗漏，或系已经偿还之故。至克恩斯所著《中国财政》一书各表中，只有未还之现负额总数，其贷款总数则不详。其计算法与时期的归纳亦不同，而且各家分类亦不同，例如中法银行钦榆垫款，有归入铁路外债中者，有归入政治外债中者。其他若宝林之报告，亦只详现负数。

(四) 帝制期中向美国借入的外债

债款名称	经理机关	债　额	利率(厘)	起债日期	说　明
1. 理细金生公司借款	理细金生公司	美金 5,000,000 元	6	1916	
2. 芝加哥商业银行借款	芝加哥大陆商业银行	美金 5,000,000 元	6	1916	
3. 整理运河借款	广　益公司	美金 6,000,000 元	7	1916	只垫 90 万 5 千元,利率亦作 8 厘。
4. 裕中公司铁路借款	裕　中公司	实交美金 1,150,000 元	7	1916	名为铁路借款,实系政治上之用。
5. 太平洋拓业公司烟酒借款	大　通银行	美金 5,500,000 元	6	1918	此款按时间应列入下节,不过同为北洋军阀政府之用,故归纳于此项美国借款中。

第五章　西原借款与当时其他日本借款

第一节　西原借款的发生

（一）西原借款的实质

西原借款这一名词，已成为中国外债史上一个普通的名词，实则这个名词，殊不足概括对日借款的全面。因西原龟三（朝鲜银行董事之一）实一无关重要之人物，不过为日本首相寺内正毅、大藏大臣胜田主计二人供奔走，以执行日本帝国主义者之对华侵略政策。在一九一七年和一九一八年间，寺内内阁对华投资总数很大，其种类亦很多，西原经手者只为其中重要之一部分，其中亦有不由西原经手者，如军事方面之直接借款及各种付息之借款等是。一九一七年和一九一八年间之日本对华投资，为寺内内阁之一贯政策，因之研究这段历史，应结合寺内任期内所有对华借款而言。若西原所经手者，不特不足概括全体，且西原仅为一幕中牵线之人物，其名姓不著于契约，哪笔款为其经手，哪笔款非其经手，亦殊难言。因此各处所传之数目亦不相同。故西原借款一名词，颇嫌不足以代表此段历史，但欲另易以一个较为适当的名词，殊苦不如西原借款四字之普遍，为人所共晓，不过此处所述，系指当时对日借款，并非狭义的单指西原经手的借款。

日本大隈内阁于二十一条交涉以后，复演郑家屯事件等等丑剧（帮助张勋复辟），以对华失策下台。寺内正毅继起组阁，表面上以“中日亲善”相号召，实质上以援助北京军阀政府攫夺种种利权为目的。时当欧战期中，日本国内资本过剩，亟欲于海外求出路，胜田主计为大藏大臣，主持财政，与寺内决定，对华大量投资，以解决日本国内之资本过剩问题。既可获得利权，复可以扩充其代理人段琪瑞之势力，使中国殖民地化。又恐列强之反对，另组织一特殊银行，以非正式之方式，对华进行秘密借款，而以西原龟三奔走于东京、北京之间。投资务取其多，包括军事、政治、经济、铁路、矿权等等。此时适值段琪瑞当国，寺内以段琪瑞为北方军阀之首领，乃以借款之方式，从事其援段政策。

研究西原借款的性质，首先应当注意的，即这种政策，是与日本陆相田中的侵华政策根本一致，互相表里为用的。田中的政策见于田中奏折中，为日本侵华之最恶毒的。胜田主计之对华借款，系从财政经济方面，贯彻田中之主张。胜田自命其政策为“菊之分根”的政策，当然不只专限于财政经济方面的。因此对于西原借款的看法，也不应专从一项一项来看，要先从整个的日帝侵略政策出发，不能片面地看问题。

其次，寺内的政策与其前任首相大隈的政策，表面上似乎不同，其实侵略的意旨是相同的，侵略之目的也是相同的，不过各人所采用之方法不同而已。中国军人与政客对此多认识不清，或以寺内为是，或以大隈为非，议论纷纷，实形容其不中肯綮，受人蒙蔽。大隈的方法，是对待袁世凯，寺内的方法，是对待段琪瑞，他们都是日本帝国主义侵华政策的首要分子。同时袁世凯与段琪瑞二人对于其主子的亲密关系也是不相同的。而且大隈内阁时，日本资本家本身的情况（按当时国内资本尚有限），与后来国内资本过剩时亟图输出的情况，也是不相同的。总之日帝的政治措施是与经济相联系的，而日本整个的经济状况与对华资本输出，是密切相关的。

（二）西原借款之投资机关

西原借款既以种种方式输出资本，其中合同有实行者，有未实行者，在短短二年的时间内，经营数亿元之巨款，其投资机关之性质，亦有分别说明之必要。

甲、朝鲜银行、台湾银行及日本兴业银行（西原借款的主体）

日本对华之金融活动，重点一向在东三省，以东北币制混乱之故，日本金融势力，遂有十分活动余地。朝鲜银行曾发行多数金票，使成为东三省买卖货物之标准。

日本既欲利用欧战期中之过剩资金，投之于中国，乃进而研究投资的方法。因有国际银行团之关系，日本政府若单独公然对华大量投资，必引起国际间之嫉视与责言①，而加深帝国主义间矛盾的尖锐化，因决定以秘密方法行之。政府既不便出面，故对于投资之机关，不能不另有一番安排。今欲于正金银行之外，另觅适当的机关，台湾银行及朝鲜银行首当其选。因为台湾银行为经营台湾及华南而设，后更设支店于上海、九江、汉口各地，在中国南方已有相当势力。朝鲜银行既成经营中国东北之金融中枢，更设支店于山东、天津，在华北亦有稳固基础。但是对华投资，比较长期固定者居多数，日本供给此项长期固定资金之机关，向来设有兴业银行。这个银行当第一次扩充资本时，外国人约得半数资本之股票，故这个银行有发行债券的权能，并有向海外经营投资的性质，逢此时机，自与其选。故此幕中之经济借款，遂决定由台湾银行、朝鲜银行及日本兴业银行三银行为主体而经营之。

乙、横滨正金银行（关于政治借款）

横滨正金银行为日本经营外汇，对世界之金融活动机关，向来日本参加国际银行团之对华借款，由正金银行代表经营，现在既欲避开国际银行团之关系，单独对华投资，故亦不令正金银行出面。至于政治借款，由梁启超签订者，仍由正金银行经营，而且表面上为掩饰及蒙蔽起见，采用垫款的方式。

丙、中华汇业银行（对于借款有重大之关系）

中华汇业银行为中日合办之银行，日本早有中日二国合办一个银行之意，当清朝末年，日本即有日清银行之议论，大藏省（即财政部）亦尚保有此项计划草案。大隈内阁时代，亦有中日银行法案提

① 张忠绂：《中华民国外交史》卷上，第336页（表）。

出于日本议会，但未通过。一九一七年秋，陆宗舆为交通银行借款事赴日本，与胜田主计论及中日合办银行之事，帝国主义侵略者及其代理人彼此均认为有此必要，遂决定设立中华汇业银行，经营中日间之汇兑事业，不啻西原借款之收款机关，且有许多借款系由该行代表日方出面，关系尤其重要。就是说西原借款之收入，即存在该行中，由该行主持，以免利益由中国各银行均沾，该银行华股东代表为陆宗舆，日股东即为兴业、朝鲜、台湾三银行（一九一七年八月十日成立）。由此可见这个银行是纯粹的对华金融侵略机关，并由卖国贼陆宗舆主持。

丁、其他

除上述各银行而外，其他与经营借款有关系的机关，一为东亚兴业公司，二为中日实业公司，三为泰平公司，四为三井洋行，五为大仓洋行华宁公司，六为三菱公司，七为东洋通商株式会社。这些机构，均与西原借款或多或少，有相当关系。至于其所经营的借款，详见本章第二节中。

第二节　西原借款与其他日本借款的内容

西原借款的内容，是与西原借款的目的相呼应的。西原借款的目的，首先是从银行方面扼住中国金融上财政上之咽喉。因为中国的银行事业，在一九一七年及一九一八年时，发展很快，力量亦不弱，而中国银行与交通银行实执当时中国银行界之牛耳，掌握了中交两行，即等于掌握了中国金融界之大权。而中交两行以对于政府垫款过多，纸币不能兑现，信用大坏，汇兑机能亦失，有岌岌不可终日之势，因此日本帝国主义者乘机直入，先从掌握交通银行着手。这是西原借款的起点，除此以外，他们借款的范围很广，资本输出的机关也很多，借款普及到各方面，几乎无孔不入。其中有关于金融方面者，有关于铁路方面者，有关于森林方面者，有关于矿务方面者，有关于电台方面者，这是指经济上各方面而言。经济而外，其最重要之目的，为军事方面与政治方面之借款，兹分为三类十一项以说明之。

第一类　经济方面的借款

（一）银行借款

甲、交通银行借款

据交通银行呈请伪国务院备案之文中，有"本行数年以来，竭力图维，营业幸渐发达，内外均无亏欠。前因政府以财政困难，迭饬垫付军政经费，本行不揣绵薄，多方设法，以冀仰副国家维持全局之至意。自民国元年迄今，积欠至巨，但以库款往来既无间断，私家存款亦非少数，是以垫款虽多，尚可暂时维持。自奉令停兑以来，营业减色，现金缺乏，周转维艰，而各省分行及汇兑所数十处，有停兑者，有因地方情形不能停兑者，办法既极不一，处理乃益为难。本行迭次呈请发还积欠，盖实有不得已之苦衷。乃距今数月，迄无办法，且使国库款项，照旧往来，则出纳之间亦可稍资周转，讵时经半载，独抱向隅，加以官私存积，多被提取，收入之缺乏如彼，支付之困难又如此，双方窘迫，应付俱穷。本行为信用计，为营业前途计，为股东血本计，不得不自行设法，以资维持"。按交通银行的借款，实为西原借款发轫之第一声，曹汝霖等即以手中所掌握之国家金融命脉首作卖国之勾当。缘交通银行，向为梁士贻所主持，有交通系之称。操纵全国国有铁路及轮船之收入，以供政府之挥霍，实质上等于袁世凯之"御库"。帝制失败后，梁士贻逃往香港，曹汝霖继任交通银行总理，乘机攫夺，有新交通系之名。由袁世凯之"御库"，一变而成段琪瑞之私库。西原正为日本政府与资本家兜揽投资，遂于一九一七年一月二十日，成立借款合同，由交通银行总理曹汝霖与日本三行（朝鲜银行、台湾银行、兴业银行）联合组织之银行团共同签字。其主要条件如下①：

1. 债额：日金五百万元。

2. 期限：三年。

---

① 王芸生：《六十年来中国与日本》第7卷，第136～138页。

3. 利息：年利七厘五。

4. 担保品：分三项：一为陇海铁路债券面额一百三十万元；二为中国政府国库债券面额四百万元；三为中国政府对于交通银行债务证书面额二百四十二万五千六百八十七元六角八分。

5. 特别条件：交通银行于此项借款期内所需必要之资金，如须向外国借款时，可以合宜条件先向三行商办。再依据一九一七年一月八日所换之条件，交通银行应由日本聘请顾问一人。

乙、交通银行第二次借款

据章宗祥在其所著《东京之三年》一书中所述："交通银行因整顿业务，嗣后复向日本银行团续借日金二千万元，其条件大致相同。此项借款由西原先在北京接洽，林使报告本野（日外相），谓有政治性质，外务省遂有异议。……曹尝自诩谓可为借款之模范。殊不知外间疑议，曾未少息。合同守密，内中真相，局外者不明，揣疑更甚。中国方面无论矣，即日本方面亦多抱不满者。……嗣后中国未能按期偿还，即利息亦未照付（此指一般日本借款），日政府不得已，乃发债票收归政府，以救济银行云。"①

由此可见此项借款名为交通银行借款，实有政治上之作用。其合同系于一九一七年九月二十八日成立，仍由曹汝霖与日本三行合并之银行团共同签字。其主要条件如下②：

1. 债款：日金二千万元。

2. 期限：三年。

3. 利息：年利七厘五。

4. 担保品：中国国库债券面额二千五百万元。

5. 特别条件：交通银行于此项借款期内如需必要之资金，向外国另行借款时，应先与三行商议。

丙、中国银行借款

按此项借款为二百万元，其内容不详③。可见日本之势力，不仅

① 王芸生：《六十年来中国与日本》第7卷，第154~156页。

② 张忠绂：《中华民国外交史》卷上，第336页（表）。

③ 张忠绂：《中华民国外交史》卷上，第337页；又见王芸生：《六十年来中国与日本》第7卷，第197页。

侵占交通银行，也伸展到中国银行。

（二）铁路借款

按此项借款，名为铁路借款，其实亦有一部分，挪借军阀政府之挥霍，其中亦有直接为经济侵略之目的，用于铁路上者。至其他由铁路公司所借之零星借款，亦有日人投资者，均归入路政借款项下，不在此述。

甲、吉长铁路借款

按此路合同，前已三次，一九〇七年（清光绪三十三年）三月三日新奉吉长铁路协约为第一次，一九〇八年（清光绪三十四年）十月十九日新奉吉长铁路借款续约为第二次，一九〇九年（清宣统元年）吉长铁路细目合同为第三次，此约系继承一九一五年（民国四年）条约之条件（即二十一条），为第四次，于一九一七年（民国六年）十月十二日成立合同，由财长梁启超及交长曹汝霖与南满洲铁路公司签订。

1. 债额：日金六百五十万元，实收四百五十一万一千二百五十元。

2. 期限：三十年。自第十一年起，二十年间分四十次匀还，不得提前偿还。

3. 利息：年利五厘。

4. 担保：本路之财产及其收入。

5. 特别条件：本铁路在借款期限内，委托公司代为指挥经理营业，由公司选任日人充当本路工务主任，运输主任及会计主任各职。本路所有中日职员之任免、黜陟及俸给之规定，除主任外，应由局长与公司之代表协议定之。铁路之净利，应以二成分配于公司。中国将来如拟建造联络本铁路之支线或延长线，如须用外国资本，应先与公司商办。本铁路应与南满洲铁路取得联络。

乙、四郑铁路短期借款

一九一八年二月十二日成立四郑铁路短期借款合同，由交长兼财长曹汝霖与正金银行代表签订。

1. 债额：日金二百六十万元。

2. 期限：一年。

3. 利息：年利七厘。

4. 担保：本铁路之财产及其收入。

丙、吉会铁路垫款

所谓吉会铁路，在图们江条约成立时，中有一条，述及此路，但久未提起，此时忽有一千万元垫款之预备合同成立，吉会路乃成为正式问题。一九一八年六月十八日，由交长兼财长曹汝霖与日本兴业银行代表三行签订。

1. 债额：日金一千万元。

2. 期限：四十年。

3. 利息：年利七厘半。

4. 担保：本路之财产及其收入。

5. 特别条件：本铁路与朝鲜铁路之运输联络。

丁、满蒙四铁路借款

按满蒙四路，即（一）自热河至洮南之铁路，（二）自洮南至长春之铁路，（三）自吉林经海龙至开原之铁路，（四）自洮热铁路之一地点，达于海港之铁路是。此事大体为一九一三年（民国二年）满蒙五路秘密换文之展延。自一九一三年换文后，所谓满蒙五路者，只有四洮路之一段——四郑路实现，其余四路均未进行。此处所述四路，大体较前略加变通，而另辟洮热路至海口之一线，即日本计划中之铁路网。此项借款成立于东京，一九一八年九月二十四日，由驻日公使章宗祥与日外相后藤新平交换公文，九月二十八日满蒙四路借款预备合同即成立，由章宗祥与兴业银行代表三行签订。

1. 债额：日金二千万元。

2. 期限：四十年。

3. 利息：年利八厘。

4. 担保：四路之财产及其收入（据贾士毅所述，为财政部发给之国库证券，大概前拟作为修路之用，以掩饰人耳目，后因为政府所挪用，故以国库证券担保）。

戊、济顺高徐二铁路借款

欧战前德国在山东得势时，除经营胶济路外，尚于一九一四年从中国政府取得将来敷设延长线之权利，即自济南至京汉路之顺德及自高密至徐州之线路。一九一五年日本提出二十一条要求时，曾议及此二路，惟未成具体案。至此时旧议重提，因此成立借款。此事为西原借款中涉及山东问题者，以后成为日人在巴黎和会中主张山东利益之一个理由。此项借款成立于东京，一九一八年九月二十四日由驻日公使章宗祥与日外相后藤新平交换公文，九月二十八日与上述之满蒙四路，同时成立济顺高徐二铁路借款预备合同，由章宗祥与兴业银行代表三行签订。

1. 债额：日金二千万元。

2. 期限：四十年。

3. 利息：年利八厘。

4. 担保：二路之财产及其收入（据贾士毅所述，为财政部发给之国库证券，其理由详前款中）。

己、满蒙山东吉会各路借款第二次付息垫款

按此项付息垫款及随后所述之二项付息垫款，订约的时间虽在一九二三年以后，但均与西原借款有相连之关系，息款由本款而生，即因缘于西原借款而起者。由此可以证明，这些铁路借款，并未修路，故息款亦无着落。其中有第二次、第三次、第四次，而无第一次付息垫款者，第一次应付之息款，大抵在原借款成立时，即在本金内扣除，或延期未付，故第一次付息无垫款，只有后列之第三次、第四次及本次付息垫款三项。

一九二三年时，伪财政部因积欠日本之满蒙山东吉会各路借款，截至一九二三年四月十八日为止之应付利息及延期利息数目，共达日金七百多万元，迭经要求付给现款，或签订付息垫款合同，以资结束。因于六月二十八日签订付息垫款合同，其内容如后：

1. 债额：日金七百九十九万七千零八十一元八十钱。

2. 期限：两年。

3. 利息：年利九厘半。

庚、满蒙山东吉会各路借款第三次付息垫款

一九二四年时，伪财政部因积欠日本之满蒙山东各路借款应付利息，截至一九二四年六月三十日为止，连同延期利息，共达日金五百多万元。迭经债权人要求，付给现款，均以财政困难，未能照付。仍拟仿照上次办法，改缔第三次付息垫款合同，并要求减轻利息。债权人复称年利九厘五毫，并非高率，实属无可减让。遂于九月十三日签订第三次付息垫款合同，其内容如后：

1. 债额：日金五百二十八万六千八百二十元五十一钱。

2. 期限：两年。

3. 利息：年利九厘半。

辛、满蒙山东吉会各路借款第四次付息垫款

一九二五年时，日本兴业银行以该行经借之满蒙山东吉会各路借款及第二第三两次付息垫款，截至本年六月三十日为止，总共欠付利息及延期利息，共计日金五百多万元，要求将前项整数日金五百三十万元，依照上次办法，另订付息垫款合同，其尾数日金九万六千二百四十五元四十五钱，付给现款。因此遂于七月签订第四次付息垫款合同，其内容如后：

1. 债额：日金五百三十万元。

2. 期限：两年。

3. 利息：年利九厘半。

壬、京奉铁路盈余借款

此项借款债额计日金二千万元，议定之后，适日本寺内内阁倒台，原敬继起组阁，对华政策一变，借款停止。故此项借款，虽见诸王芸生所辑之《六十年来中国与日本》一六八页中，其内容亦不详①。

---

① 王芸生：《六十年来中国与日本》第7卷，第156、164、172、181、184、198页；又见张忠绂：《中华民国外交史》卷上，第336页（表）；又见《民国续财政史》（四），第232页。

（三）金矿森林借款

甲、吉黑两省金矿及森林借款

此项借款，为西原借款中性质比较严重之一种，以三千万元而将两省林矿抵押。名为发达吉黑两省金矿及森林事业之用，实质上均由段政府移用。此款系由中华汇业银行出面，日本三银行出款。一九一八年八月二日，由伪农商总长田文烈、伪财政总长曹汝霖与中华汇业银行陆宗舆及柿内常次郎签订合同。其主要内容如后：

1. 债额：日金三千万元。

2. 期限：十年。在合同有效期内，关于两省林矿事业向他人借款时，须先与债权人商议。

3. 利息：年利七厘半。

4. 担保：吉黑两省之金矿及国有森林与其收入。

5. 特别条件：由中国方面尽两个月内，设立采金森林两局，聘用日人为技师。惟已经营林矿事业者及其关系人既得之权利及利益概尊重之，并允再借日款或组织中日合办公司等项之请求。

乙、凤凰山铁矿借款

一九一六年时，因中国交通两银行金融紧急，适值华宁矿务公司呈准领采江宁县凤凰山等处铁矿，由伪农商部及伪财政部委托该公司代为筹款接济中交两行，并经华宁公司与大仓洋行商议，以该公司所出铁砂，除以五成留归中政府收买外，其余售与大仓洋行，但应由大仓洋行先交定货款项，即以此项定款存入中交两行，归伪财政部借用。由该公司转商财农两部及大仓洋行订立合同，其内容如后①：

1. 债额：据王芸生所辑之《六十年来中国与日本》一书中所载，借款额为日金一千万元。据贾士毅所述，先后只交付日金一百万元。

2. 期限：两年。

3. 利息：年利八厘。

---

① 王芸生：《六十年来中国与日本》第7卷，第198页；又见《民国续财政史》，第123页。

4. 担保：国库券。

丙、龙关矿砂借款

按此项借款，数额为日金一千万元，内容不详，由西原所议定，或因日本寺内内阁之倒而未实现。特并记于此，以表明日本帝国主义者之经济侵略计划，真是无孔不入。

丁、东陵森林借款

按此项借款，数额为日金一千万元，内容亦不详。其情况与上款同，亦由西原所议定。

戊、广东矿山借款

按此项借款，数目为五百万元，内容亦不详。其情况与前二款同①。

己、吉黑两省林矿借款第一次付息垫款

按此项付息垫款共五次，时间虽稍后，均与西原借款有相连之关系。这些应付之利息，均由于借款之本身而起。同时以本款均为段政府所移用，日本之目的亦只在攫得林矿之开采权及占有权，并不急于开发与调查，故息款亦无着落。

在一九二二年时，伪财政部以应付中华汇业银行经借之森林金矿借款到期之利息，计日金一百一十二万五千元，因库储奇绌，未能照付，特商订付息垫款合同。其内容如后：

1. 债额：日金一百一十二万五千元。

2. 期限：原订一年续展两年。

3. 利息：原订月息一分三厘，展期后改为月息一分二厘。

庚、林矿电信两借款第二次息款及福建省借款等借款

一九二〇年时，伪财政部因急须付给中华汇业银行林矿电信两借款第二批到期利息日金十九万二千五百元，及福建省借款银元四万元，向北京中华汇业银行订借日金八十万元，除付前项各款外，余款归入财政部帐内，听候拨用。此项借款并无借约，即以公函为凭。其内容如后：

---

① 王芸生：《六十年来中国与日本》第7卷，第198页。

1. 债额：日金八十万元。

2. 期限：原订六个月。

3. 利息：原订月息一分二厘，嗣改一分三厘。

辛、林矿电信两借款第三次付息垫款

一九二四年时，因积欠金矿森林借款利息及电信借款利息，共计日金七百六十万八千二百二十六元五十四钱，迭据中华汇业银行函请付给现金或改订付息垫款合同，因于九月十三日签订第三次付息垫款合同。其内容如后：

1. 债额：日金七百六十万零八千二百二十六元五十四钱。

2. 期限：二年。

3. 利息：月息一分二厘。

壬、林矿电信两借款第四次付息垫款

一九二五年时，中华汇业银行以伪财政部积欠该行各项借款垫款（如电信林矿及第二次、第三次付息垫款等），总计欠付利息日金二百六十五万九千九百二十三元零八钱，先后于各款到期时，函请如期拨付，伪财政部以库储支绌，未能照付，因于四月十六日签订第四次付息垫款合同，其内容如后：

1. 债额：日金二百六十五万九千九百二十三元零八钱。

2. 期限：二年。

3. 利息：月息一分二厘。

癸、林矿电信两借款第五次付息垫款

按伪财政部欠付中华汇业银行经手借垫各款到期应付本息及其延期利息，截至一九二五年七月十五日为止，计共十一款，总计日金九百十一万八千七百六十六元七十七钱。当各该款先后到期时，当由债权人函请如期拨付，以资周转，当以筹款为难，暂行缓付。嗣又迭据该行函请援照历次所订付息垫款合同成案，将各款另行签订合同，以资结束。当于十一月十六日签订第五次付息垫款合同，其内容如后①：

---

① 《民国续财政史》（四）第95、97、98、99、101页。

1. 债额：日金九百十一万八千七百六十六元七十七钱。

2. 期限：二年。

3. 利息：月息一分二厘。

（四）电台电报借款

甲、无线电台借款

一九一八年二月二十一日伪海军部与三井洋行成立无线电台借款英金五十三万六千二百六十七镑，其目的在建设一大无线电台，其发报电力及收报机械，可直接与欧美通报。此项借款，即系建筑该电台之用，即以后之双桥无线电台。其合同内容如后：

1. 债额：英金五十三万六千二百六十七镑。

2. 期限：三十年。

3. 利息：年利八厘。

4. 特别条件：此项借款本息，系由电台收入项下开支各项之后所余款内偿还，如收入不敷开支，其应偿还之本息，亦由承办人（即三井洋行）负责，惟中国政府于三十年内，须付承办人以管理电台之全权，并得与外国各电台及海口轮船通报①。

乙、有线电报借款（电信借款）

一九一八年四月三十日，成立有线电报借款日金二千万元，系由中华汇业银行出面承借，合同由伪交长兼财长曹汝霖与汇业银行总理陆宗舆签订。其内容如后：

1. 债额：日金二千万元。

2. 期限：五年。

3. 利息：年利八厘。

4. 担保：中国政府全国有线电报之一切财产及其收入。

5. 特别条件：中国政府于本借款有效期限内关于有线电报，拟由外国借款时，应先与银行商议。关于电信事业，中国如拟雇聘外国技师，或购买材料，日本应有优先权。（按此项借款内有手续费日金

① 王芸生：《六十年来中国与日本》，第7卷，第166～167页。

六万元，西原川赀一万元，酬金五万元。①）

丙、交通部电话借款

一九一八年十月二十五日，伪交通部与中日实业公司订立扩充电话借款合同，将一九一六年所借日金三百万元增至一千万元。其内容如后②：

1. 债额：日金一千万元。

2. 期限：三年。

3. 利息：年利八厘。

4. 担保：以交通部所辖电话局长途电话局现有及将来扩充后之全部财产并其收入及营业权，又已设立之吴淞、武昌、福州、广州、张家口、北京六处无线电台并其收入，又价值日金之五百万元国库证券为担保。（按此项借款本应列入电政项下，但一千万元之收入，除拨还前欠三百万元，其用在电政项下者仅一百九十余万元，其余均由伪交通部移作别用即由曹汝霖移作别用。③）

（五）实业借款

甲、陕西实业借款

一九一八年六月三十日，陕西省政府与日本东亚兴业会社代理大仓洋行，成立实业借款日金三百万元，后由伪财政部另行签约承认。其合同内容如后④：

1. 债额：日金三百万元。

2. 期限：至一九二五年止。

3. 利息：年利八厘。

4. 担保：陕西省铜元局（附设炼铜厂）纺织局及两局之红利。

乙、财政部印刷局借款

① 王芸生：《六十年来中国与日本》第7卷，第170～171页。

② 张忠绂：《中华民国外交史》卷上，第338页（注153）。

③ 《民国续财政史》（四），第246页。

④ 张忠绂：《中华民国外交史》卷上，第336页（表）。

伪财政部印刷局原欠日商三井洋行五十余万元，一九一八年一月七日由伪财政部与三井洋行订借日金二百万元，由财政部与印刷局各用一半。其合同内容如后①：

1. 债额：日金二百万元。

2. 期限：五年。

3. 利息：年利八厘后改为年利一分。

4. 担保：印刷局所有一切财产。

丙、三菱公司汉口造纸厂借款

汉口造纸厂于一九二〇年二月四日向三菱公司购煤，此项借款即系购煤之价款。其条件如后：

1. 债额：洋例银三千三百九十四两五钱。

2. 期限：一九二一年四月。

3. 利息：年利一分二厘。

丁、中日实业公司汉口造纸厂垫款

一九一九年十一月间，汉口造纸厂因扩充营业，依据一九一八年十一月二十八日之借款合同，与中日实业公司，另行签订购机售纸垫款合同，商定购办机器及预售出品，以造纸厂全部财产为抵押品。其垫款数目，关于购办机器者为日金五十一万六千四百八十四元，关于预售出品者则由中日实业公司预付定购纸张价款日金四十万元。其合同内容如后②：

1. 债额：两项合计日金九十一万六千四百八十四元。

2. 期限：原订年限不详，展望合同以三年为限。

3. 利息：原订机器价款年利八厘，预付纸价月息九厘，展期合同改为月息一分。

4. 担保：以造纸厂全部财产为抵押品，并附带财产目录契据凭单等件。

---

① 《中华民国外交史》卷上，第336页（表）；又见王芸生：《六十年来中国与日本》第7卷，第197页。

② 《民国续财政史》（四），第130页。

戊、三井洋行汉口造纸厂垫款

汉口造纸厂于一九二〇年八月十一日，向三井洋行订购货物，价款计洋例银三千四百四十三两，因无力偿付，订立借款办法，其条件如后：

1. 债额：洋例银三千四百四十三两。

2. 期限：不详。

3. 利息：年利一分。

己、汉口水电公司借款

一九一七年一月汉口水电公司曾向日本借款一百万元。其内容不详，日本大藏大臣官房所编纂之《寺内内阁成立后二年之财政经济方策并施设概要》一书中载之①。

庚、广东士敏土厂借款

一九一八年四月广东士敏土厂曾向日本借款三百万元。其内容亦不详，情况与前项所述同②。

辛、闽沪船厂借款

按此项借款计二千万元，其内容不详，见王芸生所辑之《六十年来中国与日本》第七卷一九八页中，或因寺内内阁之倒而未实现，特并记于此。

(六) 航运借款

加入中美运河借款

一九一六年四月间，美国花旗银行曾与山东省政府成立整理运河借款三百万美金。一九一七年十一月二十日续借六百万美金，日本方面遂于此时加入，共同投资，分担二百五十万元美金，由日本兴业银行美国花旗银行与督办水灾河工善后事宜处熊希龄签订合同。所谓对于中国经济投资之日美提携，为日本内阁得意之作，即对于中国经济

① 张忠绂：《中华民国外交史》卷上，第337页。

② 张忠绂：《中华民国外交史》卷上，第337页。

共同侵略之表现。其合同内容如后①：

1. 债额：日本方面计美金二百五十万元。

2. 期限：二十年。

3. 利息：年利七厘。

4. 担保：运河收入有关之税收。

第二类　政治方面的借款

（一）政治借款

甲、善后借款第一次垫款

按此项政治借款，向由国际银行团共同操纵，日本亦在其内。当大限内阁时，有第二次善后借款（所谓第二次，系以一九一三年善后借款为第一次）一亿元之提议，但当时各国皆为欧战关系国，意见不易一致，筹款亦不如意。故日本向各国声明，由日本方面单独筹备一亿元之借款，议亦中止。后当寺内内阁计划对华投资之时，此议又起。国际银行团中，德国为团体中之一员，乃将德国排除，拟请美国复加入，惟以意见不协，美国终未加入，因之大规模之国际借款，一时不克实现。日本方面遂借此题目，作善后借款之垫款，数目一千万元，短期垫借，以盐余及其他为担保，俟大借款成立，即由其贷借额内偿还此项垫款。由横滨正金银行与伪财长梁启超于一九一七年八月二十八日签订合同，此为日本单独对华实现其政治上侵略政策。其主要内容如后：

1. 债额：日金一千万元。

2. 期限：一年。

3. 利息：年利七厘。

4. 担保：盐余。

乙、善后借款第二次垫款

一九一八年一月六日，又有善后借款第二次垫款成立，由伪财长

① 王芸生：《六十年来中国与日本》第7卷，第198页。

王克敏与横滨正金银行签订。其内容与上项借款相同。

1. 债额：日金一千万元。

2. 期限：一年。

3. 利息：年利七厘。

4. 担保：盐余。

丙、善后借款第三次垫款。

一九一八年七月五日善后借款第三次垫款成立，不到一年之时间，连续举行三次之政治借款，这是援段政策之具体表现。此项垫款合同仍由王克敏与横滨正金银行代表签订。其内容与前二项垫款同①。

1. 债额：日金一千万元。

2. 期限：一年。

3. 利息：年利七厘。

4. 担保：盐余。

丁、日本政府青岛公产及盐业偿价库券

一九二二年十二月一日督办鲁案善后事宜公署与日本驻华公使小幡酉吉签定山东悬案细目协定，载明收回青岛公产盐业偿价，应付日本政府一千六百万元，内除日金二百万元支付现金外，其余日金一千四百万元，于公产盐业移交完竣时，以国库券交付日本政府，其内容有下列数端②。

1. 债额：日金一千四百万元。

2. 期限：十五年。

3. 利息：年利六厘。

戊、驻日使馆武官经费借款

一九一九年十二月间，伪参陆办公处转驻日使馆武官处电称，部款半年未发，请商借日款，由财政部担任偿还，于一九二〇年一月与

① 王芸生：《六十年来中国与日本》第7卷，第148～151、161～164、174～175页。

② 《民国续财政史》（四），第119页。

日本三菱银行商借，其偿付办法如后①：

1. 债额：日金三万元。

2. 期限：原订九十天。

3. 利息：原定按日二毫五丝，展期后改为日息三毫。

己、台湾银行留日学费借款

一九一九年十一月驻日使馆留日学生监督处以留日学生学费异常支绌，特向东京台湾银行商订借款，以资救济。其偿付办法如后②：

1. 债额：日金十万元（预扣利息后实交九万七千六百六十元）。

2. 期限：原订九十天。

3. 利息：按日二毫六丝。（按上述二款原系临时性质，积久未偿，遂成无担保之外债。）

（二）财政部借款

按此项借款之用途完全不明，不过系由财政部以税收公债库券作担保，故名之曰财政部借款。

甲、第一次财政部证券借款（一九一八年秋）

按此项借款系由伪财政部以财政部证券改为借款契约，即收回财政部证券另订借款。因前所商订之善后借款的垫款，系以中国政府所发行之国库券为抵押，但善后借款的本身，以牵涉国际银行团之故，一时不易成立，而日本单独进行之垫款问题，又不能久悬而不解决，故另订此项借款，以偿还善后借款之垫款。由此可以表现卖国政府与日本帝国主义勾结之密切，从日帝而言，只要有机可乘，从卖国者而言，只要有款可借，不惜用种种方法以掩蔽人民耳目。此项借款系于一九一八年七月十九日由伪财长曹汝霖与横滨正金银行签订。其内容如后③：

1. 债额：日金一千万元。

---

① 《民国续财政史》（四），第126页。

② 《民国续财政史》（四），第125页。

③ 张忠绂：《中华民国外交史》卷上，第336页（表）。

2. 期限：一年。

3. 利息：年利七厘。

4. 担保：盐余。

乙、第二次财政部证券借款（一九一八年冬）

此项借款，系于一九一八年十二月十日，由伪财长曹汝霖与横滨正金银行签订，其内容与前款同①：

1. 债额：日金一千万元。

2. 期限：一年。

3. 利息：年利七厘。

4. 担保：盐余。

丙、地租借款

此项借款，债额为日金一亿元，其内容不详，亦由西原所议定，或因寺内内阁之倒而有所变更②。

丁、七年公债债券借款

此项借款，债额为日金二千万元，其内容亦不详，亦由西原所议定，其情况与前款相同③。

戊、印花税借款

此项借款债额为日金二千万元，与前二项借款均系曹汝霖在伪财政部任内，前后包办与西原所议定者，其中经过，外间不得其详④。

己、九六公债日本部分

九六公债本是内债。有一部分用中国国币发行的，计五千六百三十九万一千三百元，是无确实担保的内债。有一部分用日金发行的，计三千九百六十万零八千七百元，是用盐余担保的，由横滨正金银行在每月收入之盐税余款项下扣留的。这一部分就成为外债，而且有确实担保。因为盐税余额渐渐减少，而且以各省扣留盐税之故，其应付

① 张忠绂：《中华民国外交史》卷上，第236页（表）。

② 王芸生：《六十年来中国与日本》第7卷，第198页。

③ 王芸生：《六十年来中国与日本》第7卷，第198页。

④ 王芸生：《六十年来中国与日本》第7卷，第198页。

之本息虽归还了一部分，但其中一大部分亦不能按期偿还，而成为对日外债项目中之一项，一直拖延下去，成了一个未经解决的问题①。

（三）地方借款

按此项借款内容均不详，其中有由中央承认者，如陕西省实业借款、福建省借款均归入前述实业等项下，不在此重述，其他则归纳于此。

甲、东三省借款

此项借款亦作奉天省借款，债额为日金三百万元，内容不详。系一九一八年四月所订借②。

乙、直隶省借款

此项借款，债额为日金一百万元，内容亦不详，系一九一八年五月所订借③。

丙、山东省借款

此项借款，债额为日金一百五十万元，内容亦不详，系一九一八年九月所订借④。

丁、直隶水灾借款

一九一七年秋，直隶省（河北）发生空前之大水灾，天津市亦被水浸，当时为救济水灾，待款孔亟，而国库方面无法筹措，对于人民方面之痛苦与严重之灾情，毫无办法，不得已向日本银团（日本兴业银行、中日实业公司等十一家银行所组织）商议借款。于十一月二十二日由伪督办水灾善后事宜熊希龄及伪财长梁启超与日本银行团代表中日实业公司总裁李士伟签订借款合同。其内容如后⑤：

1. 债额：日金五百万元。

---

① A. G. Goons, *The Foreign Public Debt of China*, p. 63.

② 张忠绂：《中华民国外交史》卷上，第 337 页。

③ 张忠绂：《中华民国外交史》卷上，第 337 页。

④ 张忠绂：《中华民国外交史》卷上，第 337 页。

⑤ 张忠绂：《中华民国外交史》卷上，第 336 页（表）；又见王芸生：《六十年来中国与日本》第 7 卷，第 197 页。

2. 利息：年利一分。

3. 担保：以多伦鄂尔及杀虎口、临清三个常关收入为担保。

第三类　军事方面的借款

按此类借款，据日人胜田所言，关于军事借款，非其所主。而当时卖国政府方面，对于前后所借之军事借款，均未公布①。因此各书所载（如张忠绂之《中国外交史》、王芸生之《六十年来中国与日本》），只能提出一个项目，知道有此类借款之存在而已，直到后来要求清理外债时，债权人始和盘托出。

（一）军费借款

甲、参战借款

此项借款，系依据段政府与日本所商订之两国陆军共同防敌军事协定（系一九一八年五月十六日由靳云鹏与日本斋藤季次郎在北京所订），即中国如果实行出兵参战，日本可代筹军费。此议起于一九一八年三月，订约于九月，而实行付款则在十一月底参战军具体成立之时。此时欧战已将告终，实无中国出兵参战之必要，而急于筹划此项军费之目的，不在对外而在对内，是很明显的。时因参战军亟待成立，乃以参战督办名义，直接与日本陆军大臣商办。先是宇垣坂西在北京已接洽数次，宇垣归，报告田中，田中颇赞成此举。田中主张先由中国定一编练新军队计划，概示需若干师团，若干军器，日本方可筹划经费，而以此项新军队须有国家性质，将来可备中央自由调遣为断。旋由中国立定计划，由伪参战处会同伪国务院外交部声明参战军专为防御外侮及巩固中央之用，完全为国家性质，归中央调遣。编练三师，开办费及经常费，每月约需四百万元，再加教育各机关经费约共需一千四百万元，合日金约为二千万元。时陆军大臣为大岛健一，大岛得中国声明后，答言前订军费协定时，本有实行后通融军费之言，中国现既急需，自应尽力，当即与大藏大臣接洽办理，此事与四

① 李剑农：《最近三十年中国政治史》第430页。

国银行团绝无关系，自不待言云云。（按此项参战军在欧战告终后，改名边防军，仍由段祺瑞自任督办，后即用之与吴佩孚作战。）惟日本深虑此款移作别用，因声明此款应交付于直接主管国防军队机关所属之经理主任。其后付款按月由朝鲜银行委托汇业银行代办，每次由参战军训练处督练及军需课长会同署名盖印，始能领款。至军事教官由日本推荐坂西总其事，颇欲效日本当日用德人梅尔格之例。此项借款合同，系于一九一八年九月二十八日由驻日公使章宗祥与朝鲜银行代表三行签定。其内容如后①：

1. 债额：日金二千万元（按此款由政府供给，银行担任其劳）。

2. 期限：原订一年，续展一年，延期五年，又续展二年。

3. 利息：年利七厘（若存款不用时，仍由存款之行给还利息七厘）。

4. 担保：中国以将来整理新税中收入，作为偿还财源。

5. 特别条件：中国政府如因同一目的更欲借款时，须先与银行商议。此种新编之参战军，应用日本军官训练（附约）。

乙、参战借款付息垫款

前项参战借款到期本息无着，迭经伪财政部约同日本银团方面并函请伪陆军部三方磋商，另订付息垫款合同。于一九二五年九月四日将参战借款本金展期交换证函，及息金另订付息垫款合同，分别签订成立。其偿付办法如后②：

1. 债额：日金一千零二十六万七千六百五十五元三十七钱。

2. 期限：二年。

3. 利息：年利八厘。

（二）军械军火借款

甲、泰平公司第一次购械价款（亦名第一次军械借款）

---

① 王芸生：《六十年来中国与日本》第7卷，第210页；又见张忠绂：《中华民国外交史》卷上，第336页（表）；又见刘彦：《中日交涉史》第156页。

② 《民国续财政史》（四），第111页。

一九一七年十一月间，伪陆军部与日本泰平公司订立第一次订购参战军械，及代购皖省军械借款合同，其总额为日金一千九百十八万六千四百六十一元九十二钱，除付现款一百七十四万六千四百六十一元九十二钱外，其余欠付之款，均照原订办法订定，分四期付款，届时如无现款交付，须由伪陆军部发给期票。其办法略述如后①：

1. 债额：日金一千七百零一万四千五百九十七元三十七钱（按参战军械价款原数日金一千五百五十四万九千二百六十一元三十钱，按九五扣应付日金一千四百八十六万六千七百九十八元二十四钱。又皖省军械价款原数日金二百四十四万一千七百五十一元二十四钱，按九五扣应付日金二百三十一万九千六百六十三元六十八钱。不过此二数相加与债额数目略有不符）。

2. 期限：原订二三四五批价款，均以年半为期，嗣以到期未能付还，一并展至一九二〇年九月二十三日，展订后第一次延期五年，第二次定期二年。

3. 利息：原订年息七厘，展订年息八厘。

4. 担保：国库证券。

乙、泰平公司第二次购械价款（亦名第二次军械借款）

一九一八年七月三十一日伪陆军部与日本泰平公司订立第二次购械借款合同。其总额为日金二千二百四十二万七百零二元二十三钱，除付给现款日金二百四十二万七百零二元二十三钱外，其余欠付之款利息及用费计算方法，均照第一次购械借款办法办理。其内容如后②：

1. 债额：日金二千万元（此数系依据购械总额除去付给现款之数，但贾士毅依据官方材料，谓实交债款本金数，只有日金一千零八十七万七千一百十二元十八钱。则其中实情不得而知，借款中有弊病，购械中更有弊病）。

2. 期限：四批库券原各一年为限，但到期仍未付还，又展期

① 《民国续财政史》（四），第111～112页。

② 《民国续财政史》（四），第113～114页。

二年。

3. 利息：原订年息七厘，展订改为八厘。

丙、泰平公司第一、第二两次购械价款付息垫款

在一九二五年时，除将前两次的购械借款本金日金三千二百零八万一千五百四十八元零二钱，商定展期办法外，其积欠之利息，则于九月二十四日另订付息垫款合同。其内容如后①：

1. 债额：日金一千六百四十七万零一百一十三元九十三钱（其中第一价款项下，计九百六十万零八千六百八十八元十二钱，第二价款项下计六百八十六万一千四百二十五元八十一钱）。

2. 期限：二年。

3. 利息：年利八厘。

丁、督办参战处留用陕西购械欠价库券款

前参战督办处留用日本泰平公司陕西订购军械一案，其内容分述于后②：

1. 债额：日金六十一万五千零七十二元七十五钱，又银元四万五千元，此数即伪财政部原欠泰平公司国库券之尾欠数。

2. 期限：原订半年嗣后每半年展期一次。

3. 利息：原订年息八厘，后改为九厘二。

戊、边防军训练处购货价款库券款

一九二〇年五月八日，督办边防军训练处因所欠日本泰平公司货价日金五万元一款，无法交付，特由伪财政部发给日金五万元国库券一张，其内容如后③：

1. 债额：日金五万元。

2. 期限：原订一年。

3. 利息：年利八厘。

己、陆军部军火价款

① 《民国续财政史》（四），第115页。

② 《民国续财政史》（四），第116页。

③ 《民国续财政史》（四），第117页。

伪陆军部接管前清宣统年间所欠日本泰平公司购买军火价款日金一百八十二万一千七百六十元一款，在前清时曾订立延期契约，截至一九一五年十一月底止，陆续还过日金六十二万五千一百五十元八十一钱，又付过利息日金三十四万九千七百五十九元三十一钱。嗣于一九一五年十二月间，由伪财政部将余欠之数，汇发库券八纸，分八期归还。其内容如后①：

1. 债额：日金一百十九万六千六百零九元十九钱。

2. 期限：原订一九一九年九月还清。

3. 利息：原订八厘五毫，改订后改为年利七厘。

（按此项借款，在前清各书中实无从查考，直至后来债权人索还时，始从档案中查出，另订偿还办法。）

庚、西北军械运送保险费库券款

一九一九年间，西北军因收存泰平公司订购军械，托天津通运公司租栈暂存，由泰平公司代为垫付运送保险栈租等费，共计银元八万五千七百三十三元八角七分。西北边防总司令部曾函请财政部如数付还。当以库款支绌，未予实行照付，乃连同欠付之利息加入本金之内，填发库券二纸。其内容如后②：

1. 债额：银元九万一千四百四十九元三角七分（内中实交债款本金数计八万五千七百三十三元八角七分，余为前此欠付之利息）。

2. 期限：限一九二一年十二月一日还清。

3. 利息：年利八厘。

辛、汉阳兵工厂借款

一九二〇年间汉阳兵工厂因积欠东亚通商株式会社货价甚巨，未能清偿，而此项货品，均为军队提用，因此由伪财政部于一九二〇年一月与该会社订立借款合同。其内容如后③：

1. 债额：银元三十万元。

---

① 《民国续财政史》（四），第117~118页。

② 《民国续财政史》（四），第127~128页。

③ 《民国续财政史》（四），第129~130页。

2. 期限：原订三个月。

3. 利息：原订月息一分四厘，一九二〇年七月二十七日以后，改为月息一分六厘。

壬、制铁借款

此项借款亦名苏皖制铁所借款①，原订日金一亿元（亦作三千万元），其条约内容，两国当局皆不发表，故外间不得而知。然观日本寺内内阁将制铁借款草约，交付外交调查会审议时，曾言此借款，含有根本的改革中日两国制铁事业之重大意义，非可视为单纯经济借款云云，则可知制铁借款对于中日两国之利害关系很大。或即二十一条中第五号第四项所要求在中国设立中日合办军械厂之变相②。此项借款，或因寺内内阁之倒，议而未立，特志之以备参考。

按以上所述，均为日本借款中之关于军事方面者，即军费军火军械等借款是。此项借款之总数，据美人克恩斯估计，"已订约者约共日金五千零四十八万三千零七十二元，英金二百万零二千零八十三镑，银元三百四十三万五千三百三十一元，总共约英金七百万镑，银元三百五十万元。其他用于军事方面之借款，尚不得其详，若把各项可疑之项目，均加进去，则总数当为英金一千万零六十四万二千七百七十镑，银元五百一十七万三千七百五十元（其中或不免有一二重复之处）。就其现负未清之数而观（指一九二六年时说），则英金为八百七十五万零五百七十五镑，银元为二百万零四千一百五十七元，则是显明的。因此根据数字上之研究，日本借款中之关于军事方面者，至少在银元一亿元以上，其他各项不在其内"③。

① 王芸生：《六十年来中国与日本》第7卷，第198页。

② 刘彦：《中日交涉史》第157～158页。

③ A. G. Coons, *The Foreign Public Debt of China*, p. 93.

第六章　新银行团的成立与对华借款

第一节　新银行团成立之过程

在第一次欧战将近结束之时，帝国主义阵营内部力量的对比，起了大的变化。美帝国主义者占有超越于集团内其他国家的相当大的优势，尤其对于日本方面表现极深刻的经济上分歧。因此在一九一八年六月间，威尔逊政府向英法日三国提议，谓“此次战争使美英日法等国，成互助提携之精神，有四国资本家组织团体，办理中国借款，以助中国产业之发展与财政之巩固，似为适宜之举。美国已拟定组织银团之纲要如下：（一）由美英日法四国资本家组织对中国之借款团；（二）凡中国政治借款经济借款，一概承受；（三）旧银行团各员，既得借款之优先权，让予中国或新银行团”①。美国是因欧战而富的，英法二国均欠它的债，是它的债务人。加之在欧战中，英法均感财政困难，实无力向中国投资，得到美国此项提议后，自表赞成。惟日本在欧战期中，对中国之投资政策，已在中国财政经济上树立特殊势力，而新银行团成立的目的，要在包揽中国借款，使日本无单独操纵的余地。因之日本对于美国这种提议，当然是仇视的，它们之间有一个极深刻的经济上分歧。但日本对于新银行团之组织，极感不易对付，加入之则违反本国对中国之政策，不加入则日本陷于孤立。斯时日本对于此问题之手腕，一方面派代表参加四国银行团会议，一方面由国人积极反对新银行团之政策。一九一九年五月十二日，四国银

① 刘彦：《中日交涉史》第312页。

行代表在巴黎议决新银行团之要点如下："（一）赞成美国组织新银行团之纲要；（二）关于实业及铁路借款，除已为各国既定之权利外，凡现在及将来，此项借款优先权，由本团承受。其本团外资本家已经订有契约或优先权，务设法使让渡于本团；（三）四国承认俄国政府后，得许俄国资本家加入本团；（四）比国财团成立后，可希望加入；（五）团内之各国银团，各自成本国团体，只许代表本国经济活动，不得代表他国利益；（六）实业及铁路借款，由本银团统筹全局办理。本团内之各国银团得各使其代表及技师，提出计划书；（七）许日本银团平均担任湖广铁路借款。此议决案最关重要之点，为第二款各国既定权利除外是。据英人之解释为，'凡已成铁路，已成事业，得不属于新银行团范围。'则日本在中国之已成事业，如南满、安奉、吉长、四郑、抚奉、新奉及江西之南浔各铁路，又抚顺、烟台、本溪湖、天宝山、桃冲矿与汉冶萍煤铁等，皆不受新银行团之影响。惟未成铁路，如吉林至会宁、吉林至海龙、海龙至开原、长春至洮南、郑家屯至洮南、洮南至热河、洮热间至海岸之各拟筑铁路，当然让渡于新银行团。"① 这种办法，从美国看来，以为是对日本大让步，因为第二款中，已有明白除外之规定，以为由此可以和日本取得妥协。但以经济上的分歧深刻之故，尤其是东三省权利上争夺之故，不仅不能妥协，反表示这个银行团开始即趋于分裂的离心力。

当时日本舆论大起反抗。由日本银团之名义，向三国银行团提议，附下列二项之条件，务必由三国承认该二项条件后日本方可加入银行团。"（一）满蒙地方，不在新银行团范围之内。（二）一千万元之小借款，不在新银行团范围之内。"② 此二条件，第一项为要求英美法三国，承认南北满洲、内外蒙古，全为日本之势力范围，新银行团不得在该区域内投资。第二项为反对新银行团包揽中国之实业借款。美国政府当即致函日本大使，声明"日本银团之提议，系误解新银行团对于中国宽大无私的精神。此等保留区域之主张，不但与新

① 刘彦：《中日交涉史》第312～313页。

② 刘彦：《中日交涉史》，第314页。

银行团取消各国在中国利益范围之根本主义相违，且减少各国互相提携之功用”①。当时不仅日本方面如此，中国亲日派亦起而反对，其反对之热度，殆与日本相等。其理由亦不外包揽经济借款，则条件必苛酷，对于中国不利。举凡伪总统徐世昌复美公使之函，与财政委员会之意见，无不如此。不过日本之反对新银行团，是为了满蒙的特殊权利，而中国亲日派之反对新银行团，是名为反对银行团之垄断与条件之苛刻，而实质上成为日本之应声虫。

日本政府见中日两国之情形如此，欲根本破坏新银行团，使不能成立，乃正式照会英美法三国政府，切实声明“日本政府赞助日本银团满蒙除外之要求，并声叙日本与满蒙在地理上、历史上皆有特别关系，并屡经各国所承认。如新银团对于日本在南满东内蒙之特殊权利与利益，不予丝毫损毁，则日本政府可令本国银团参加新银行团”。它们之间斗争的焦点是满蒙，当时英国政府又照复日本，谓“日本以地理的要求，主张南满东蒙，在新银团借款范围外，英国不能承诺。盖与借款团撤废利益范围及开放中国全土为国际协定活动之主义直接抵触也。南满洲依日本造成之重要铁路及其他实业，虽可划除于借款团外，然东内蒙则不然，日本虽在该处获得筑路优先权，然尚未动工，且东内蒙之南境，事实上包围北京，有侵食直隶之形势，与日本屡次保全中国独立与领土之誓约，不相容也”②。美国政府亦郑重声明，谓“若因加入新银团，而要求承认其一种利益范围，则是分裂中国之办法。美国政府从中国正当民意方面与列强在中国利益方面观察，必以此为大不幸事。日本政府或以为他国有假新银团故意侵犯日本在南满之利益者，其实并无其事。查五月十二日巴黎合同第二款，规定新银团只承办现未确实进行之事业为止，则现在已成之事业，如南满铁路、四郑铁路、抚顺煤矿等，自应除外，且不妨从宽解释。将延长已办铁路之计划线，如四郑铁路拟延长至洮南，吉长铁路拟延长至会宁之计划线，亦不妨除外。谅日本政府既知新银团无意侵

① 刘彦：《中日交涉史》，第314页。

② 刘彦：《中日交涉史》，第314、316页。

犯日本已成之事业，与计划延长之优先权，则当然无所用其保留云云"①。以上所述英美文件中最可注意之点，一为英美两国对于侵略中国之计划，拟作一番新的安排，此为新银行团之根本主张。二为英国指摘日本有单独侵食直隶（河北）之形势，为他们所不能容忍。三为美国承认日本之满蒙计划线，不列入新银行团范围内，作为对日让步，共同进行掠夺之点。时美英法三国恐意见不一致，愈难对付日本，乃派美国银团代表拉门德为三国银行代表，亲赴日本，冀与日本当局为切实之协议。拉门德乃于一九二〇年五月十一日与日本代表协定满蒙解决办法如下：

"（甲）南满铁路与其现有之支路，连同为铁路附属品之矿产，不列入新银行团铁路范围之内；（乙）议筑之洮南热河铁路，与议筑自洮热间至海岸之铁路，归入新银行团铁路范围之内；（丙）吉林会宁铁路、郑家屯洮南铁路、开原吉林铁路、吉林长春铁路、长春洮南铁路、新民屯奉铁路、四平街郑家屯铁路等，皆在新银行团范围之外。"②

按此项调解办法，与日本开始即要求满蒙除外之主张，事实上无甚差别，三国对日本之让步很大。且类似锦爱线之路，日本亦认为与日本之生存关系有碍，欲不准新银行团建筑，则满蒙等于由日本封锁。且日本借此，使兰辛石井之照会，加一保证，并将日本因地理接近发生特殊地位之主张，重向三国声明，尤为日本胜利之点。自此美英日法四国所组织对中国借款为新银行团，起自一九一八年七月，迄于一九二〇年九月，其间为日本之满蒙除外问题，费二年以上之时期，始得解决，而新银行团正式成立。于一九二〇年九月由四国驻华公使，将新银行团成立，及希望中国早日成立统一政府使新银行团赞助中国前途发展之计划，得见诸实行之旨，通告中国。至一九二一年三月，并将新银行团交涉经过文件，送致中国。也就是由他们支配好后再通知中国，是把中国看做完全由他们支配之殖民地。在日本方面

① 刘彦：《中日交涉史》，第316页。

② 刘彦：《中日交涉史》，第322页。

反对之时，中国之亲日派亦积极反对，并因而促成日本对满蒙除外之要求。及协定成功之日，日本人不反对，中国之亲日派亦遂不反对。

新银行团的成立，不仅在中国外债史上占重要之地位，即在当时国际关系中，亦占一重要的地位。自甲午之役以来，列强对中国为积极之侵略，划定势力范围，要求门户开放，在当时原是极不平衡的。例如从前美国欲筑锦爱铁路，则日本拒之，欲筑绥远至包头之铁路，则俄国拒之，欲筑株州至钦州之铁路，则法国拒之，欲筑周家口至襄阳之铁路，则英国拒之。甚至中国欲筑与国家最有关系之路，亦常为他国所不准，有时惹起各国之纷争，这是欧战以前势力范围的现象。自一九一四年欧战突起以后，日本之势力积极扩张，既占领德国势力范围内之山东，复在二十一条要求中，占优越之地位，并有日本与帝俄之密约，以及美日间之兰辛石井照会，日英日法等国之谅解和协定，其大旨在要求日本对中国之特殊地位。换言之，日本政府与日本资本家对中国的冒险行为愈加猖獗，一方面存并吞中国之心，一方面加深资本主义各国的矛盾。尤其是美帝国主义者由于欧战后各方面的条件所促成，变化得很快，经济的力量亦比较大，对于日本所进行之单独攫夺政策，自不能熟视无睹。新银行团之成立，是在保证其一向所主张之“门户开放”的侵略原则，并使一切参加掠夺中国和奴役中国的势力范围的国家“机会均等”。

第二节　新银行团之目的及其失败

新银行团之目的，第一，帝国主义者想把政治借款与经济借款混合为一，名为铁路借款或合办实业借款，属于经济性质，而工务运输会计等均用外国人，即把铁路之管理权与实业之经营权，拱手送与外人，亦即国家主权随此等经济借款而为人所夺去。这种混合之形成，一方面因为外国垄断资本家之目的，注重在经济上的利益，尤其是在掠夺最大限度的资本主义利润。例如美国金融寡头在利用欧战后之资本过剩，力图资本输出。而另一方面即帝国主义者要扩充政治上之势力，例如美国所实行之“门户开放”、“机会均等”的政策，以加深中国之殖民地化。总之资本主义总危机时期的基本特征，是资本家垄断组织与国家政权机构，纠缠结合在一起的过程之进一步加强。由一般垄断组织过渡到国家垄断资本主义的过程，在第一次欧战中，实获得了有力的推动，并达到向外扩张，输出资本，掠夺原料来源等等的目的。日本政府对于西原借款之进行，其目的是如此（所以西原借款，其初虽由银行家担任，后来多改由日本政府担任）。美国政府之发起新银行团，其目的也是如此。它们的方式虽不同，侵略的目的是相同的。第二，新银行团知道当时中国财政情况，非借款不成，于是利用苛刻的条件，以监督中国财政，或由国际共管中国财政以奴役中国人民。同时借借款问题，使南北军阀均受其支配，即成为它们的代理人，保持中国封建军阀的势力。

新银行团的目的，是否达到呢？为什么不能达到而失败呢？失败的原因，第一，由于帝国主义间本身之矛盾与斗争。美日的斗争，在第一次世界大战后更为激烈。美国之所以要组织新银行团，是在排斥日本的独占地位，而凭借它的经济力量，企图取得领导地位。因此由美国领导之四国银行团，虽于一九二〇年成立，但是由于四国之间，尤其是美日之间的矛盾，始终无法进行工作。第二，由于帝国主义支配下，中国封建军阀与亲美派亲日派间之矛盾与斗争。因为帝国主义者竞相从中国军阀官僚买办中，寻找新的代理人，由各国掌握着自己的工具以互相抗衡。例如亲日派反对新银行团，是跟着日本人走的，亲美派或亲英派赞成新银行团，也是跟着其英美主子走的。这种卖国的行为，在其主子利益冲突之下，也是无法取得一致的，而且当时亲日派的势力比较大，四国银行团之活动就不易推进。总之帝国主义时代发展不平衡的规律，使得一些国家与其他国家比较起来，有了跳跃式的发展。这种发展的跳跃性，由于资本输出而变本加厉，即由于政治外债经济外债军事外债而变本加厉。输出资本的国家为自己开辟了财源，因之争夺市场的斗争格外尖锐，都是想大量地榨取最大限度的利润。因此帝国主义阵营中的冲突无法避免，和平解决帝国主义阵营中的冲突，就成为不可能。

第七章 庚款余额问题

第一节 庚款余额的取消

（一）德国赔款

德国部分庚子赔款，其摊还总数为关平银九千零七万零五百一十五两。按每关平银一两折合德金三马克零五五，再加入预计利息，共合成德金六亿零六十一万七千七百二十五马克二二五。在一九一七年二月底以前均经照付。截至一九一七年二月底止，总共已还过本息德金一万八千四百万零三百二十六马克一五七。嗣因我国对德绝交宣战，由中国政府于一九一七年三月间，经伪国务会议议决，自一九一七年三月份起，暂行停付。迨欧战结束，中德协约于一九二一年五月二十日告成，德国部分庚子赔款遂归消灭①。

按此项赔款有三点应注意的，即（一）已付之款，由德国方面领取的，截至一九一七年二月底止，计德金一万八千四百万零三百二十六马克一五七。（二）停付之款先由总税务司移作内债保息之用，后来全数作为内债基金之用。（三）除内债保息外，余款由总税务司拨解中国银行，收政府帐，即由当时北洋军阀政府支用。

因此从人民方面来说，此项赔款之负担，实未丝毫减轻，而且后来因马克价跌，内债保息不敷，又由总税务司于税收项下，自一九一

① 《民国续财政史》（四），第48页。（本章各注，均请参阅“财政年鉴”第一次所编下册第1425～1459页；又见《中国外债汇编》第33～43页。）

九年一月份起，仍按月提出二十四万元，以抵补德国赔款作为内国公债保息之用。可以说人民对于此项德国赔偿之负担，始终是继续不断的。不过前者由于外人掠夺，后来由于军阀透过内债，用作内战费，残杀人民。由外人侵略之用，变成军阀内战之用，其不同之点即在于此。

（二）奥国赔款

奥国部分庚子赔款，其摊还总数为关平银四百万零三千九百二十两。按关平银一两，折合奥金三克勒尼五九五，再加入预计利息，共合成奥金三千一百四十一万八千七百二十五克勒尼九五七。在一九一七年二月底以前，均系按月交付，嗣因我国对德绝交宣战，奥国与德虽属同盟国，惟其应得庚子赔款曾经中国政府于一九一七年三月提出伪国务会议议决，仍旧照付，所有每月应付之款，仍继续交与德华银行代收，但总税务司虽将该项赔款自一九一七年三月份起，至一九一七年七月份止，按月拨交德华银行，而该行对于该款，始终拒绝收受。其拒绝的理由，并未据该行声明，于是由中国政府将该项逐月应付赔款收回另储，嗣并移入国库充用。至一九一九年九月十日协约国及参战各国与奥国间之和平条约成立，中奥两国恢复正式邦交，此项赔款遂归消灭。①

按奥国赔款部分的情形与德相似。即（一）截至一九一七年二月底止，已由奥国方面领去者，共计奥金九百六十二万五千一百八十三克勒尼五〇六。（二）自一九一九年十一月份起，由总税务司安格联自动的（未经中国政府认可）将前项腾出之奥国赔款，全数充作内债保息之用。据贾士毅所著的财政史中所述，亦言未经财政部认可，而安格联如此之热心拨付内债基金，其中必有作用。这种作用，是由于外国银行团与中国的银行家相勾结，而且当时的内债，以有赔款作抵（即关税作抵），亦有一部分在外国人手中或外国银行手中，故不仅把奥国赔款拨付内债基金，而且将该项赔款改合英金拨款

① 《民国续财政史》（四），第50页。

(因奥币跌价),再以英金兑成银元,转入内债基金帐内。(三)此中尚可注意者,即奥国赔款之停付,系截至一九一七年二月底止,而内债基金之拨付,系从一九一九年十一月份起,其中尚有三十二个月的款,不见汇报,不知道何处去了。官书中亦不详,《财政年鉴》亦未说明,惟贾士毅《民国续财政史》中有一句含混之语,即移入国库充用是,也就是由当时军阀政府任意使用。因此从人民负担方面来说,实未曾丝毫减轻,其情形与德国赔款相同,同为当时军阀政府认为一笔横财。

第二节　庚款余额偿付办法的改订

(一)美国赔款

美国部分庚子赔款其摊还总数为关平银二千二百九十三万九千零五十五两。按关平银一两折合美金点七四二,再加入预计利息,共合成美金五千三百三十四万八千一百四十五元一六六。依据贾士毅《民国续财政史》及《财政年鉴》中所载,此项赔款,在一九〇九年(清宣统元年)间,即有一部分退还,指作北京清华学校经费。其退款手续,系由总税务司将应付赔款,照交与美国驻华公使,再由美使将该款送交外交部,拨交清华学校应用。自一九一七年起,又改为总税务司将该款送交外交部,拨交清华学校应用。前后办法微有不同。此项退还赔款,每年多寡不一。最少数目为美金四十八万三千余元,最多数目为美金一百三十八万余元。至除退还以外之赔款,每年仍应交付本息数目,计为美金五十三万九千五百八十八元七角六分,此数原定直至清偿之期为止。自一九一七年十二月一日起,美国政府因与协约国取一致办法,允将该国应得赔款缓付五年,至一九二二年十一月底止满期。嗣于一九二三年之际,各国间有鼓吹退还赔款之倾向,美国政府复将美国部分应得庚子赔款,自一九一七年十月一日起,连同缓付五年之款,全数退还(即每年所付本息美金五十三万九千五百八十八元七角六分之数)。但声明其用途由美国大总统自由处分。

所有一九〇八年七月十一日美国驻华公使通知中国政府所退还之一部分赔款开除在外（按此即系指充作清华学校经费之一部分）。此外，另由中美两国政府合组一“中华教育文化基金委员会”，所有每年退还之美国赔款，即以该委员会为收管支配机关，每年由江海关税务司，缮给美国公使支票一纸，美国公使收到前项支票后，即在支票上缮写交与“中华教育文化基金委员会”收领字样，送到该委员会查收。自一九二五年八月一日起，即照此办理。①

依据官书上原订之表，总计美国部分庚子赔款：第一、为美国实收本息数，自一九〇二年至一九一七年，计美金一千一百八十八万零一百八十七元。第二、为第一次交付本息数，计美金二千八百九十二万二千五百一十九元。第三、为第二次交付本息数，计美金一千二百五十四万五千四百三十八元。三项合计如上数②。

（二）英国赔款

英国部分庚子赔款，其摊还总数为关平银五千零六十二万零五百四十五两。按关平银一两折合英金三先令，再加入预计利息，共合成黄金一千六百五十七万三千八百十镑一七四。自一九一七年十二月一日起，与协约国取一致办法，允将赔款缓付五年。至一九二五年六月三十日英政府颁布关于此项赔款用途全案文件，第一条第一项内开，所有一九二二年十二月一日以后之中国赔款，不再归入国库作为新基金，而另拨入新项名为“中国赔款”，并按本节之规定支配之，以用于教育或其他事业。由外交总长全权主持，外交总长并得随时谘询本案所立之委员会，定其用途等语。故此事在英国方面虽已将该项赔款变更用途，但未有正式交还之声明。该谘询委员会由英政府指派英国会员八人中国会员三人组织成立。嗣由该委员会拟定该项赔款用途及其分配数目，建议于英外长，其所拟议办法如下，即每年平均以五十万镑计算，以三十五万镑供经常用途。其分配比例，为（一）农事

① 《民国续财政史》（四），第51～52页。

② 《民国续财政史》（四），第51～52页。

教育及改良百分之三十，（二）科学研究百分之二十三，（三）医学及公共卫生百分之十七，（四）其他教育事业百分之三十。每年所余之十五万镑，连同自一九二二年十二月一日至一九二六年十二月底止所收存未用之庚款作为基金，投于筑路或治河之用，或以之购买债票，以期赔款满期后基金利息足供经常之用。至管理该项庚款事宜，拟由在华设立之董事会负责，董事中华薪六人英薪五人，由中英两国政府商议并得其同意后任命之。①

（三）日本赔款

日本部分庚子赔款，其摊还总数为关平银三千四百七十九万三千一百两。按关平银一两，折合日金一元四零七，再加上预计利息，共合成日金一万零六百八十五万四千一百七十七元八一八。原系以银两交付。自一九〇五年七月二日外务部与外交团成立换文后，所有日本部分庚子赔款改用英金交付，按日金九元七六三折合英金一镑计算，以后遂成定案。自一九一七年十二月一日起，与协约国取一致办法，缓付五年。一九二三年三月间，日本国会通过，将庚款余额及解决山东悬案所得之库券及赔偿金，年约收日金四百七十万元，一并移充对华文化事业之用，并将上列收入款项，另立一种特别会计，编制特别会计法，由日本政府以敕令公布（大正十二年三月三十日）。一九二三年十二月间，日本方面派员与驻日中国公使协议处分赔款用途，议定大纲九项，并于一九二四年二月六日签定该项议决案。一九二五年五月由中国外交部与日本公使往来照会，指派中国委员十一人会同日本委员九人，组织中日文化事业总委员会，办理各项事宜。同时又设上海自然科学研究所。故此事在日本方面虽有变更用途之决定，但并未有正式交还之声明，与英国办法大致相同。②

① 《民国续财政史》（四），第71～72页。

② 《民国续财政史》（四），第69～70页。

（四）荷兰赔款

荷兰部分庚子赔款，其摊还总数为关平银七十八万二千一百两。按关平银一两折合荷金一佛乐林七九六，再加入预计利息，共合成荷金三百零六万六千零五佛乐林二八九。当协约各国对德宣战时，荷兰并未加入协约方面，故缓付赔款五年之事，该国亦未与其列，所有应领赔款，仍照常拨付。一九二五年十月间，荷兰政府表示愿将庚款余额，全数用于中国的事业。即拟将该款专充筹划治理黄河水道之用，由荷兰政府派一工程师，并附设监察委员会办理此事。嗣因该项赔款并未实行交还，以上具体办法并未实现。一九三三年四月四日，中荷两国互换照会，以交还之款百分之六十五用于中国水利事业，其余百分之三十五供文化上用途。①

（五）按约照付之葡萄牙、西班牙及瑞典、挪威四国的赔款

葡萄牙部分之庚子赔款，其总数为关平银九万二千二百五十两。按关平银一两折合英金三先令计算，再加入预计利息，共合成英金三万零二百零三镑七九六。除第一次欧战中缓付五年外，仍按月照付。

西班牙部分之庚子赔款，其总数为关平银十三万五千三百十五两。按关平银一两折合法金三法郎七五，再加入预计利息，共合成法金一百一十万零七千五百九十六法郎二九五。至缓付赔款五年之事，该国不在其列，仍按月照付。

瑞典、挪威两国部分之庚子赔款，其总数为关平银六万二千八百二十两。按每关平银一两折合英金三先令计算，再加入预计利息，共合成英金二万零五百六十八镑零七五。至缓付赔款五年之事，该两国亦不在其列，仍按月照付。②

---

① 《民国续财政史》（四），第56～57页。

② 《民国续财政史》（四），第81～82页。

（六）杂费（即系未列名各国）之提前清偿

杂费部分庚子赔款又称未列名各国部分，其总数为关平银十四万九千六百七十两。按每关平银一两折合英金三先令计算，再加入预计利息，共合成英金四万九千零三镑七六七。在一九一八年八月以前，均系由总税务司匀交汇丰银行转送德华银行查收。嗣因德华银行停业，由税务处令饬总税务司于是年九月，将该项赔款全数清偿，所有发出关票悉数收回注销，是以杂费部分庚款早已了结①。

第三节　金法郎问题及继起的要索者

金法郎问题由法国倡议，比意两国和之。其起因实由于第一次世界大战之后，金贱银贵，而尤其是法比意等国以本国纸币之滥发，各该国纸币价值大跌，遂欲一翻其昔年所订金汇票之成例，按现金等价，折合美金计算。这种无理的可耻的要求，自发表后，以中国方面损失太巨，全国舆论大哗，当时国会议员亦激烈反对。

当时法国与中国政府方面所持之理由，均与金法郎案本身不相关连，而且不顾人民之反对，中国政府毅然承认法国之要求，其中理由，即可借此得到一点实利。因为法国拒绝收受纸法郎时，其中交涉有两年之久，这两年中的款项，为中国政府所移用，法国政府也知道允从缓归还，并听中国政府提回应用，以维持其政治上之生命，这就是他们甘心承认的原因。

总之金法郎问题解决以后，不仅对于法国赔款方面，使中国人民又受一重大之损失，同时比意两国从而效尤，其影响之大，流毒之深，可以概见。兹将法比义三国赔款余额处置办法，分别叙述于后：

（一）法国赔款

法国部分庚子赔款，其摊还总数为关平银七千零八十七万八千二百四十两。按每关平银一两折合法金三法郎七五，再加入预计利息，

① 《民国续财政史》（四），第83页。

共合成法金五万八千零十六万零九百三十五法郎五八四。一九一七年十一月底以前均系按月照付。自十二月一日起缓付五年。一九二二年由法国驻华公使提出节略，将法国庚款余额充作改组中法实业银行及办理中法间教育之用。此为第一次协定。缓付五年期满后，法国要求将法国赔款改按金元交付，彼此争执，阅时甚久。卒由中国政府于一九二三年二月九日承认以金法郎计算，当时舆论大哗，众议院亦否决，遂成悬案。后因政局嬗变，国会无形闭会，遂于一九二五年四月十二日，由中国政府与法国公使成立解决法国部分庚款协定。该项协定办法系由法国将一九二四年十二月一日起算之法国庚款交还中国政府，作为中法两国有益事业之用。但由中国政府承认将上项款项，全数按纯金等价折合美金，逐年垫借与中法实业银行，作为该行发行五厘美金公债之基金。中法实业银行即以此项美金证券，充作（一）换回远东债权人所持之无利证券，（二）办理中法间教育与慈善事业，（三）代缴中国政府未缴清之股本，（四）余额拨还中国政府所欠中法实业银行各项债务等四项用途。并由中法实业银行以收回远东债权人所持之无利证券，悉数一次交与中国政府，作为中国垫借赔款之担保。并按照和解办法，于管理公司经营中法实业银行各项利益拨还之。同时中法管理公司之中国股本至少应增为法金一千万法郎，及中国政府欠缴中法实业银行股本余额应在美金公债项下拨还。特由中法两国政府提出换文以昭慎重。此为第二次协定。一九二七年八月八日由中国政府与中法工商银行（即中法实业银行管理公司所改之名称）列款换文，将中法工商银行之中国股本一千万法郎缴清并由该行容纳中国董事到行任事。此为第三次协定。一九二九年九月，中法工商银行以中国政府旧欠各项债务，本息共计一万二千二百法郎。而该行所代保留之美金证券，除执行第一次协定所规定之前三项外，应以之付还债款。结果付还债款本息一万零七十六万七千法郎，余欠二千一百二十三万三千法郎，一直还至一九四七年底为止，如届时不能还清，银行即将该项债权消灭。此为第四次协定。上项办法，中国政府既如约履行，所有每年应付之法国赔款，仍照案如期拨付①。

① 《民国续财政史》（四），第 57 ~ 60 页。

（二）比国赔款

比国部分庚子赔款，其摊还总数为关平银八百四十八万四千三百五十四两。按每关平银一两折合法金三法郎七五，再加入预计利息，共计法金六千九百四十四万七千零六十一法郎一四八。自一九一七年十二月一日起，缓付五年。但查自一九二二年十二月份起应交该国之赔款，至一九二五年八月间，尚存储海关，并未照付，其目的系要求照金法郎付给，拒绝收受纸法郎。一九二五年九月五日，中比两国政府成立解决比庚款换文。该项换文办法，系由中国政府将一九二五年九月一日起至一九三〇年十二月底止，所有比庚款余额本金二千九百〇五万三千六百十一法郎十五生丁，按照一九〇五年所采用之电汇方法计算，由华比银行一次垫出交付比国政府，由中国政府饬知总税务司自一九二五年九月一日起，按月偿还华比银行垫款。俟垫款偿清后即将总税务司按月所付之款，交与中比委员会，充作中比间教育公益事业之用。此为第一项协定。至一九二七年时，因该项垫款业已付清，开始协商办法。所有自一九二八年四月一日起至一九四〇年十二月底止，按月所收之关款，即作为发行美金债券之担保。此项美金债券之用途，系以百分之四十拨交陇海铁路，专充向比购买材料之用。以百分之三十五拨交其他中国国有铁路，亦充向比购买材料之用。以百分之二十五为中比间教育慈善事业之用。此为第二次协定①。

（三）意国赔款

意国部分庚子赔款，其摊还总数为关平银二千六百六十一万七千零五两。按每关平银一两折合法金三法郎七五，再加入预计利息，共合成法金二万一千七百八十六万八千六百四十七法郎九二三。自一九一七年十二月一日起，缓付五年。及法比两国有相当解决办法以后，意国政府亦参照该项办法办理。一九二五年十月一日中意两国成立解决庚款协定。该项协定办法，系由中国政府将一九二五年一月份起至

① 《民国续财政史》（四），第 72 ~ 75 页。

一九四八年十二月止（包括五年缓付之款及交涉中存储之款在内），所有意国部分庚款余额，计法金九千一百十四万六千七百零四法郎五十生丁，按照一九〇五年所采用之电汇方法，由华意银行一次垫出，交与意国政府。并由中国政府饬知总税务司将一九二五年一月份起之关税，按月偿还华意银行垫款，俟垫款偿清后，交与中意委员会，充作中意间教育慈善公益工程之用。（按华意银行垫款还清之后，该款余额，曾充整理奥国借款及内债基金之用①。）

就以上三国而言，法国对于庚款余额处置之目的，在透过金法郎案，以恢复中法实业银行之信用。而中法实业银行之设置，其目的是彰明显著的经济上的侵略。比国的目的，在透过金法郎案以达到向比国方面购买材料，推销其输出。意国的目的，也是为购买意国材料之用，与比相同。而且它们二国把逐年交付之款，由银行一次垫出，得一笔整数之用，于计亦良便，而最大之目的，三国所共同的，就是一定要改成金法郎交付，欺侮中国，得到一种意外的收入，以满足其侵略上的欲望。至于教育文化事业之用，那都是骗人的。就中国人民方面而言，对于此项余额之偿付，实未减轻丝毫之负担。

第四节　庚款余额的抛弃

先从历史说起，在沙俄时期，沙俄部分庚子赔款，其总数为关平银一万三千零三十七万一千一百二十两。按每关平银一两折合俄金一卢布四一二，再加入预计利息，共合成俄金四万零一百八十万九千六百六十三卢布六七五。当初原系以银两交付，自一九〇五年七月二日，外务部与外交团成立换文后，所有沙俄部分庚款本息，即改用英金计算，每英金一镑，折合俄金九卢布四六。以后遂成定案，故沙俄部分庚款，均按英金数目开列。在一九一七年十一月底以前，均经照付。自一九一七年十二月一日起，与协约国采取一致的办法，缓付五年。但因有特殊情形不能全数缓付，因为该项赔款原占庚子赔款总额

① 《民国续财政史》（四），第78~78页。

百分之二十八又九七一三六，其数比较最大，当经双方议定以百分之十为缓付部分，其余百分之十八又九七一三六，仍须按月照付。自一九二〇年七月起，所有未缓付之百分之十八又九七一三六部分，亦一律停付①。

自十月革命后，苏联政府即向东方各国宣言，自动放弃沙俄时代在各国所享有的特权。一九二四年五月，苏联正式废除了沙皇俄国在中国一切不平等条约和兵营等特权，放弃了庚子赔款、租借地、治外法权与领事裁判权等，取消了中东铁路商业事务以外的特权。一九二四年五月三十一日，中苏两国政府成立解决中苏悬案大纲协定。原协定第十一条内开："苏联政府允予抛弃俄国部分之庚子赔款。"又该协定第五声明书内开："（一）苏联政府所抛弃之俄国部分庚子赔款，于该项赔款所担保之各种优先债务清偿后，完全充作提倡中国教育款项之用。（二）设立一特别委员会，管理并分配上述款项，该委员会以三人组织之，其二人由中国政府委派，其一人由苏联政府委派，该委员会议决事项，以全体一致行之。（三）该款于随时收入时，应即存储于上述特别委员会所指定之银行。再此项声明，与大纲协定内之声明条款，有同等效力"等语。自此以后，所有沙俄部分庚子赔款，无论缓付停付部分，完全抛弃。②

① 《民国续财政史》（四），第64~65页。

② 《民国续财政史》（四），第65页。

第八章　军阀混战期中之外债问题与本期第二阶段外债的综合

第一节　各种外债之类别与国别

中国的外债是前后相连的，自所谓“中华民国”成立以后，旧债未清，新债愈借愈多。综合起来说，截至一九二五年（民国十四年）为止，积欠未清之外债，种类既多，名目更杂，有按用途而分者，如伪财政部经管之政治外债，伪交通部经管之路电外债是；有按担保品而分者，如有确实担保品之外债与无确实担保品之外债是；有按债权国而分者，如美国借款、英国借款、日本借款等等是；有按性质而分者，如购货借款、利息借款等等是。本节先按类别说明，再按国别分述。

（一）以类别而言，本节先述伪财政部经管之政治外债，至于伪交通部经管之路电外债，则留待下一章专述。不过名目上之路电借款，而实质上归入国库用，因路未修而无收入者，仍旧归入伪财政部经管项下。以伪财政部所经管之外债而言，一般的分法，均分为有确实担保与无确实担保二种。贾士毅所编之《民国续财政史》系如此分的。伪财政部所编之《财政年鉴》，分为发行债票之外债与未发行债票之外债二种。中国银行所编之《中国外债汇编》在伪财政部经管之外债下，分为关税担保、盐税担保及其他收入担保三种，无分确实与不确实之名，且系一九三五年所编，包括后来改变者在内。所谓有确实担保品之外债，即指以关盐两税为担保者而言，亦有一项借款而兼两税者，如善后借款是，亦有原订盐税作为担保，后改为关税者，如克利斯浦借款是。这种款目，比较简单，截至一九二五年止，所有清及民国初年所借未清还之款共七项，即俄法借款、英德借款、英德续借款、英法借款、克利斯浦借款、善后借款、湖广铁路借款是。（英法借款与湖广铁路借款，原在伪交通部经管项下，后改由盐税收入项下拨还。七项名称系依据《财政年鉴》第一期第一三九六页，它与《民国续财政史》中所载有出入。）此七项借款之内容，均已详前，以债期较长，故本息积欠至一九二五年未清，仍须按年偿还，成为当时外债上之主要的负担。他如庚子赔款及其他到期已还清之外债，例如甲午中日战争以前之外债，及甲午以后之汇丰银款、汇丰金款、克萨镑款、瑞记洋款、汇丰新借款等均已详前，不再具述。（中国银行所编之《中国外债汇编》系截至一九三五年为止，故种类较多，内容亦略有不同。其盐税担保中加上了二种，即九六公债日本部分债款与青岛公产盐业偿价国库券是。）

就无确实担保品之外债而言，这种外债系因所欠本息，不能如期偿还，又未指定确实之担保，所以外债上区分之由来，由此而起。不过此项借款之合同内，原皆有担保品之规定，但这些担保，不若关盐两税之确实。因此关盐两税以外各种担保品之规定，有自始即等于虚设，或则因事实上之变迁，始有效而终无着，本息偿还因之常常愆期。又以各款未能如期照付之故，每将利作本，另成新债，驯至新旧相加，负累日重，至其用途，更与原规定之条件不相符，流入行政上之挪用者实居多数。

按此项无确实担保之借款，有积欠未清者，有新举借者，其款目很多。其数额有较大者，有较小者，皆为当时之负担。现将较大之款，从时间上按年分述，较小之款，从内容上按性质分述，即分成两项叙述（其内容均分见前几章中，兹不赘述）：

甲项（按时间分）

民国元年份（一九一二年）

三井洋行前南京政府军需借款

奥银团代表瑞记洋行借款（此项借款共六项）

二年份

中法实业银行实业借款
中英公司沪枫铁路借款
三年份
中法实业银行钦渝铁路垫款
三妙尔公司汉口商场建筑借款
五年份
义品公司北京大学建筑寄宿舍借款
七年份
中华汇业银行电信借款
中华汇业银行吉黑两省森林金矿借款
日本兴业银行吉会铁路垫款
日本兴业银行满蒙四铁路垫款
日本兴业银行济顺高徐两路垫款
台湾、朝鲜、兴业三银行参战借款
三井洋行印刷局借款
马可尼公司无线电话借款
义品公司北京女子师范学校借款
广益公司整理运河垫款（此项垫款分五次交付）
八年份
费克斯公司飞机借款
芝加哥大陆商业银行借款
太平洋拓业公司烟酒借款
马可尼公司与陆军部合办中华无线电公司资本垫款
法国邮船公司求新铁厂资本垫款
施乃德公司求新铁厂资本垫款
九年份
东亚通商株式会社汉阳兵工厂借款

东亚兴业株式会社中央政府继承陕西省实业借款①

乙项（按性质分）

1. 购货价款。此项债务，或为积欠多年之货价，或因购货无款，认利分期偿还。如民国三年（一九一四年）之顺发洋行酒精价款，四年之日本泰平公司陆军部军火价款，三井洋行陆军部军装欠款，六年七年之泰平公司之一二两次订购军械价款，又八年该公司之督办参战处留用陕械款，中日实业之汉口造纸厂垫款，丹商文德公司之巩县兵工厂欠款，英商恒昶公司之汉口造纸厂欠款，又九年泰平公司之督办边防军训练处购货价款，美商茂生洋行及慎昌洋行之汉口造纸厂欠款，三井洋行与三菱公司之汉口造纸厂欠款，又十年泰平公司西北军械运送保险费，茂生洋行及华昌公司之上海造币厂欠款，瑞商维昌洋行之汉口造纸厂货价欠款，又十一年美商新孚洋行之上海造币厂欠款等是。

2. 国库券及期票款。此项债务，因一时无以应付，特发国库券或期票，认利分期偿还。如民国三年之华比银行远东通讯社库款券，五年之大仓洋行华宁公司库券，六年之中法实业银行第一项资金库券，七年八年之该银行保商银行转帐期票款三起，又八年之该银行第二项资金库券，九年之上海荷兰银行保商银行期票款，中法实业银行第三项资金库券，十年之中法实业银行垫发军饷期票款，又该行之代售英金库券，十二年之青岛及盐业偿价日金库券，十三年之英商安利洋行继承瑞记洋行展期票款等是。

3. 赔偿损失款。此项债务，因地方发生事故，损及外人生命财产，承认按额分年清偿。如民国十年之醴陵美教会损失赔偿费，十一年之太古轮船公司赔偿运货船只损失款，怡和轮船公司赔偿运货船只损失款等是。

4. 学务借款。此项借款，其起债原因，多为学务。如自民国元年以至五年之华比银行留欧学费垫款，七年之中法实业银行留欧学费

① 《民国续财政史》（四），第84～89页；又《财政年鉴》（下），第1472～1474页。

借款，八年之东京台湾银行留日学费借款，中法实业银行留欧学费借款，九年之美京银行学费借款，华比银行留欧学费借款，中法实业银行留欧学费垫款，横滨中法实业银行留日学费垫款，十年之美京孟赛银行留学借款，中法实业银行财政部派员赴法旅费垫款，十一年之华比银行留比学费垫款等是。

5. 外国政府代垫费用及积欠国际机关经费款。此项债务，因系一时不及筹付之费用，由外国政府代垫，迄至后来尚未拨还。如民国三年以至九年之英政府代运华工赴法路费，七年之印度政府代垫遣回西藏华兵费，八年之荷兰政府代垫遣回德奥侨民款，十四年底积欠国际联合会会费等是。

6. 付息垫款。此项债务，因借款息金到期，无款支付，即作为由各该债权者代垫，另订契约，成为新债。如民国三年之中法实业银行钦渝铁路垫款利息款二起，又该银行六、七、八、九、十各年之实业借款利息展期款五起，九年之中华汇业银行拨付电信林矿及福建省借款利息等借款，十一年之中华汇业银行林矿借款第一次付息垫款，十二年之中华汇业银行电信借款付息，及林矿借款第二次付息垫款，又日本兴业银行满蒙山东吉会各路款第二次付息垫款，十三年之中华汇业银行林矿电信借款第三次付息垫款，日本兴业银行满蒙山东吉会各路借款第三次付息垫款，十四年之中华汇业银行林矿电信借款第四次付息垫款，及第五次付息垫款，日本兴业银行满蒙山东吉会各路第四次付息垫款，泰平公司第一二次购械价款付息垫款，台湾、朝鲜、兴业三银行参战借款付息垫款等是①。

以上是从时间上从性质上，按其名目而加以分列（其详亦分见前章各节中，不赘述）。

（二）以国别而言，即就上述各款，再按各债权国加以分别。按照北洋军阀政府时期的财政整理会所编，国别亦按照担保品分为两类（均截至一九二五年即民国十四年止）。

① 《民国续财政史》（四），第84~89页，又《财政年鉴》（下），第1472~1474页。

第一类　有确实担保品之外债国别如下：此类属于伪财政部经管者共七种，七种之中属于银行团，为各国所共有者计二种，如善后借款、湖广铁路借款是，属于英德二国者计二种，如英德借款、英德续借款是，属于英法二国者一种，如英法借款是，属于俄法二国者一种，如俄法借款是，属于英国一国者一种，如克利斯浦借款是（其内容均详前，以有关盐二税担保，按年摊还，自不在整理之列）。其由伪交通部经管者，则另详铁路电信借款中。

第二类　无确实担保品之外债国别如下：

甲　日本部分

此类借款，据北京财政整理会结算，截至一九二五年底止，共三十四款。按当时折合率甲计算，共欠银元二万五千四百九十九万三千九百六十元四角四分。又据伪财政部第一次所编之《财政年鉴》上所载，共三十七款，或系编制上截止的时间不同之故，因《民国续财政史》截至一九二五年为止，《财政年鉴》截至一九三四年为止，其所载本息之积欠数目，当然亦不同。兹表列于后（按此表所载，与上面西原借款中所述，亦略有不同。西原借款包括较广。其中有善后借款日本方面之三次垫款，有交通银行、中国银行之借款，有各项实业方面之垫款，有原在计划中预备垫借，忽中途停顿内容不详，或只垫付一部分之借款，均不在财政整理会整理项目之内。债款原额均详前）：

债款名目	1925年底所欠本金数（日金）元	1925年底所欠利息数（日金）元	备考
1. 中华汇业银行吉黑两省森林金矿借款	30,000,000		
2. 中华汇业银行吉黑两省森林金矿借款第一次付息垫款	1,125,000	155,250	
3. 中华汇业银行电信借款	20,000,000		

续表

债款名目	1925年底所欠本金数（日金）元	1925年底所欠利息数（日金）元	备考
4. 中华汇业银行林矿电信两借款第三次付息垫款	7，608，226.54	547，792.31	
5. 中华汇业银行林矿电信两借款第四次付息垫款	2，659，923.08	175，554.92	
6. 中华汇业银行林矿电信两借款第五次付息垫款	9，118，766.77	601，838.60	内共十一款
7. 中华汇业银行拨付林矿电信及福建省借款利息等借款	60，000		
8. 日本兴业银行满蒙四铁路借款垫款	20，000，000	393，109.15	
9. 日本兴业银行济顺高徐二铁路借款垫款	20，000，000	393，109.15	
10. 日本兴业银行吉会铁路借款垫款	10，000，000	28，843.96	
11. 日本兴业银行满蒙山东吉会各路垫款第二次付息垫款	7，997，081，80	541，203.60	
12. 日本兴业银行满蒙山东吉会各路垫款第三次付息垫款	5，286，820.51	251，123.97	
13. 日本兴业银行满蒙山东吉会各路垫款第四次付息垫款	5，300，000	251，750	
14. 台湾朝鲜兴业三银行参战借款	20，000，000	416，438.29	

续表

债款名目	1925 年底所欠本金数（日金）元	1925 年底所欠利息数（日金）元	备考
15. 台湾朝鲜兴业三银行参战借款付息垫款	10，267，655.37	213，792.28	
16. 泰平公司第一次购械价款	15，440，000	3，682，541.89	
17. 泰平公司第二次购械价款	实欠 8，456，409.95 展订 9，841，946.74 按实欠计	1，599，093.55	
18. 泰平公司第一二两次购械价款付息垫款	14，661，373.98 （债权人数） 14，475，500.30 （财委会数）	318，131.73 314，098.53	以上三款《财政年鉴》上作为一款
19. 泰平公司督办参战处留用陕西购械欠价库券款	720，955.10	632，917.39	
20. 泰平公司督办边防军训练处购货价款库券款	50，000	22，007.88	
21. 泰平公司陆军部军火价款	83，253.03	101，888.68	
22. 日本政府青岛公产及盐业偿价库券	13，428，107.69	441，029.68	
23. 东亚兴业株式会社中央政府继承陕西省实业借款	3，000，000	1，037，585.35	

续表

债款名目	1925年底所欠本金数（日金）元	1925年底所欠利息数（日金）元	备考
24. 三井洋行财政部印刷局借款	2，000，000	1，144，691.95	
25. 三井洋行前南京政府军需借款	1，064，000	1，755，629.51	
26. 大仓洋行华宁公司库券款	1，000，000	1，105，587.59	
27. 台湾银行留日学费借款	100，000	54，939.94	
28. 三菱银行驻日使馆武官经费借款	30，000	15，037.50	
29. 三井洋行陆军部军装欠款	银元1，183，724.7	银元1，357，024.98	
30. 泰平公司西北军械运送保险费库券	银元85，733.87	银元46，167.28	
31. 东亚通商株式会社汉阳兵工厂借款	银元200，000	银元360，484.02	
32. 三井洋行汉口造纸厂欠款	洋例银2，533.28	洋例银1，379.69	

续表

债款名目	1925年底所欠本金数（日金）元	1925年底所欠利息数（日金）元	备考
33. 三菱公司汉口造纸厂欠款	洋例银3，394.5	洋例银1，954.11	
34. 中日实业公司汉口造纸厂垫款	原订716，484 垫款2，000 又银元8，732.97	306，516 又银元130，396.07	

按伪财政部所编之第一次《财政年鉴》列为三十七款，除将上述泰平公司第一二两次购械价款及付息垫款三款并成一款外，另加五款如下：

债款名目	截至1934年止积欠本息数
1. 九六公债日金债票	日金　53，049，360.00
2. 大仓洋行借款	日金　1，012，480.88
3. 交通银行代借日本三银行借款	日金　67，763，076.53
4. 中日实业公司汉口造纸厂借款	银元　374，642.86
5. 东亚兴业株式会社口北造纸厂垫款	银元　266，531.59

乙　美国部分

此类借款，据北京财政整理会结算，截至一九二五年底止，共十二款。按照当时折合率甲计算，共欠银元三千四百五十一万七千七百九十四元八角。又据《财政年鉴》上所载，共七款，即下列之第四第七第八第十第十一等五款，在一九三四年时或已还清，故未载。兹表列于后（债款原额均详前）：

债款名目	1925 年底所欠本金数（美金）元	1925 年底所欠利息数（美金）元	备考
1. 芝加哥大陆商业银行借款	5，500，000	1，953，507.49	
2. 太平洋拓业公司烟酒借款	5，500，000	10，829，666.67	
3. 广益公司整理运河垫款	905，000	又 341，635.64 33，983.57	
4. 美京银行留美学费借款	60，000	7，555.06	
5. 孟赛银行留美学费借款	20，000		
6. 醴陵美教会赔款库券	银元 83，000	银元 27，703.31	
7. 茂生洋行上海造币厂欠款	规元 518，902.40 85，826.80	168，678.82 13，411.42	
8. 茂生洋行及亚洲公司上海造币厂欠款	规元 19，376.50 8，090.25	6，959.62 2，905.83	
9. 茂生洋行汉口造纸厂欠款	规元 3，472.93	1，863.66	
10. 华昌公司上海造币厂欠款	118，936.60	69，226.54	
11. 新孚洋行上海造币厂欠款	规元 31，008.72	8，914.79	
12. 慎昌洋行汉口造纸厂欠款	关平银 2，771.61		

丙　英国部分

此类借款，据北京财政整理会结算，截至一九二五年底止，共十一款。按照当时折合率甲计算，共欠银元四千零六十八万四千五百零四元二角一分。据《财政年鉴》所载，共十三款，把太古、怡和两轮船公司赔偿运货船只损失国库券分成二款，加上威思敏史德银行及怡大洋行二款，而无恒昶公司之款。兹表列于后（债款原额均详前）：

债款名目	1925 年底所欠本金数（英金）镑	1925 年底所欠利息数 镑、先令、便士	备考
1. 费克斯公司飞机借款	1，803，200.00	540，861 3 10	
2. 马可尼公司无线电话机借款	600，000	312，736 10 2	
3. 马可尼公司合办中华无线电公司垫款	100，000	52，469 4 2	
4. 中英公司沪枫铁路借款	337，500		
5. 安利洋行继承瑞记洋行展期期票款	行化银 843，383.39	行化银 835，697.82	
6. 三妙尔公司建筑汉口商场借款垫款	公砝银 213，000	公砝银 76，680	
7. 顺发洋行酒精价款 英商部分 德商部分	规元 1，845，207 3，075，344	规元 2，510.2.65 4，813.7.73	
8. 太古怡和轮船公司赔偿运货船只损失国库券	洋例银太古 68，113.64 怡和 62，129.74		财政年鉴分成二款
9. 恒昶公司汉口造纸厂欠款	洋例银 31，462	洋例银 23，059.59	财政年鉴无此款在 1925 年后或已还清

续表

债款名目	1925 年底所欠本金数（美金）元	1925 年底所欠利息数（美金）元	备考
10. 印度政府代垫遣送中国兵民由西藏回国费用款	132，369 10 5 卢布 安那 拍司		
11. 英政府代垫中国官民往来英法海峡船价款	英金镑 938.8.10		

除上述外，据《财政年鉴》截至一九三四年止，加下列二款。

1 威斯敏史德银行留英学费垫款 英金 2，852 镑 16 先令 1 便士

2. 安徽省欠怡大洋行款　　　　规元 1，201，869.52

丁　法国部分

此类借款，据北京财政整理会结算，截至一九二五年底止，只有一款，按照当时折合率甲计算，共欠银元一百二十三万零三百零二元二角七分。兹叙列于后（债款原额均详前）：

债款名目	1925 年底所欠本金数（法郎）	1925 年底所欠利息数（法郎）	备考
法国邮船施乃德公司垫付求新厂股本库券款	邮船公司 4，063，375 施乃德公司 410，805	3，758，826.99 380，108.88	

同时尚有中法实业银行部分借款，据北京财政整理会结算，截至一九二五年底止，共有二十款。以当时并未将法郎折合银元，故无银元数目可稽，未列入。兹表列于后（此二十款共计银元约三千二百余万元，为什么不列入，所举理由不真实，法国方面又岂肯放松的，其中必与上述之金法郎案有关系，官书为之掩蔽而已）：

债款名目	1925 年底欠本金数 法郎、生丁	1925 年底欠利息数法郎、生丁	备考
1. 中法实业银行实业借款	100，000，000	24，390，410.96	
2. 中法实业银行实业借款利息展期期票款	18，083，839.38		共7期利息
3. 中法实业银行实业借款第八期利息展期期票款	2，500，000	1，218，493.15	
4. 中法实业银行实业借款第六第十二期利息展期期票款	1，519，171.10	（银元）155，570.53	
5. 中法实业银行实业借款利息展期期票欠付复息款	562，245.66	224，898. 24	
6. 中法实业银行第一项资本库券款	11，250，000	4，429，688	
7. 中法实业银行第二项资本库券款	4，300，000	1，433，333. 33	
8. 中法实业银行第三项资本库券款	14，000，000	3，966，666. 67	
9. 钦渝铁路垫款欠付第四次展期库券款（甲项）	4，644，097.22	1，802，487. 56	

续表

债款名目	1925 年底欠本金数法郎、生丁	1925 年底欠利息数法郎、生丁	备考
10. 钦渝铁路垫款欠付第四次展期库券款（乙项）	4，708，333.33	1，704，352. 16	
11. 中法实业银行代售库券款	英金 50，000 镑	英金 22，500 镑	
12. 中法实业银行保商银行转帐期票款（甲项）	行化 300，000 两	行化 237，087. 47 两	
13. 中法实业银行保商银行转帐期票款（乙项）	行化 150，000 两	行化 74，298. 08 两	
14. 中法实业银行保商银行转帐期票款（丙项）	行化 374，044 两	行化 69，953. 87 两	
15. 中法实业银行垫发军饷期票款	银元 152，772，678		
16. 中法实业银行留欧学费借款（甲项）	英金 10，000 镑	英金 8，314 镑 10 先 5 辨	
17. 中法实业银行留欧学费借款（乙 项）	150，000	82，442. 73	
18. 中法实业银行留欧学费借款（丙项）	英金 7，500 镑	英金 3，513 镑 10 先	
19. 横滨中法实业银行留日学费垫款	日金 20，000 元	日金 8，159.18 元	
20. 中法实业银行垫付财政部派员赴法旅费款	239，600		

戊　比国部分

此类借款，据北京财政整理会结算，截至一九二五年底止，共六款。按照当时折合率甲计算，共欠银元五十万零七千六百八十三元一角八分。据《财政年鉴》上所载只有五款，其他一款或已还清。兹表列于后（债款原额见前）：

债款名目	1925 年底欠本金数	1925 年底欠利息数	备考
1. 华比银行留欧学费垫款	英金 4，841 镑 7 先 2 辨	英金 635 镑 10 先 8 辨	
2. 华比银行留欧学费借款	英金 2，000	939.8	
3. 华比银行留比学费垫款	比金 10，000 法郎	3，099 法郎 18 生丁	《财政年鉴》上无此款
4. 华比银行远东通讯社库券	银元 80，000	23，585.75	
5. 义品公司北京大学建筑寄宿舍借款	银元 181，707，48 元	52，606.03	
6. 义品公司北京女子师范学校借款	银元 44，903.7	15，056.01	

己　丹麦部分

此类借款，据北京财政整理会结算，截至一九二五年底止，只有一款。按照当时折合率甲计算，共欠银元三十二万五千六百四十一元三角六分。兹叙列于后：

债款名目	1925 年底欠本金数	1925 年底欠利息数	备考
文德公司巩县兵工厂机件价款	美金 85，771.94 元	美金 77，048.74 元	

庚　荷兰部分

此类借款，据北京财政整理会结算，截至一九二五年底止，共二款。按照当时折合率甲计算，共欠银元一百零八万七千二百四十二元三角七分。《财政年鉴》上只有一款，其他一款或已清还。

债款名目	1925 年底欠本息数	1925 年底欠利息数	备考
1. 荷兰银行保商银行转帐期票款	行化 409，204.5 两	280，563.79	
2. 荷兰政府代垫遣回德奥等国侨民费用款	荷币 17，725.89 盾		《财政年鉴》上无此款

辛　意国部分

此类借款，据北京财政整理会结算，截至一九二五年底止，只有一款。按照当时折合率甲计算，共欠银元七千一百九十五万六千一百六十七元二角五分。此款即前面所述之瑞记三宗借款与奥国三宗借款，奥国战败后，改为由华义银行出面，代为承包，即定购重炮子弹及巡洋舰等军用品而订借者，其用途到此时（即索债时）始行暴露。兹叙述于后：

债款名目	1925 年底欠本金数	1925 年底欠利息数	备考
华义银行前奥国借款	原订债额 英金 4，320，000 展期债额 6，866，046 镑 10 先 10 辨	1，470，888 镑 9 先 10 辨	

壬　瑞典部分

此类借款，据北京财政整理会结算，截至一九二五年底止，只有一款，按当时折合率甲计算，共欠银元七千六百三十四元三角七分。兹叙述于后：

债款名目	1925 年底欠本金数	1925 年底欠利息数	备考
惟昌洋行汉口造纸厂货价欠款	洋例银 5，008.67 两		

癸　国际联合会部分

债款名目	1925 年底欠本金数	1925 年底欠利息数	备考
国际联合会会费欠款	美金 922，689.19 元		

除以上各款外，据伪财政部第一次所编之《财政年鉴》上所载，尚有伪外交部驻外使领欠外国政府及银行借款，共三十五款，内容不详，截至一九三四年止，计积欠本息约合银元七十二万二千一百九十七元七角九分①。

按以上所述，以债权国而言，有日、美、英、法、比、荷、丹、意、瑞各国之不同，其以正式债券，在外国市场发行者，债权主体尤为广漫。至其所用货币，除银元及诸色银两（指行化，洋例，规元，关平，公砝等）之外，尚有英金、美金、日金、法金等区别，种类纷歧，极不一致。综计截至一九二五年底止，据财政整理会计算，将所有债额按照金价未甚腾贵时之汇兑价格折算（即折合率甲）已达

① 《财政年鉴》（下），第 1474 页。

银元四万零七百余万元，若将折算率从宽估计，以留金价更长之余地（即折合率乙），则其数竟达银元四万八千六百余万元之巨。若截至一九二八年底止，约在银元五亿元左右（中法实业银行各款及外交部各款均不在内）。但各国讨债代表团在关税特别会议中所开之清单，照折合率甲计算较财整会所列之数，多一万五千七百余万元，照折合率乙计算，多一万七千九百余万元（其理由说明在后一段）。总之北京财政整理会之外债总结，即北洋军阀末期之无确实担保品外债的总结。当时有确实担保品之七种外债，分年由关盐两税收入项下摊还本息者不在其内，庚子赔款每年摊还之数不在其内，伪交通部经管之路电外债不在其内，其他各部各省各机关之外债未经伪财政部承认者亦不在其内。从这个总结中，可以明了当时之一部分的外债情况，但这一部分，实即当时所认为最难解决的问题，所谓一笔糊涂帐。同时其中有一大部分又是军阀在帝国主义协同的行动下绞杀中国人民革命的资源。

第二节　本时期中第二阶段外债的综合

按本时期分成前后两期，以上所述，自第二编第五章至第八章，是北洋军阀政府后期（即丧权辱国段祺瑞时期）的外债。现把后期中的外债现负数，结合前期未清的，作成一个总表说明：

后期（段祺瑞时期）的外债表

（一）有确实担保品的外债，是继续以前的。截至一九二五年底为止，此项未清之债共七种，仍分年摊还。据《财政年鉴》上所载，到一九三四年六月底时，这七种之中，俄法借款与英德借款已到期还清，湖广铁路借款财政部每年仅担任一次利息而外，只剩下了四种，即英德续借款、英法借款、克利斯浦借款、善后借款是。本息共计尚欠之数，为英金五千五百七十三万七千镑。其中以善后借款为最多，本息计三千九百八十四万四千三百五十九镑，照原定办法，须至一九六〇年方能还清。①

① 《财政年鉴》（下），第1399页。

（二）无确实担保品的外债，其中有前期遗留下来的，但大部分是后期的。欲求一确实而无遗漏之统计，事实上几不可能，即伪政府本身亦苦无法编制。据财政整理会所编之表，截至一九二五年底止，由伪财政部有案可稽者，共计银元四亿零七百一十五万六千三百零八元六角三分①。

（三）克恩斯总括当时各项外债，即有确实担保品的，与无确实担保品的，并将路电及其他借款和临时借款，统统并入，谓中国政府对外所欠之债，截至一九二五年十二月底止，约计英金二亿零五百万镑，以每镑折合银元九元五角计，共计银元一十九亿四千七百万元。其表如下：

第一类	有确实担保品的外债
（1）战费，军费及赔款	英镑 22，671，530
（2）铁路外债	49，632，885
（3）实业外债	6，477，500
（4）政费外债	34，333，245
本类现负总额	英镑 113，115，160
第二类	无确实担保品的外债及垫款
（1）以外币计者	英镑 43，664，400
（2）以银元计折成金镑者	6，061，540
（3）一部分展期利息	2，500，000
本类现负总额	52，225，940
第三类	
庚子赔款	英镑 40，000，000
三项总计	英镑 205，341，100

① *W. W. Willougnby*, *Foreign Right and Interest.*

同时他把李某在《中国财政与金融》一书中所载，做一个参证。其表如下：

1. 有确实担保之一般外债	银元1，029，500，000
2. 有确实担保之铁路外债	496，000，000
3. 有确实担保之电政及其他外债	45，297，000
4. 无确实担保之外债	300，000，000
5. 临时借款	35，000，000
总计	银元1，905，797，000

除克恩斯自己所编制及李某所估计的而外，他并结合当时各家及各部门所记载的总数，作一个比较。

材料来源	时间	估计数（百万银元）	未分项目	核正的估计数
1. 张英华	1923	1，923	82	1，964
2. 财政整理会初步的报告	1923	1，660	187	1，722
3. 中国经济月刊	1923	1，340	666	1，784
4. 中国经济月刊（第二次编）	1924	1，211	516	1，727
5. 财政整理会修正的报告	1924	1，153	707	1，733
6. 财政部的报告	1925	1，164	707	1，744

未分项目指随时应加入之展期利息及临时垫款等项，有只计一半者，如第一项是，有只计三分之一者，如第二项是，有计三分之二者，如第三项是①。

① A. G. Goons, *The Foreign Public Debt of China*, pp. 101-103.

（四）综合以上所述，可分成四点说明。(1) 数目如此之大，而内债尚不在内。(2) 外债都是有银行之经理费手续费的，即以十分之一计算，其数已可怕。列宁曾批评中国善后借款，谓欧洲资产者“几星期的工夫，一下子就赚得一千五百万卢布的纯利！这岂不真正是一笔绝妙的‘纯’利吗？”①此专指善后借款一项而言，若将中国各种外债总计，即以上述之数来看，其纯利之大，自更惊人。(3) 就当时财政而言，关盐田赋厘金四大税项收入专以支付每年应还之外债本息，尚苦不够，即搜刮民膏民脂，亦不足其盘剥，人民痛苦之深可推想到。(4) 帝国主义者时时借口清理债务来管理中国财政，监督中国财政，他们的如意算盘，认为是可以完全成功的。美国代表在华盛顿会议上曾经面责中国代表一番，为了资本与纯利之故，这是他们老实不客气的。

① 《列宁斯大林论中国》，人民出版社 1953 年版，第 44 页。

第九章　路政借款（电政借款附）

第一节　本时期中铁路借款的经过

就路电借款之过程而言，本时期可分成四个阶段：

第一阶段。在民国成立之初，列强对于铁路问题，如在清代一样，各为扩充势力范围起见，彼此竞争，并连带的牵连到铁路附近之矿务上。在一九一三年时，外交上有三件重大之交涉。首为对日本的交涉，袁世凯为缓和日本政府之故意阻扰，处处与之敷衍，日本见袁世凯有意与之敷衍，乃借此机会，提出满蒙五路案，以相要索。袁因急欲获得各国对于北洋军阀政府之承认，对日本之要求，不能坚拒。一九一三年十月五日驻华日使山座圆次郎与中国外部秘密换文，名曰“铁路借款修筑预约办法大纲”。其内容如下：“（一）中华民国政府承诺借用日本国资本家之款，敷设下列各铁路：甲、由四平街起经郑家屯至洮南府之线；乙、由开原起至海龙城之线；丙、由长春之吉长铁路车站起，贯越南满铁路至洮南府之线。以上各铁路与南满铁路及京奉铁路联络，其办法另行协定。（二）前开借款办法细目，须以浦信铁路借款合同定本为标准；本大纲议定后，中国政府从速与日本资本家协定之。（三）中国政府将来若敷设由洮南府城至承德府城间，及由海龙府至吉林省城间之两铁路时，如须借用外国资本，尽先向日本资本家商议。”① 按日本曾于一九一三年九月二十六日得列强同意，将一九一二年六月十八日英美德法日俄六国所订立之协定范围，限于

① 张忠绂：《中华民国外交史》卷上，第171页。

行政借款，而把铁路与实业借款除外，所以日本此时得与中国作上述之换文，而不与六国协定抵触。至于修建上述五路之目的，一为深入蒙古东部，可以阻止锦爱路之计划复活，二为阻止中国在南满铁路以西，敷设铁路。三为五路所经之地，即日本势力所达之地。因之日本经营南满与东蒙之铁路政策，实获得进一步之成功。日本而外，其次为与英国关于西藏之交涉，与帝俄关于蒙古之交涉。而西藏与蒙古方面，关于铁路电线开矿等，均与英俄订有条约。除此三项交涉而外，在民国诞生之初，其在铁路方面所损失之权利，尚有：（一）比国铁路公司于一九一二年九月二十四日，自中国获得建造陇秦豫海铁路之权利；（二）比法两国铁路公司于一九一三年七月二十二日，获得建造同成铁路之权利，借款额为英金一千万镑。（三）法国获得中法实业借款与钦渝铁路借款之权利。此项借款合同系一九一四年三月二十一日所订。并于一九一四年九月二十六日，获得中国外部允诺，法国人在广西省内，对于铁路及矿产有优先权。（四）德国于一九一三年十二月三十一日，以换文之方式，自中国获得延长山东铁路，自高密至韩庄与自济南至顺德之权利。英国获得浦信铁路（一九一三年十一月十四日订立）、沙兴铁路（自沙市与贵州之兴义铁路相接，一九一三年十二月十八日订立）、宁湘铁路（一九一四年三月三十一日订立）等等权利①。除帝国主义列强攫夺铁路权利而外，实际上综括此时所完成之铁路如下：（一）一九一二年沪杭铁路完成，粤汉路广东东部到达连江口，南浔路九江德安间完工，吉长路完成，四洮路借款成（一九一七年后，本路实际上在满铁支配下经营），津浦路兖济支线及黄河大桥完成。（二）一九一三年张绥路张家口阳高间完工（以上各路均系清代动工的）②。

第二阶段。自一九一四年第一次世界大战爆发后，列强多无力东顾，加之欧洲金融市场紧张，筹款亦良不易。当时虽有五国银行团之组织（五国银行团目的之一，为操纵中国铁路借款），亦无法进行。

① 张忠绂：《中华民国外交史》卷上，第175～176页。

② 李仲光：《铁道年鉴》。

即比国在一九一二年签订之陇海路合同，亦只修至洛阳西之观音堂为止，陷入停顿中。他如同成、浦信、钦渝、宁湘、株钦等路借款，暨中日实业公司、马可尼公司、东亚兴业会社等电话电线借款，其间有仅发行一部分债票者，有只交付垫款者，且非全充路电本身之用，而其本息则仍由路电二项担负。综括此时所完成之铁路如下：（一）一九一四年张绥路到达大同，粤汉路到达乌石。（二）一九一五年北京环城铁路完工，南浔路告成，粤汉路长沙岳州间完工，个碧石铁路开筑。（三）一九一六年沪宁路与沪杭甬路接轨完工，粤汉路武昌蒲圻间完工，陇海路洛阳观音堂间，开封徐州间完工①。此系第二阶段时的情况。

第三阶段。以世界大战之故，美国资本家乘机直入。据克恩斯记载："西门克雷之中国铁路计划，为当时所最注意。在一九一五年西门克雷公司（另译裕中公司）与美国其他资本家（如圣保罗公司），对于中国铁路之兴建，深感兴趣。经过调查与协商之结果，曾于一九一六年与中国政府订立一建筑一千五百英里之铁路计划，借款数目以足敷建筑之用为度，后来缩减为一千一百英里。自签约之日起，由公司每年售出一百万元美金之金债票，直至铁路完成之日为止。其他条件为利息五厘，折扣百分之五，以所造之路全部产业为抵押。购料给百分之五，工程用款给百分之八，行车余利给百分之二十五，为酬劳之费。签约以后，帝俄方面提出抗议，谓由丰镇至宁夏之路线，与一九一〇年中俄所订之约有利益上之冲突，但美国方面对此不同意，而后来美国资本家亦将路线改为自株洲至广东钦县之七百英里铁路。同时因以烟酒税作抵押之故，法国亦曾提出抗议。自美国对德宣战后，此项借款亦成问题，故事实上只垫过美金一百一十五万元，亦系属于无确实担保品外债之内。"此项借款交涉详情，亦见芮恩施著作中②。

第四阶段。日本对于中国铁路之侵略，在欧战中及欧战后，是野

① 李仲光：《铁道年鉴》。

② A. G. Goons, *The Foreign Public Debt of China*, pp. 72 ~ 73；又芮恩施：《一个驻华的美国外交官》，第 207 ~ 327 页。

心最大的。首先用横蛮之手段，见之于二十一条要求中，继而用勾结手段，见之于西原借款中。西原借款前已详述，此项借款中之一部分，是铁路借款，由朝鲜银行、台湾银行、日本兴业银行组织日本的银行团向中国铁路方面投资，而辅之以南满铁道会社及中华汇业银行。日本之借款均系垫款性质，并未准备发行债券。这些铁路与电政借款范围很广，包括东三省蒙古及山东在内，作为日本已经取得之权利，以备欧战后防止他国之竞争。其最著者为满蒙四路之日金二千万元，济顺高徐二路之日金二千万元，吉会铁路之日金一千万元，吉长铁路之日金六百五十万元，有线电报之日金二千万元，无线电台之英金五十三万六千余镑。这一类的借款而外，尚有其他铁路上之垫款，为外间所不知其详细内容者，如京绥路中之垫款，自一九一八年起至一九二〇年止以日本垫款为最多。他如京汉路津浦路均有日本垫款。由此可见日本借款垫款之性质，一方面是扩充势力，向新的发展，一方面是力图霸占，向旧的侵入，新路旧路双方并进，不仅对中国想独占，对其他列强亦表示矛盾之尖锐化。综括第三、第四两阶段而观，铁路建筑方面发展很微，除日本人在东北擅自建筑之天图路、金福路，及代理经营之吉会路、洮昂路、打通路、沈海路、洮索路等而外，一九一七年只龙溪轻便铁路完工，一九一八年奥汉路只武长段完工①。

第二节　本时期中铁路借款的内容

此项借款内容，分成两类叙述：第一类为预备新修之各路借款，第二类为原有各路之材料借款及零星垫款，均截至一九二五年为止。

第一类　关于新订合同及预备新修之各路借款

（一）陇海铁路。民国初元，兴修铁路之主张，盛极一时，孙中山有大兴铁路之计划，尤其是对于东西干线之贯通，主张者最力。在

① 严中平等：《中国近代经济史统计资料选辑》，第172页（表1）。

汴洛铁路借款合同内，原有日后比公司将汴洛铁路工程办理完妥后，如中国总公司欲展至西安，可尽先与比公司商办等语，当时拟西自兰州，东至海边，中经西安、潼关，建筑东西大干路，遂与比公司订立陇秦豫海铁路借款合同，主要条件列之于后：

甲、债权者：比国铁路电车合股公司。

乙、债额：英金一千万镑。

丙、折扣：九四。

丁、利息：年利五厘。

戊、担保：以全路财产及进款作抵，如本利不能按期交付，即可实行受抵押之所有权。

己、用途：建筑本路之用。

庚、期限：四十年为期，惟十七年以内多偿债本时，须另加二厘五之费。

辛、债券发行地：欧洲及中国。

壬、特别条件：聘比人为总工程司，又设总核一员，由比籍或法籍内选派。本路所需材料，如比法商家货质价值与他商相同，由比法商尽先揽办①。

以上各项系该合同主要条件，一九一二年九月二十四日签订，名曰陇秦豫海铁路借款，此为该路第一次借款，截至一九一六年八月底止，仅交英金四百万镑，其余六百万镑，因欧战未能发行，由该路发行国库券三百五十余万元（约比金一千万法郎），并由比公司陆续筹借垫款，藉维现状。旋又与比公司、荷兰公司订借比币一万五千万法郎，为修筑西路之用，荷币五千万佛罗令，为修筑东路及海港之用，于一九二〇年五月一日签订借款合同，其内容如后：

甲、利息：年息八厘。

乙、折扣：按九一与八七两种。

丙、期限：十年，不得提前偿还。

---

① 《民国财政史》下册，第4编，第80～81页；又见《民国续财政史》（四），第206页。

丁、经手费：万分之二十五。

戊、担保：以本路财产及进款为担保。

此为该路第二次借款，名曰陇海铁路比荷借款。在一九一九年时，该路因需付外洋材料价款及借款利息，曾与比公司订借短期借款二千万法郎，应于一九二四年底归还，因无款付给，商得比公司同意，另发行新债票，将旧借款抵还，并按每五百法郎给津贴三十法郎，另给银行酬金印花税等现款三十法郎，故新债票总额为比币二千三百万法郎，其合同内容如后：

甲、利息：年利八厘。

乙、折扣：九四。

丙、期限：以十年为期。

丁、担保：与陇海原借款一律，并享同等权利。

此为该路第三次借款，名曰一九二五年陇海铁路八厘短期借款。

（二）同成铁路。本路始于山西大同府，与京绥路相接，中经太原、平阳、蒲州、潼关、西安、汉中至成都。一九一三年七月由伪交通部与比法两国铁路公司订立借款合同，其主要条件如后：

甲、债权者：比法两国铁路公司。

乙、债额：英金一千万镑。

丙、折扣：九四五。

丁、利息：年息五厘。

戊、担保：以本路财产及进款为担保。

己、用途：建筑本路之用。

庚、期限：以四十年为期，如十七年以内多偿债本时，另加二厘五之费。

辛、债券发行地：欧洲及中国。

壬、特别条件：选比法人一名为总工程司，总核算一员以须比法籍，需用外国机器物料时，归公司承办。

此项借款截至一九一六年八月底止，仅交垫款一百万镑，余额尚未发行。按此款均系拨交公府（总统府）军需局应用。

所有应付利息，亦滚入本内，计算复利①。

（三）浦信铁路。本路起自津浦路南段（浦口）迄于京汉路之信阳，实为津浦京汉两路中间连接之横线，亦为英国要求五路之一。满清时期即订有浦信铁路草合同，一切照沪宁路办理。一九一三年伪交通部遂与英国华中铁路公司商订浦信铁路借款合同，其主要条件如后②：

甲、债权者：英国伦敦华中铁路公司。

乙、债额：英金三百万镑。

丙、折扣：九四五。

丁、利息：年利五厘。

戊、担保：以本路作为抵押。

己、用途：供本路建筑及造路期内付息之用。

庚、期限：四十年为期，在二十年内多偿债本时，另加二厘五之费。

辛、债券发行地：伦敦。

壬、特别条件：用英人充总工程司，并用英人充当行车总管及养路工程司。本路所需材料，同一物质价格，先尽由英国购买。将来展长支路须借外资时，先尽该公司商办。

嗣因欧战影响，债票未能发行，无法开工，复商定每月垫用英金七千五百镑，作保全机关之用。截至一九二五年底止，计欠本金英金二十万零七千二百五十六镑三先令五便士，欠付利息二万一千七百六十四镑十六先令九便士。

（四）钦渝铁路。本路起自广东钦州，经过南宁，百色、兴义、罗平至云南省城，复由云南经叙府至重庆，实为西南之干路。一九一四年一月由伪交通部与中法实业银行订立借款如后③：

① 《民国财政史》下册，第4编，第82页；又见《民国续财政史》(四)，第241页。

② 《民国续财政史》(四)，第240页。

③ 《民国续财政史》(四)，第181页。

甲、债权者：法国中法实业银行。

乙、债额：法金六亿法郎。

丙、折扣：九四。

丁、利息：年利五厘。

戊、担保：以本路及港口之全部财产及收益为抵押。

己、用途：充建筑前列路线，并钦州海港，以及购物买地之用。

庚、期限：以五十年为期，如二十年以前偿还，加给二厘五之费。

辛、债券发行地：巴黎及他国都市。

壬、商同银行聘总工程司一员，并以法人为总会计，其各项材料尽先购用法国之货。

按此项借款由袁世凯挪用（见前），归入伪财政部经管借款项内。在伪财政部经管之外债下，有中法实业银行钦渝垫款一项，即指此项借款。

（五）宁湘铁路。一九一三年江西省为修筑南昌至萍乡铁路，与中英公司订立草合同。时伪交通部提议将路线延长，以南京为起点，以长沙为终点，并收并皖路及株萍路，改名宁湘。于一九一四年三月与中英公司签订借款合同如后①：

甲、债权者：英国中英公司。

乙、债额：英金八百万镑。

丙、折扣：照伦敦发售之实价，以九六扣交付。

丁、利息：年利五厘。

戊、担保：以本路所有地段材料车辆屋宇，及各项铁路产业作抵。

己、用途：建筑上列各路，与株萍铁路合而为一，并为收回安徽铁路公司在芜湖左近之工程及财产之用。

庚、期限：四十五年，惟在二十五年以前偿还时，加给二厘五。

辛、债券发行地：伦敦。

---

① 《民国续财政史》（四），第240页。

壬、特别条件：由英人充当总工程司，并由英人充行车总管。在购买外洋材料，归经理人承办。将来添造徽杭支路，又由南昌萍乡段之某处，与湖广铁路鄂境之某处接连之路线，须用外资时，先向该公司商办。在发售债票之先，由公司垫英金五十万镑，年息六厘，合同成立后，只垫付银二百万两，为收赎安徽省铁路及接连株萍路之用。所有利息由京奉路局代付，惟京奉路财政亦极困难，故付息屡次延期，利率增为七厘，过期之款则为八厘。

（六）沙兴铁路。本路起自沙市对面之一地点，经常德、沅州、贵阳，而与贵州省内之兴义铁路相接，并联常德至长沙之支路，以便运输。一九一四年七月伪交通部与英国伦敦宝林公司，订立借款合同，其主要条件如后①：

甲、债权者：英国宝林公司。

乙、债额：英金一千万镑，如有不敷时，得再增二百万镑。

丙、折扣：九六。

丁、利息：年利五厘。

戊、担保：由中国政府担保，并以本路为特别抵押，如本息不能支付时，公司即有执行抵押品之权。

己、用途：充建筑本路之用。

庚、期限：以四十年为期，惟在二十五年以前偿还时，应加给二厘五。

辛、债券发行地：伦敦。

壬、特别条件：选派英人二名，充任总工程司、总管帐员，所有购买材料，须得总工程司之同意。

按此项合同，截至一九一五年底止，仅交垫款英金五万镑，余额尚未发行。

（七）四郑与四洮铁路。本路起自南满铁路之四平街车站至郑家屯（辽源），名曰四郑铁路，再由郑家屯延长至洮南，名曰四洮铁路，为内蒙古与东三省交通之要道，亦为日本向蒙古方面侵略主要之

---

① 《民国财政史》下册，第4编第88—89页。

路线。一九一三年所订之满蒙五路借款大纲中，即有此路借款之规定，一九一五年十二月二十七日伪交通部向日本正金银行订立借款合同，其主要条件如后：

甲、债权者：日本正金银行。

乙、债额：日金五百万元。

丙、折扣：九四五。

丁、利息：年利五厘。

戊、担保：以本路作抵。

己、用途：充建筑本路之用。

庚、期限：以四十年为期，如在一九三六年以前清还，每百加二厘半。

辛、债券发行地：日本。

壬、特别条件：总工程司，总会计，行车总管，养路工程司，均由日人充任。

此为四郑铁路第一次借款，名曰四郑铁路借款。一九一八年二月十二日，为四郑路建筑工程补充不敷用之资金起见，成立四郑铁路短期借款合同，其主要条件如后：

甲、债权者：日本横滨正金银行。

乙、债额：日金二百六十万元。

丙、利息：年利七厘。

丁、担保：政府对于此项借款本息之支付，无条件之保证，如四郑路收入不敷支付时，政府由他种财源补足之。并以四郑路财产及收支为第二次之担保。

戊、用途：此项借款专为补充四郑路资金不敷之用。

己、期限：一年。

庚、特别条件：关于此项借款之办法，得准用该路借款合同第十四条第一项至第三项之规定。

此为四郑铁路第二次借款，名曰四郑铁路短期借款。旋以四郑全路修筑完竣，日本以路线太短，敦促由郑家屯展筑至洮南，以符旧约。于一九一九年九月八日，又与南满铁道株式会社，订立四洮铁路借款合同，共借日金四千五百万元，折扣五五，余与四郑路一律。当时仅由该会社先垫日金五百万元，全数由财政部提用。以后陆续由该会社筹垫短期借款，举办工程，年息九厘五毫，至一九二五年五月，将债额改为日金三千二百万元，其内容如后：

甲、债权人：日本南满铁道株式会社。

乙、债额：日金三千二百万元。

丙、利息：年利九厘。

丁、担保：以本路作抵。

戊、期限：一年。

己、用途：拨充新工程及付息之用。

此为该路展至洮南后第三次借款，名曰四洮铁路短期借款。一九二二年因时局关系，四洮路局员工薪水与其他费用，路局不能支给，又向南满铁道株式会社商借临时垫款，其内容如后：

甲、债权人：日本南满铁道株式会社。

乙、债额：自一九二二年六月以后，一年间每月垫大洋五千元。

丙、利息：九厘五毫。

丁、偿还办法：期满由四洮路局偿还，或由伪交通部另行设法归还。

此为该路第四次借款，名曰四洮铁路垫款①。

（八）滨黑铁路。本路原由黑龙江省绅商自行集资筹办。一九一三年黑省巡按使复拟筹款兴修。至一九一四年帝俄提出修筑北满各路节路，旋又要求筑海兰泡至哈尔滨及齐齐哈尔二路。议定自哈尔滨至黑河为干线，墨尔根至齐齐哈尔为支线，于一九一六年三月与俄亚银行订立借款合同。其主要条件如后②：

甲、债权者：俄亚银行。

乙、债额：俄金五千万卢布。

---

① 《民国财政史》下册，第 4 编，第 90 ~ 91 页；又见《民国续财政史》（四），第 234 ~ 235 页；又见《六十年来中国与日本》第 7 卷，第 165 页。

② 《民国财政史》下册，第 4 编，第 92 页。

丙、折扣：九四。

丁、利息：年利五厘。

戊、担保：以本路作抵。

己、用途：为建筑本路之用。

庚、期限：四十六年，如在二十七年前清偿，每百加二厘半。

辛、债券发行地：圣彼得堡或他国。

壬、特别条件：用俄人总会计一人，工程期内，用俄总工程 司一人。

此项借款，截至一九一五年底止仅交规银五十万两。嗣以欧战影响，债票迄未发行，而该项垫款，又由伪交通部挪作他路借款本息之用，无法归还。

（九）株钦及周襄铁路。一九一六年北洋军阀政府与美国裕中公司订立造路合同，由公司包筑一千五百英里之铁路（见前）。合同成立后，即由公司垫款美金五十万元为开办费，至一九一七年，将前项包筑路程，改为一千一百英里，并将路线规定为株钦周襄二路，即由株州至广东钦县与由河南周家口至襄阳。惟因欧战影响，债票无从发行，复由公司续垫美金五十万元，至一九二〇年又垫借美金十五万元①。共垫借美金一百一十五万元。

（十）胶济铁路。本路系依据华盛顿会议后，由中日两方代表于一九二二年二月四日，签订一解决山东悬案条约及附约，再按照该条约第十四条至第十九条之规定，日本应将青岛济南铁路及其支线，并一切附属产业，移交中国，中国照上述铁路产业之现值实价偿还日本（计德人遗下该项产业之估价五千三百四十万零六千一百四十一金马克），并加日本管理期内对于该路增修之费，减去相当折旧；以中国国库券交付日本。此项库券以铁路产业及进款作抵，期限十五年。在库券未偿清之前，任日本人为车务长与会计长。并由中日两国各派委员三人组织联合铁路委员会，以评定产业之现值实价，并办理该项产

① 《民国续财政史》（四），第241页。

业之移交①。当于一九二三年一月一日由中国接收，并交付国库券日金四千万元将该路赎回。

（十一）南浔铁路。此路本不在伪交通部经管范围之内，原系地方性质，由江西省南浔铁路有限公司承借。此事起源于清朝末年，由江西京官李盛铎等，组织商办江西铁路公司，举李有棻为督办，于一九〇六年十二月十日，向日本借银一百万两，给以股票，是为该路第一次借款。一九一二年七月八日又由商办江西铁路公司向日本借入日金五百万元，年利六厘五，折扣九五，是为该路第二次借款，一九一四年五月十五日改用南浔铁路有限公司名义，连续向日本举借二款，一为日金五十万元，一为日金二百万元，年利均六厘五，折口亦均九五，其他内容均不详，特附述于此。

综括上述各路，从表面上看来，预备兴修之铁路很多，除附述之地方性南浔铁路而外，其他大部分未动工，而且几无一路完成，其借款亦多归入政治上之挪用，亦即供北洋军阀战费之用。至其他由帝国主义列强强求承筑之路，如英国之广赣路、广潮路，德国之高韩路、顺济路（后由日本掠夺），法国之广西境内全部铁路，以及日本在东北、山东所经营之天图路、洮昂路、吉会路、金福路、洮索路（已成者），及长洮路、开海路、吉海路、洮热路、高徐路、济顺路等（未成者），或系擅自建筑，或系强求建筑，或系未解决之悬案，或系借款而移作他用，已祥前章，不在伪交通部经管之内者，均未列入。由此可见各帝国主义者之扩充势力范围，不遗余力②。

第二类　关于旧有各路之材料借款及各种垫款

（一）京奉铁路。在本时期中，本路材料借款计二项，积欠之垫借款计二项：（甲）卫德公司货车债款。一九二一年时，本路因需用货车，向卫德公司订购四十吨车二百辆，三十吨车二百辆，又另购韦氏汽轫一百架，共计价款英金五十万零九千三百三十七镑十先令。因

① 张忠绂：《中华民国外交史》卷上，第 591 ~ 第 592 页。
② 严中平等：《中国近代经济史统计资料选辑》第 190 页（表 7）。

收入减少，无力偿付，且因短少配件，发生轇轕，始商定分期付款办法，至所欠车价及其八厘利息付清为止。（乙）各洋商零星材料债款。本路因养路需用各项材料，陆续向各商行购买，因货到后无款可付，截至一九二五年底止，积欠各洋商货价共约银元四十三万七千九百八十一元四角九分。以上两项为材料借款。（丙）新奉借款。在一九〇四年（清光绪三十年）时，日本因预备与俄国战争，修筑奉天至新民屯轻便铁路，以供军运之用。日俄媾和后，由中国备价一百六十六万元收回，并将修筑辽河以东路线所需款项向日本南满铁道会社筹借一半，计日金三十二万元，年息五厘，折扣九三，期限十八年，以辽河以东一段产业及进款为担保，于一九〇九年八月签订合同。（按此项债款，曾见前编，截至一九二五年底止，尚未偿清。）（丁）唐榆双轨借款。本路唐山至山海关一段，因输运频繁，亟须建筑双轨，于一九二一年四月二十二日与中英公司订借英金五十万镑，又银元二百万元，年息八厘，以百分之一点五为佣金，以京奉余利作抵。嗣因款项支绌，未能如期照付。以上两项为积欠未清之借款，共四项①，时间上均截至一九二五年底止。

（二）京汉铁路。在本时期中，本路材料债款计五项，垫借款计一项：（甲）巴尔德伟机车公司机车债款。本路因机车不敷应用，于一九二一年三月，向巴尔德伟厂订购三十辆，共价美金一百六十五万元，发给伪交通部担保之期票六纸。嗣因路款支绌，所有历次本息，未能按期照付。（乙）太康洋行货车债款。本路因货车不敷应用，于一九二〇年四月向芝加哥太康车辆公司，订购四十吨货车六百辆，共价美金一百八十九万元，发给伪交通部担保之期票六纸，原定三年内分六期付还，利息一分五厘，嗣因路款支绌，未能按期照付。（丙）三井洋行枕木债款。本路于一九二〇年起，陆续向三井洋行订购枕木，所订价款，原订交货时付清，以路款支绌，结欠甚巨，利息按一份二厘计算，截至一九二五年底止，约合银元一百万零八千五百十五元三角八分。（丁）比国商业公司客车及零星料价债款。本路因客车

---

① 《民国续财政史》（四），第212～213、227～228页。

不敷应用，于一九二一年十月，向比国商业公司订购四十辆，共价一千二百零一万六千法郎，发给伪交通部担保之期票六纸，所有到期之本息，多未能照付。（戊）各洋商零星材料债款。本路陆续向各商号订购材料，并未订有合同，其价款因路款支绌，拖欠已久，未能清偿者有慎昌洋行等十余家，截至一九二五年底此类零星款项，合计银元二百七十三万二千四百九十八元二角四分。以上五项为材料债款。（己）本路各外国银行短期借款。本路因经济窘迫，所有员役薪工，及一切经常经费，往往无款开支，即向各银行商议短期借款，或临时透支，以资应用。截至一九二五年底止，结欠各外国银行本息，共约银元九十七万二千九百九十七元六角九分。以上一项为开支债款。共六项。时间同上①。

（三）津浦铁路。在本时期中，本路材料借款计七项，垫借款计一项。（甲）仁记洋行客车债款。本路因预备开行特别快车，向天津仁记洋行订购全钢客车五十辆，包车三辆，共价行化银三百二十二万四千零八十四两四钱九分，分六季付清，利息八厘，后因路款支绌，迄未付清。（乙）仁记洋行钢轨及零星材料债款。自一九二〇年起，本路陆续向天津仁记洋行，订购钢轨及零星材料，共价行化银一百二十六万三千三百零八两三钱四分，又银元七百八十元，原订货到三十日内付款，嗣因该路款项不足，无法筹付，商定每月摊还本息，但此项办法规定后，亦未履行。（丙）怡和洋行电机电料债款。一九二一年四月，本路向上海怡和洋行订购电机电料，共价英金十万七千七百八十五镑，因货已交齐，而应给价款无款可付。（丁）三井洋行敞车债款。一九二一年三月本路向天津三井洋行订购全钢高边敞车三百辆，共价美金一百零二万元。因该路无力筹措归偿，一再与该行磋商展期办法，仍未能按期照付。（戊）三井洋行汉森公司车租债款。一九一六年本路因货车不敷应用，向三井洋行租用汉森公司货车二百辆，于是年十二月订立合同，租期定为十五年。自一九二二年二月起，未能按期照付。（己）祥泰洋行枕木债款。一九二一年至一九二

① 《民国续财政史》（四），第213～215页及第228页。

二年间本路两次向天津祥泰木行，订购头等日本橡木轨道枕木，共价银元九十二万七千零九十元一角五分。后因无款拨付，始定利息以验收。旋又向该行陆续购买桥梁木道岔木等价款一百余万元，此项欠款因利息问题，双方争执，迄未解决。（庚）各洋商零星材料债款。本路陆续向各洋商购用零星材料，其价款因路款支绌，拖欠日久，未能清偿者，计有三井洋行等二十余家，亦未规定偿还办法。截至一九二五年底止，积欠之数共约银元一百二十三万六千零三十元九角九分。以上七项，为材料债款。（辛）德华银行垫款。在一九一二年时，津浦第一批续借款业已用罄，而路工尚未完竣，第二批债票又不能出售，遂于是年与华中公司订借垫款三十万镑，为南段工程之用（该款已还清），又与德华银行商定垫款办法，以备津浦北段工程急需。截至一九一六年六月底止，共欠垫款本息九十万零四百二十四镑六先令四便士。自一九一七年起，因对德宣战，停止拨付。以上一项为完成工程用的借款。共八项。时间同上①。

（四）京绥铁路。在本时期中，本路材料借款计八项，垫借款计四项。（甲）三井洋行机车债款。一九二一年五月，本路因机车不敷应用，向三井洋行订购二十一辆，共价日金二百九十五万三千一百二十五元。嗣因路款不敷，所有历次应付之本息，均未照付。（乙）三井洋行枕木机车配件债款。一九二〇年本路因需用枕木及机车配件，曾向三井洋行订购。计道木价共银元二十六万元，又日金七十八万五千元。机车配件价共美金四万元，又日金五万七千元。嗣因路款支绌，除付过一小部分外，余均未付。（丙）美国机车债款。一九二一年五月本路曾向美国机车公司，订购机车二十一辆，共价美金一百四十一万七千五百元。嗣因路款不敷，所有历次本息，多未能按期照付。（丁）美国钢轨债款。本路因展筑绥包路线，需用钢轨，于一九二一年七月间向美国钢铁公司订购十四万吨，共价美金七十六万五千三百十五元二角六分，原定分二十二次还清。后因路款不足，每月应还之款，多未能照付。（戊）美国货车债款。一九二一年四月本路向

① 《民国续财政史》（四），第215～217页及第229页。

美国泰康洋行，订购货车六百辆，共价美金二百三十二万五千元。因未能照付，议定由前项货车运输上收入之款，每月提存半数，作为偿还车价及利息之用。截至一九二五年底止，除付还一部分外，尚未还清。（己）美国枕木债款。一九二一年七月本路曾向美国泰康洋行，订购枕木三十一万根，共价美金四十二万七千八百元。原定分十八次清偿，每月清偿一次。嗣因路款支绌，未能照付。（庚）比国营业公司购料借款。一九二二年与比国营业公司订立借款合同，计借英金三百三十万镑，为购买京绥铁路包宁一段所需材料之用。第一批发行库券八十万镑，年息八厘，实收八七，期限十年，经理费万分之二十五，以包宁路财产及收入为第一担保，以京绥路北京至包头之财产及收入为第二担保，以京汉可拨用之余利为第三担保。截至一九二五年底止，本利均未清还。（辛）各洋商零星材料债款。本路陆续向各洋行订购各项材料，因路款支绌，拖欠未清，计有大来洋行等十数家，均未规定偿还办法，截至一九二五年底，此项积欠之数，共约银元一百零八万六千一百七十九元三角四分。以上八项系材料债款。（壬）东亚兴业株式会社第一次借款。一九一八年本路因建筑丰镇以西干线，发行第五次债券四百万元。当时因市面金融情形不佳，销售无多，工款待用甚急。遂以面额三百五十万元之债券，向日本东亚兴业株式会社抵借日金三百万元，年息九厘，期限五年。截至一九二五年底止，本金均已到期，除付过日金八十万元外，其余本息均未清偿。（癸）东亚兴业株式会社第二次借款。一九二一年，本路因展筑绥包一段路线，发行绥包路公债五百万元。当时因金融紧迫，销售无多，工款又待用甚急，乃以此项公债面额三百五十万元，向日本东亚兴业株式会社抵借日金三百万元，年息一分，期限四年，截至一九二五年底止，本息均积欠未付。（子）展筑京门支路借款。一九二二年间，中英煤矿公司请求该路展筑京门支路，直达该公司矿区。此项建筑费即由该公司垫借，遂于是年六月十日，订立合同，借银元三十万元，年息一分五厘，期限六年，截至一九二五年底，除利息业已付清外，本金尚未付过。（丑）鄂葛岭借款。一九二四年九月本路因筹解部款，向德人鄂葛岭借英金一万三千七百五十镑，利息月息一分七厘，期限两个半月，担保以绥包路公债二十万元作抵。嗣因路款支绌，迁延未清。以上四项，系展筑路线及筹解部款之借款。共十二项，时间同上①。

（五）湘鄂铁路。在本时期中，本路材料借款计二项。（甲）怡和洋行车辆债款。此款亦名汉粤川铁路怡和洋行车辆债款，但实系湘鄂路局支用。在一九一九年时，湘鄂路因添购车辆，修补工程，向中英公司借款二百万元（此款已由京奉路代为还清），函约内声明订购车辆约计一百万元。遂向怡和洋行购置机车十二辆，货车九十辆，以金价步涨之故，实须一百九十余万元。计不敷九十余万元，当将修补工程暂行停办。由停办工程用款项下，拨付车价二十余万元外。计尚欠英金九万一千二百三十三镑十二先令，未能照付，尚有利息问题，亦未解决。（乙）各洋商零星材料债款。本路因修补工程，零星向各洋商购买杂项材料，因款项支绌，未能即将价款付清者，计有慎昌洋行等数家，截至一九二五年底止，共欠银元四万三千五百九十九元二角。以上均系材料债款，共二项，时间同上②。

（六）沪杭甬铁路。本路材料借款，在此时期中（截至一九二五年底止），计一项。（甲）怡和洋行桥价债款。一九二五年本路曾向上海怡和洋行订购钢桥及零件。嗣因此桥在美国制造，进行颇迟，且工作不良，致检验颇费时日，验料工程司要求另加验料费。又此桥运到后，因铆钉不坚固，由路局另行出资钉过，此等费用应由洋行支付，因此发生交涉，尚未解决。截至一九二五年底止，此项价款计尚欠银元二千五百二十二元五角③。

（七）广九铁路。在本时期中本路材料借款一项，垫借款及透支三项。（甲）各洋商零星材料债款。本路因入不敷出，日常费用，均无款支付，其维持营业必需之材料，亦均赊购，截至一九二六年二月止，积欠怡和等洋行材料款，共计银元四万三千四百三十一元六角七

① 《民国续财政史》（四），第208页及第219～222页。

② 《民国续财政史》，第222～223页。

③ 《民国续财政史》，第223页。

分。以上一项为材料债款。（乙）中英公司第一次垫款。本路因路线太短，营业不振，所有修路时借款本息，向由伪交通部临时筹措，以他路款项拨付。后因各路款项亦非常支绌，在一九二四年十一月，因应付之本息，除由沪宁路勉付一部分外，计尚短英金二万六千一百三十五镑八先令九便士，实无法腾挪，乃商请中英公司垫借银元二十一万六千二百九十三元二角八分，年息九厘，以沪宁路余利为担保。（丙）中英公司第二次垫款。一九二五年五月间，该路又因欠付修路时借款利息之故，续向中英公司借入英金五千五百零五镑八先令一辨士。（丁）汇丰银行透支款。本路在一九二四年时因受时局影响，收入几等于无，所有洋员薪水亦无款支给，经与中英公司商妥，由广州汇丰银行透支，截至一九二六年二月止，此项透支共计银元七万四千一百八十九元三角三分。以上三项为垫借款，共四项①。

（八）胶济铁路。本路于一九二五年时，曾向上海通用电器公司订购交换机，因短交附件数种，发生交涉，故价款未能即时付清，计欠银元三千五百二十元。计一项②。

（九）株萍铁路。一九二〇年二月，本路向慎昌洋行订购机车二辆，过期始行交货，其时适值湘鄂战事发生，不能通车，致路款竭蹶，未能将价付清。嗣因计算利息及赔偿损失等问题，发生交涉，久未解决。截至一九二五年底止，计欠车价及保险费等，约合银元十七万一千六百九十八元六角八分③。

（十）漳厦铁路。本路因路线未完全筑成，营业不振，难以维持，于一九一九年，拟定补救办法，先将全路筑成，并在漳门海滨建造码头，以资水陆联络，遂与茂生洋行订立承造码头合同，包工全价为银元三十八万四千元，除陆续支付外，截至一九二五年底止，计欠本息银元三万七千二百一十元零三分④。

---

① 《民国续财政史》（四），第224页及第237～238页。

② 《民国续财政史》（四），第224页。

③ 《民国续财政史》（四），第224页。

④ 《民国续财政史》（四），第224～225页。

（十一）吉长铁路。在本时期中，本路原有改订借款一项，计日金六百五十万元，内容已详西原借款中。在一九二二年时，伪交通部因须拨付烟潍路工用款及协济军政各费，向南满铁道株式会社商垫日金五十万元，以吉长路利益金为担保，年息九厘五毫。但本路每年必须扩充之工程，向靠余利拨用，尚属不敷。故该款本息未能偿付。一九二五年复经双方商定，将债本改为日金一百万元，除拨还前借之五十万元本息，及另拨还正金银行某项借款本息二十三万元外，余数为协充政费之用。以上共二项①。

（十二）道清铁路。在本时期中，本路借款二项。（甲）车辆债款。本路因车辆缺少，收入因之不旺，以致赎路时之借款本息不能维持，曾借用美金三十万元（该款已还清），购买车辆。因仍不敷增加收入之用，于一九一九年又向福公司借款。债额以足敷购置四十吨货车二百辆为度，年息七厘五毫，分十年还清。合同订立以后，先购一百辆，由福公司代付车价英金十二万六千八百三十八镑十八先令七便士，其余一百辆，并未购置。所借车价除陆续支付外，截至一九二五年底止，尚欠本息英金六万五千九百三十七镑十四先令七便士。（乙）清孟枝路垫款。一九一六年，本路曾因借款应付之本息无着，向福公司商议展期，该公司要求展筑自清化起至怀庆之孟县，及自清化经怀庆至平阳二线，讨论多次，经伪交通部允准展筑清孟一段，其清平一段，该公司允从缓议。遂订定清孟枝路合同，计债额英金三十五万镑，年息七厘五毫。截至一九二五年底止，债票尚未发行，所有工程用款，已由该公司陆续垫借，计欠本息英金十万零七千五百九十五镑四先令七便士。以上共二项②。

（十三）陇海铁路。在本时期中，本路垫借款共二项：（甲）比公司垫款。本路因路工尚未完成，进款不敷拨付各项借款利息，由比公司临时暂垫。又因陕州至西安一段，工程用款不继，所有外洋料价等款，亦由比公司垫付。截至一九二五年底止，先后共计垫付比金三

① 《民国续财政史》（四），第232～233页。

② 《民国续财政史》（四），第236页。

千二百万法郎，内中二千五百五十万法郎，按一分计息，六百五十万法郎按九厘计息。（按另一记载为比金二千五百万法郎。但又有一项比国借款，契约上为比金七千五百万法郎，银元一千万元，实际上只银元五百万元①。）（乙）荷公司垫款。一九二五年本路因工程未完，借款不继，当时应付之借款利息，亦无法拨付，除由比公司及国内各银行垫借外，又商由荷公司垫付英金三万五千镑，按九厘计息。以上共二项。

（十四）中英公司借款。此款本不在各路借款之内，但它的内容，是为各路垫款付息之用。一九一五年十二月伪交通部以各项垫款利息，需款颇巨，遂向中英公司订借规银二百一十万两，年息七厘，以京奉路余利除去京奉、沪杭甬、沪枫三种借款本息外之盈余为担保，其用途为拨付津浦、浦信、宁湘各路借款利息②。

此外伪交通部在本时期中，尚有三项借款：（甲）英航务部船租借款。一九一八年伪交通部将没收之德奥敌船，租与英航务部，曾代垫零星款项共计英金一千九百二十二镑十七先令三便士，原应于租金内扣还，嗣因此项船只，改归他机关管理，遂无法偿还。（乙）华比银行短期借款。伪交通部因伪财政部紧急用款及拨还中交等七银行借款本息，一九二三年九月一日，向北京华比银行借入一百七十万元。（丙）华比银行第二次短期借款。一九二四年因伪财政部需款，由伪交通部代向华比银行借用七十万元，以正太路余利三分之一作抵。此三项中，虽有两项系以铁路余利作抵，但并非铁路借款，不过可以证明军阀政府挪用铁路余利，作为抵押，以进行借款。

综括上述各项借款而观，可以证明各路均陷入收支不敷之状态中，甚至机车、枕木、客车、货车、人员开支亦靠借款维持，而且借入之后，东挪西扯，无法归还，以至债款辗转累积。这一切实说明了路政之黑暗与腐化，以及帝国主义掠夺路权的实况。按关于铁路外债

① 《民国续财政史》（四），第 242 页；又，严中平等：《中国近代经济史统计资料选辑》第 190 页；又，《中国外债汇编》第 95 页。

② 《民国财政史》下册，第 4 编，第 89～90 页。

的统计表有三，一为贾士毅依据伪交通部经管各项借款说明书所编之简表①，其中分为三大类：（一）正式发行债票各款，（二）材料债款，（三）各种垫款借款。其三种所欠本息总数，截至一九二五年底止，折合银元，共计五亿二千零九十万七千一百二十一元五角四分。其中只有欠付之本息，没有借款的原额，不能见到铁路外债的全面。二为伪铁道部所编之国有各路外债详表，亦将外币折合银元，截至一九三一年底止，共欠本利九亿七千三百八十七万五千一百六十二元二角七分②。其中只有未到期和欠付之本金与息金，亦没有借款之原额。且这两个表中均包括一部分清政府时期未清之铁路外债在内。三为中国科学院经济研究所出版的《中国近代经济史统计资料选辑》中所编之帝国主义在中国铁路中的投资表③，从一八八七年起至一九四六年止，三个时期的划分，也可以一望了然。其中自一九一二年至一九二七年，均为北洋政府的铁路借款，均有原额可查，而且按时间的先后编列。以没有息款，其总数自小。

第三节　电政借款

电政外债可分为二种，一为材料债款，一为各种垫款借款，并无正式发行债票者。

（一）材料借款。按此项积欠洋商之材料债款，截至一九二五年底止，共计二十一款。自一九一九年以后，伪交通部曾陆续订购各批电料，所有价款，原拟分期摊还。无如电政款项，久已不能按照原定计划支配，甚或材料已齐备，亦无法按原订计划进行，以致无从生利。京宁沪汉长途电话材料早已购妥，因时局关系，未能兴办。是以旧欠未了，新债又生，非惟材料价款无法拨付，即利息一项亦难筹还，折合银元，共计积欠七百六十六万五千一百二十四元四角四分。

---

① 《民国续财政史》（四），第 199 页。

② 《民国续财政史》（四），第 252 页。

③ 《中国近代经济史统计资料选辑》第 190 页（表 7）。

（二）各种垫借款。此项借款属于民国成立以前即清政府时期者有三项，已详前编中，兹不赘述。在本时期中所借关于电政各款，分述于后：

甲、天津电话借款。一九一五年一月因天津电话改良需费，遂向瑞记洋行订借英金四万二千三百镑，年息七厘，以天津电话收入及其财产作抵①。

乙、扩充电话借款。一九一六年伪交通部因急需付还津浦京汉两路借款到期本息及其他各款，于八月二十六日向中日实业公司借日金一百万元，又于九月十一日，续借日金二百万元，到一九一八年均已到期，而电话事业亦于此时需要巨额资金，以为改良及扩充之用。故于一九一八年十月二十五日，与该公司改订日金一千万元借款合同，按九七七交款，年息八厘，期限三年，以电话局、长途电话局及扩充后之全部财产并其收入及营业权，又已设立之吴淞、武昌、福州、广州、张家口、北京六处无线电台，又价值日金五百万元之国库券为担保。此项借款收到后，除还前借三百万元本息及电政项下用去一百九十余万元，并先后拨付本借款各期利息一百八十余万元外，其余数目，均由伪交通部移作别用，故电话事业并未切实扩充，收入无法增多，到一九二一年，不特本金未能如期归还，即利息亦尚欠付，一九二三年六月二十五日成立展期合同，原定由伪交通部按月筹付，并指定吉长路余利项下拨付，但仍未能按约履行，所欠本利截至一九二五年底止，约合银元一千三百六十一万九千零九十五元三角三分②。

丙、扩充及改良有线电报工程垫款。本借款因电报各项事业之改良及扩充无力进行，于一九二〇年二月十日与东亚兴业公司订立垫款合同，总额日金一千五百万元，实交一千零二十二万二千零二十元四十七钱，年息九厘，期限十三年，以有线电报全部财产及收入为担保。嗣因到期无法照付，又指定沿南满各电报局所收报费及中日间经

① 《民国财政史》下册，第4编，第95页。

② 《民国续财政史》（四），第246~247页。

收之水线费与天津电报局拨款等为付还利息之用。终以数目有限，未能挨次偿清，截至一九二五年底止，本息积欠一千一百零四万零四百元零三分。至此款用途，其中以付还沪烟新水线价值及安放费为最多，又提付本借款利息约占十分之二，其余数目，则凑付电政营业及资本等项用款①。

丁、马可尼公司西北无线电台垫款。一九一八年十月九日伪交通部与英国马可尼公司订立垫款合同，原定分设兰州、迪化、喀什噶尔三处，嗣又将兰州一台改建于库伦。垫款总额为英金二十万镑，以六万六千镑向马可尼公司购买三台无线电机器，尚余十三万四千镑，作为运输及装设三台无线电机器之用。年利八厘，所有三台建筑，共提用英金十六万五千六百十九镑十七先令四便士（亦作十七万零三百七十六镑八先令一便士），应还本金均以电款支绌，无法拨付。截至一九二五年底止，本息共欠银元二百二十四万四千一百七十五元二角一分②。

戊、马可尼公司无线电话借款。一九一八年八月二十七日伪交通部与英国马可尼公司订立一英金六十万镑之借款合同，年息八厘，其中一半为购买两百架无线电话机，每架一千五百镑，共三十万镑，其他一半由政府挪用，并无折扣③。

己、马可尼公司与伪陆军部合办无线电公司垫款。一九一九年五月二十四日为伪陆军部与该公司合办中华无线电公司股本之用，订立英金十万镑之垫款，年息八厘，由伪财政部照数发行国库券为担保。连同前述二项，该公司一共有三项借款④。

庚、三井洋行无线电台借款。一九一八年二月二十一日由伪海军部与日本三井洋行订立一借款合同，总额为英金五十三万六千二百六十七镑，为建筑无线电台之用，年息八厘，债权人有管理电台之全

① 《民国续财政史》（四），第248页。

② 《民国续财政史》（四），第248页。

③ A. G. Coons, *The Foreign Public Debt of China* , p. 78.

④ A. G. Coons, *The Foreign Public Debt of China* , p. 78.

权，并得与外国各电台及海口轮船通报（按此款为西原借款之一）。在同年与同一公司又有一日金五百万元的借款，年息七厘半①。

辛、中华汇业银行有线电报借款。一九一八年四月三十日由伪交通部与中华汇业银行订立一借款合同，总额日金二千万元，年息八厘②（按此款亦为西原借款之一）。

壬、美国无线电台借款。一九二一年美国无线电话电报公司与伪交通部订立一借款合同，总额为美金六百五十万元（原为四百六十二万元），年息八厘，折扣九三。合同签定后，英日两国曾起抗议，但美国政府亦据约力争。该债权人并有管理电台之全权③。

按电政借款，各家记载均不同，因之其总数亦不同。以积欠未清之数而言，贾士毅《民国续财政史》中，截至一九二五年底止，共计本息银元三千九百六十一万六千五百零六元五角五分。其中还有清政府遗留未清之款在内。据伪交通部所编之北洋政府交通部经管的电信借款总表中，截至一九三〇年底止，共计本息银元一亿九千一百四十二万三千一百二十七元五角，其中还有漏列的。而两表所以相差如是之远，第一由于外币折合率之不同，此中变化很大，第二由于内容之不同，第三由于时间之不同与欠息额之增加。而且内债还不在内。

① A. G. Coons, *The Foreign Public Debt of China*, p. 77.
② A. G. Coons, *The Foreign Public Debt of China*, p. 84.
③ A. G. Coons, *The Foreign Public Debt of China*, p. 84.

第三编

国民党反动政府时期的外债

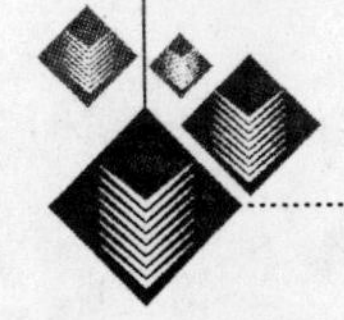

第一章　十年内战时期的外债

第一节　南京卖国政府对旧债的承认与整理

自南京卖国政府成立后，首以讨好帝国主义者为其天职，故整理旧外债，即为其天职之一。且当时军费浩繁，亟需筹款，为了满足中外资本家之发财的欲望，及为卖国政府自身今后推广新债销路起见，自不能不维持“信用”，兼顾无确实担保之旧债，此旧外债问题提出之由来。

华盛顿会议与北京特别关税会议名为加征关税附加税，实则各债权国实际利益之所在，为了索还无确实担保之旧债。如果中国不偿还旧债，它们决不允许征收关税附加税与增高税率。按特别关税会议参加者共十二国，其中有七国与中国债务关系较深。此七国均希望对于无确实担保之债务，与中国商定一种办法。惟以国债之整理，乃债权国与债务国双方待解决之问题，不宜付诸国际共同讨论，故有关系各国，乃在会外举行会议，地点即在荷兰使馆，彼此对于债务问题交换意见。此种会议自一九二五年十一月二十四日起至一九二六年三月底止，中国与各债权国代表，共举行十六次，其余尚有九次中国未列席，八次仅美英日三国专门家列席。截至一九二五年底止，此项无担保外债之数目如后（以元为单位）：

国　　别	伪财部债款	伪交部债款
美	34，510，000	36，160，000
英	40，680，000	150，910，000
法	1，230，000	34，870，000
意	71，950，000	
日本	254，990，000	146，620，000
荷兰	1，080，000	16，350，000
比	340，000	1，000，000
丹麦	293，000	1，200
瑞典	50，000	
共计	405，127，000	385，911，200

就上列各国债款比较，属于伪财部者以日本为最巨，属于伪交部者以英为最多，美国债务以铁路电报材料欠款为最多，法国债款除中法实业银行欠款外，亦皆为铁路债款，意大利除继承奥款外无他债，荷比二国则皆为陇海路债。各国之债务情形既属不一，故对于整理之意见亦随之而异。就当时各债权国所提出之说帖而观，意见非常复杂，欲速行解决自必更起争执，且亦非关税会议中所能完全解决之问题。于是拟定由二五附加税中，指拨债务基金四百万元，分配整理，其办法如后：

1. 按照两部无确实担保内外债总额之比例，财政部债务基金应得二百七十五万元，交通部债务基金应得一百二十五万元。

2. 财政部债务基金项下，三分之一归内债，三分之二归外债。

3. 以上基金，拟先清偿零星内外债实交本金之余欠，自最小数目起。

4. 此项债款既提前清偿应由债权人将所有积欠利息，概行蠲让。(下略)

此即二五附加税与旧债之相互关系。按这种关系，明文早已拟定，有案可稽，并非如南京卖国政府所云，关税附加税之征收，由于他们自己决定，那是掩蔽事实的真相，把二者的关系割裂开来，是不符合事实的①。因其中过程比较复杂，故追述其来源如此。

在南京政府成立之初，各种公债库券几如雨后春笋。自一九二七年五月至一九二九年九月止，二年之间已发行内债四亿一千万元。从当时新闻上所载而观，谓由商人之深明大义与政府之体恤商艰，政商两面互相标榜。实则体恤商艰之背景，即财政当局对于以往各种公债之承认，使一般银行家从前与北洋军阀政府往来者均安心，并由官方之熟悉商情者相互勾结，使内债问题亦因附加税之征收，而获得了新的保证。所以旧外债之承认，关税附加税之征收，新公债之发行，都是相关连的。宋子文的一套作法，就是把三者结合起来，不过当时第一步还是着重内债。以内债而言，例如最畅销之二五库券，名为内债，中国银行家与钱庄是跟着外国银行走的，故这种畅销，实即由于外国银行与海关税务司方面之帮助，亦即宋子文联络英美与英美暗中帮助蒋介石的成功。因此对于旧的外债，即无确实担保之外债，不仅承认，而且更进一步之整理旧债问题，亦为卖国政府所特别注重。其整理的准备和步骤，分为下列三端。

（一）从盐税内摊派拨还外债数目。按从前以盐税为担保之外债，为英法借款、湖广铁路借款、克利斯浦借款等，此项担保收入，久为军阀所截留，未能照拨。一九二八年由南京政府通令全国征收盐税机关，每月按照一定成数，解交财政部指定之银行，其全年总额为一千万元，足供盐余借款之一应需要，业已次第实行。其以前未能如期照拨各期本息，亦经财政部分期补拨。

（二）从关税内指定整理内外债基金。按吾国无担保的内外债，向无确数。据北京政府时代之统计，少则六亿元，多至十亿元。将来必须由九国债权人出席内外债整理委员会，提出证据，以资整理。故政府决令在关税新增项下（所谓关税新增项下，指二五附加税与新税率之所增的收入），每年暂提五百万元，逐年积蓄，以为整理内外

① 《民国续财政史》（四），第371～372、378～379页。

债之用，此后则随关税而增加。业经正式照会英美法日等九国，并令饬总税务司于一九二九年二月起实行照拨。

（三）组织国债整理委员会。此种委员会之组织，为审核关于无确实担保之内外债，即审查债款之性质，而定偿还与否，以及如何偿还之方法。设委员七人，以行政院长、监察院长、外交、工商、铁道、交通、财政各部部长充之。并设专门委员若干人，专司其事。又选聘中外财政专家充任顾问谘议。并由外部照会英美法日等九国。该会自组织成立后，即起草整理条例并讨论办法①。

以上系宋子文承认旧的外债并预备整理之过程。

外债承认而后，其次即为实行整理债务办法。整理本是旧案，在关税特别会议中，日本主张平等待遇，英法主张差别待遇，以帝国主义列强之利害不齐，牴牾特甚，中国依违其间无法解决，结果则湖广、津浦各铁路借款，列于优先位置，以容纳英法之主张，普通债务按平等偿还方法，以容纳日本之主张。这种办法，与其名曰整理，不如名曰各国权利分配之为愈。南京政府成立后，其整理之方针，自应依照国民党党纲对外政策第四条之规定，即“中国所借外债，当在使中国政治上实业上不受损失之范围内，保证并偿还之”。如依照这条之解释，则旧案之中，有应废止者，有应取消者，亦有应加入者。

但是宋子文的整理原则，不是依据国民党第一次全国代表大会所规定之党纲与孙中山的主张，而是南京卖国政府对于帝国主义投降之政策。故首先聘请外国财政顾问尤其是美国顾问克米勒甘梅尔等，组织专设机关，以核对帐目为入手，以研究偿还办法及年利为主要。并由美国财政顾问制成整理方案，以征求英法各国之同意，同时又恐日本帝国主义出而反对，因日本系美帝之劲敌，其中矛盾最尖锐，不得日本之了解与赞同，还是无法解决的。因此在一九二七年九月二十八日蒋介石在日本时，即由美国驻日本的代表与蒋介石立一密约，美国支持蒋介石重新上台，蒋则正式充当美国侵略者在中国的代理人，并与日本互相了解，让蒋介石卑躬屈节，去见日本天皇，承认日本在东

① 《民国续财政史》（四），第379～382页。

北的特殊利益及西原借款等。因西原借款为无确实担保外债之一，亦日本所最关心者。日本得此保证以后，即作为日本不反对蒋介石上台的交换条件。

第二节　九一八事变与债务措施

九一八事变与当时债务方面，有什么关系。据南京政府伪财政部一九三〇年至一九三一年之财政报告：“自一月二十八日日本海军陆战队突然炮轰闸北，吾国财政情形，已陷山穷水尽之境，又以政治上种种困难，不特税收奇绌，公债价格亦复大跌，更因全国商务金融中枢发生战事，人心惶惶，不可终日，各银行自救不遑，不复能援济政府。……当斯时也，国难严重，政府厉行减政。……一切行政机关，莫不厉行紧缩。”① 这是当时的财政情况，其惟一救急之方法，为债务费中之两件重要事实。一为旧债之延本减息办法。“自一九三一年沈变发生，债券价格暴落，继以沪变，金融益受影响。……持票人……愿将所持债券，略减利息，稍延还期，并保障基金各办法。迭经财政部与各团体从长讨论，重拟标准，并决定自二十一年（一九三二年）二月起，每月由海关税划出八百六十万元，作为支配各项债务基金。公债利息周年六厘，库券利息按月五厘。其还本则前数年依四折之标准，定支配之办法，自第五年起，所负债额，逐渐减轻，其腾出之基金，即将未还各债券之本金，酌予增加。”② 二为一九三二年之赔款停付。赔款与有确实担保的外债，均以关盐两税收入为担保。以关税收入言，自九一八事变后，“关务方面最激之变化，厥为日方强攫东省海关。本年三月，日本强迫停汇哈尔滨牛庄安东各关税款后，竟再进一步，违犯一九〇七年之国际公约，实行夺占关政（大连口租借地之海关在内）。当时各关存款，亦被日本强占，至今犹未发还。自东北各关税款被攫以来，对于关税担保各项债务之负

① 《中行月刊》第6卷，第1、2期，第276页。

② 贾德怀：《民国财政简史》上册，第333页。

担，因是骤增，政府对日方此举，认为破坏我国主权之完整，侵犯我国债务担保之规定”。（伪财政部财政报告）以盐税收入而言，“自二十一年（一九三二年）三月，日人在东三省强行接管盐务稽核各机关以来，侵害我国税收至巨，三省全部税收，连同外债摊额在内，均被截留”①。因此要求各国停付赔款一年。此项办法，在当时财政上实极重要，因债务费占预算之大部分，延期与停付之办法，事实上即减轻一部分之支出，解决了一部分财政上之困难。至当时债务费在预算中之比例，可就伪财政部一九三〇年及一九三一年收支报告中窥见一二。

往年收支不能适合，悉赖借债维持，兹为明了计，将政府最近数年借债情形列表于下（每年从七月一日起至次年六月底止，以元为单位）：

会计年度	支出总数	举债总额	百分比
17 年度（1928 年）	434，000，000	80，000，000	18. 4
18 年度	539，000，000	101，000，000	18.7
19 年度	714，000，000	217，000，000	30.4
20 年度	683，.000，000	130，000，000	19.0

近来财政问题，多集中于军费及还债两项，可于下表见之。

会计年度	支出总数	军费总额	百分比	债务与赔款总额	百分比
17 年度	434，000，000	210，000，000	48.3	160，000，000	36.8
18 年度	539，000，000	245，000，000	46.5	200，000，000	37.1
19 年度	714，000，000	312，000，000	43.7	290，000，000	40.6
20 年度	683，000，000	304，000，000	44.4	270，000，000	39.4

① 《中行月刊》第 6 卷，第 1、2 期，第 277 ~278 页。

此系伪财政部官方的报告①，在九一八事变后始发表，它们亦承认当时的财政，是集中于军费与债务费，并靠借债维持，但其中自有不详不尽之处，因反动政府军费的支出，占总预算通常是百分之九十左右②。

第三节　反共反人民的战争和美国借款

自南昌起义后，国内政治形成两面，一是光明的一面，一是黑暗的一面。在光明的一面，正如毛主席所说："中国共产党和中国人民，并没有被吓倒，被征服，被杀绝。他们从地下爬起来，揩干净身上的血迹，掩埋好同伴的尸首，他们又继续战斗了。他们高举起革命的大旗，举行了武装的抵抗，在中国的广大区域内，组织了人民的政府，实行了土地制度的改革，创造了人民的军队——中国红军，保存了和发展了中国人民的革命力量。被国民党反动分子所抛弃的孙中山先生的革命的三民主义，由中国人民、中国共产党和其他民主分子继承下来了。"③ 溯自一九二七年秋天起，毛主席和他的战友创立的革命根据地，和他们领导的中国工农红军所进行的革命战争，成立新时期革命斗争的主要力量。至一九三〇年，全国工农红军已发展到约六万人，革命根据地的范围，亦由江西、湖南、湖北逐渐发展到福建、安徽、河南、陕西、甘肃等省。一九三〇年底至一九三三年春天，蒋匪帮曾陆续动员反革命军队一百一十万人，对红军举行四次围攻，但都失败了。一九三四年十月中央红军退出江西根据地进行了世界历史上空前未有的长征。中国工农红军长征的胜利，是中国革命转危为安的关键。

在黑暗的一面，即大地主大银行家大买办阶级的封建法西斯独裁的国家，其对于人民革命的区域，实行杀光烧光抢光的三光政策。

① 《中行月刊》第6卷，第1、2期，第276页。

② 陈伯达：《人民公敌蒋介石》人民出版社1954年版，第53页。

③ 《毛泽东选集》第3卷，第1058页。

“蒋贼的所以敢那样的穷凶极恶，当然就是因为不但有外国反动派的援助，并且还有外国反动派在他那里直接指挥。否则蒋介石的统治早就经不起人民拳头的几回打击了。蒋介石对人民的残酷，就是东方中世纪的野蛮加上西方近代法西斯的野蛮。”① 至于这阶段内反共反人民的军费，均系来自借债，尤其是向帝国主义所借的外债。兹将本阶段中的外债，分成两项说明于后。

甲、新债的举借

一、美麦借款。一九三一年南京政府为美国推销物资起见，与美国农部订立购买美麦合同。其条款如下：(1) 向美国粮食平价委员会购买美麦或面粉四十五万吨。此项麦价，嗣经结算，共计美金九百二十一万二千八百二十六元五角六分，作为借款。(2) 麦款利息周年四厘，每年六月底及十二月底付息一次。(3) 麦款分三期偿还，每期付三分之一，一九三四年底为第一期，一九三五年底为第二期，一九三六年底为第三期。(4) 指定关税五厘水灾附加税为还本付息之担保②。

按此项借款，在当时名为赈济水灾，实则一方面作为蒋匪帮对中国共产党所领导的工农红军，连续进行四次“围剿”之用，而另一方面，美帝以物资作资本输出国外，可以减轻国内农业危机。

二、美棉麦借款。一九三三年四月，宋子文出席华盛顿经济讨论会时，南京政府令其相机接洽国际投资。抵美后与代表美国联邦政府的“财政改进公司”（亦译金融复兴公司）商洽，该公司只允以大宗之棉麦借给中国，借此推销物资，照第一次之美麦借款办法。宋子文乃于是年十月代表南京政府与美国金融复兴公司签订借款合同。其内容规定：(1) 借款原定美金五千万元，以四千万元购买美棉，以一千万元购买美麦，并于购麦款内以百分之四十购买面粉。嗣因华商纱厂不振，用棉减少，于三十四年二月间商定棉花借款由四千万元减为一千万元。(2) 中国购买棉麦所用款项，由代表签具期票交付公司，

① 陈伯达：《人民公敌蒋介石》人民出版社 1954 年版，第 69 页。

② 贾德怀：《民国财政简史》上册，第 336 页。

作为借款。其利息周年五厘，每半年照付一次，至还清时为止。还本期定为三年，或三年内照数付还。若三年期满尚有余款未清，得商请展期二年。并规定：（甲）购棉期票百分之二十五连同利息，自出票日起十二个月内归还，至第二年下六个月，还百分之十，第三年还百分之十五，第四年还百分之二十，第五年还百分之三十。上项付还成数除最先百分之二十五外，每年分为四次，于当年六、九、十二月，及次年三月一日交付之。（乙）购麦借款倘三年期满商得同意展缓二年偿还，则第四年百分之二十五，第五年百分之七十五，得于规定期前归还全部或一部分债款连同到期之利息。（3）指定统税为担保品。统税项目为卷烟、麦粉、棉纱、火柴、烟酒及印花税（内烟酒税全年税收百分之七，只作预备担保品），连同海关水灾五厘附加税作为第二担保品。此项附加税，须俟归还粮食平价会全数之欠款后，方可移用①。

按此项借款使当时国内农业受了一个大的打击，使国内棉麦价格受其影响，农民生活更形困苦。至其用途，可从当时蒋匪帮的“中国国民党中央政治会议”所通过之议案中看出。即“豫、鄂、皖、赣四省剿赤军费，治标一百八十万元，治本一千五百万元”（一九三三年八月二十三日通过，正是该项借款商洽时）②。这就是这次借款的目的与作用，为了直接帮助蒋匪帮进行屠杀中国人民。

三、美蒋航空密约。一九三三年七八月间美国国务卿赫尔与蒋介石驻美公使施肇基订立一个所谓“中美航空密约”，共分十七条，附件四项。其中规定美国有充分之权利与责任，为中国组织一空军，美国并供给中国一半款项约美金四千万元，以制造侦察机、驱逐机共八百五十三架。密约内并载明美国给蒋介石在汕头、泉州、镇海、海州等处设立停机场，由美国教师替蒋训练空军人员③。同时蒋匪帮即宣

① 贾德怀：《民国财政简史》上册，第336～337页。

② 《东方杂志》第30卷，第18号，第68页（时事日志）。

③ 《一九三三年之美国外交》，《外交月报》第4卷，第1期，第205页。

布："赣剿匪军完成总攻准备，将利用飞机轰炸。"①

按蒋匪帮对中国工农红军的所谓"第五次围剿"，就是这样在美国布置下和美国借款下进行的。这是一次最残酷的战争，美国妄图在这次战争中，彻底毁灭中国人民的武装，好使它进一步控制中国。但是"第五次围剿"，毕竟还是失败，而美蒋密约与借款，只不过是再一次证明美国扼杀中国人民的毒计罢了。

在本阶段中，以外尚有几项零星借款：（一）借用中法教育基金委员会美金二十六万五千元。（二）中法实业银行提回之实业借款余额法金二百三十三万法郎，又银元九十一万四千余元②。

乙、旧债的重订

一、马可尼费克斯借款。一九三六年十月，伪财政部规定整理范围，包括马可尼无线电机公司八厘十年期英金六十万镑借款及费克斯公司八厘十年期英金一百八十万三千二百镑借款二种。其整理办法计三项：（1）利息自一九三六年一日起，第一年按一厘半周息付给，以后每年加给一厘之四分之一，至一九四二年增至周息三厘，嗣后每年一律周息三厘，至库券还清为止。（2）还本自一九四一年六月三十日起，前三年各还百分之一，次四年各还百分之二，又次八年各还百分之二点五，再次十一年各还百分之三，最后九年各还百分之四，至一九七五年全数还清。（3）还本付息以中国政府除已指作借款担保及抵押外之盐税收入为担保。

二、芝加哥银行借款。一九三七年四月，伪财政部规定整理办法五项：（1）利息自一九三六年十一月一日起，三年内按年息二厘半计算，自一九三九年十一月一日按年息五厘计算，每年五月一日及十一月一日各付息一次。（2）自一九三六年七月一日至十一月一日之积欠利息，按照原合同利率周年单利计算之五分之一，以及一九三六年十一月一日至一九三九年十一月一日应付之二厘半利息，与此后应

① 《东方杂志》第30卷，第22号，第68页（时事日志）；俞杰等：《美国侵华史》第19页。

② 《财政年鉴》（下），第1413页。

付五厘相差之利息之五分之一，以上两种利息，均发给无利小票。(3) 库券还本及小票兑现，均自一九四二年十一月一日开始办理。此项库券由经付机关以抽签法偿还。(4) 还本付息由盐税收入余款项下支拨之。(5) 持票人接受上项办法后，应将库券呈领新息票，并在新息票之一端加印本办法。

三、太平洋拓业公司借款。一九三七年七月，伪财政部规定整理办法五项：(1) 中国政府发行美金四百九十万元之新债票，以收回前项借款美金五百五十万元之库债。所有持票人对于原库券之利益及其积欠利息，一概取消，并关于此项借款原订之正续合同权利同时作为无效。此项新债票定于一九三七年七月一日发行，并于是日起息。(2) 新债票利率第一年按年息二厘计算，以后每年增加半厘，至年息四厘为止。(3) 新债票还本自一九四二年开始，至一九五四年还清，由经付银行用抽签法偿还。(4) 还本付息由盐税收入余款项下支拨之。(5) 新债票应在一九三八年一月一日或是日以前办竣①。

按整理外债，单就英美方面之借款加以重订，而不及其他，具见维持债信是有区别的，也许尚有其他关系，无从知其详。这是本阶段中特色，也是亲美亲英的具体表现。

① 贾德怀：《民国财政简史》上册，第338～340页。

第二章 抗战时期的外债

按抗战期中的外债，可分为两大项，一为借款，二为租借物资。

甲 借款

自一九三七年起至一九四五年止，共计借款二十五款（亦作三十二款），其中又可分为两个阶段。

在第一阶段中，即抗日战争开始至一九三九年为止，共计十九款。其中借款总额以苏联为最多，兹按国别分述于后：

（一）苏联借款

按苏联借款，共分三次（依据伪财政部所编之第三期《财政年鉴》所载）：

第一次中苏易货借款。总额美金五千万元，用途购买苏联货物，偿还办法以中国茶叶等售价偿还，利息三厘，订借年份为一九三七年。

第二次中苏易货借款。总额美金五千万元，用途购买苏联货物，偿还办法仍照第一次办法以中国茶叶等售价偿还，利息三厘，订借年份为一九三八年。

第三次中苏易货借款。总额美金一亿五千万元，用途利息和偿还办法，均与前二次相同，订借年份为一九三九年①。

以上三项共计为美金二亿五千万元。另据谭熙鸿所著《十年来之中国经济》一书中所载，苏联借款尚有二项，一为第四次中苏易货借款美金五千万元，二为第五次中苏易货借款美金六百三十八万五

① 贾德怀：《民国财政简史》上册，第344页。

千元①。

在抗战初起财政困难中，此项借款实起了极大的鼓舞作用，而且在短短的几年之内，继续得到此项巨款，帮助更大。其条件中以中国茶叶售价偿还之办法，尤与中国以极大便利。他如借款条件中之不列抵押品和三厘利息，以及军火售价比市价低等项，均是完全为了帮助中国抗战。而且在抗战期中最迫切需要的，莫如军火及各种军用品。当时上海报纸谓苏联军器从西北方面越山过岭源源而来，即指此。这种援助中国人民的真正友谊，都是依据斯大林所指示，“支持中国人民为保卫自己的独立而战斗”。在蒋管区内，以仇视苏联之故，对于此项借款，记载很略，宣传更谈不上，但事实具在，伪财政部档案中自无法抹煞。据伪财政部所编之第三期《财政年鉴》，前二款已先后全数还清。

（二）英国借款

据官方伪财政部所编之第三期《财政年鉴》，英国借款在第一阶段中计三款：

1. 中英滇缅铁路借款。总额英金一千万镑，用途建筑滇缅铁路，抵押方面由英国商务部出口信用局保证，订借年份一九三八年。

2. 中英第一次信用借款。总额英金五十万镑，用途为购买汽车与修理材料，订借年份一九三九年。

3. 中英信用第二次借款。总额英金三百万镑，用途为购买英国各种器材，订借年份一九三九年②。

此三项借款共计英金一千三百五十万镑，而一千万镑之铁路借款，限于修路之用。孔祥熙在讲演抗战期中之《财政与金融四大革新》一文中，尚盛夸英国如何加紧援助中国，无一语道及苏联，起颠倒事实有如是之甚者。同时据贾德怀所著《民国财政简史》，英国在此期中，尚有四款：

1. 中英借款。总额英金二千万镑，用途系整理中国内债之用，

① 谭熙鸿：《十年来之中国经济》（上），第 27～28 页。

② 贾德怀：《民国财政简史》上册，第 344 页。

年息五厘，抵押品为关税收入，订借年份一九三七年。

2．广梅铁路借款。总额英金三百万镑，用途系建筑广州至梅县铁路，年息五厘，抵押品为本路收入及盐税，订借年份一九三七年。

3．浦信铁路借款。总额英金四百万镑，用途系建筑浦信铁路，年息五厘，抵押品为本路收入或盐税，订借年份一九三七年。

4．中英金融借款。总额英金五百万镑，用途为维持法币稳定汇价，由英政府担保，暂以一年为期，期满得延长之，订借年份一九三九年①。

在这四款中，二、三两项为建筑铁路之用，内容不详，一、四两项为维持外汇与整理内债之用。所谓维持外汇，即由汇丰、麦加利两银行借给中国之五百万镑英镑，并由汇丰银行挂牌，维持上海黑市外汇，即每元由八便士跌至三便士，两家银行趁此机会各捞一笔，这就是他们所谓帮助是。至于铁路借款亦有问题，因广梅浦信二路所经之地，均已先后沦陷，在沦陷区域内，根本上谈不到修路，亦自无法照合同履行，故官方报告中不详。另据谭熙鸿的《十年来之中国经济》一书中所载，英国方面的借款尚有四项，一为中英商品借款英金三百万镑，二为中英新信用借款英金一千万镑，三为中英外汇平准基金借款英金五百万镑（此款或即中英金融借款，姑录此以备参考），四为中英新借款五百万镑。其内容均不详。

（三）美国借款

在本阶段中，美国借款极少。据伪财政部所编之第三期《财政年鉴》上所载，只有中美第一次桐油借款一项，其他均系一九三九年以后所订借。

中美桐油借款。总额美金二千五百万元，用途系购买美国货物，年息四厘半，由中国银行保证，五年以内以桐油售价偿清，订借年份一九三八年②。

再据贾德怀之《民国财政简史》中所述，尚有中美购货借款一

① 贾德怀：《民国财政简史》上册，第344页。

② 贾德怀：《民国财政简史》上册，第344页。

项（沙英所编之《中国四大家族的危机》一书中，名之曰一九三九年信用贷款）。除此以外，沙英的著作中尚有一九三九年飞机公司贷款一项（刘大年之《美国侵华史》中亦提到）。其他均在一九三九年以后。兹将此二款内容分述于后①：

1. 中美购货借款。总额美金一千二百八十万元，用途系购买发动机等项，订借年份一九三九年。

2. 美国飞机公司借款。总额美金一千五百万元，用途系购买飞机，订借年份一九三九年。

若据蒋政府官方所宣传，孔祥熙所报告，与实际上之情况相对照，即以苏联借款之二亿五千万元，英国之一千三百五十万镑，美国之二千五百万元（均据官方本身所记载），互相比较，谁是援助中国，事实昭然。而且美国借款，指定以中国战略物资，作为抵押，例如桐油借款，指定以桐油归还，这就是通过这种借款，抢走中国战略物资，而且还要压低中国物资的市价，这一切都是美国对中国抗战初起时的所谓“援助”。

（四）其他各国借款

按贾德怀的《民国财政简史》上所载，上述各款而外，其他各国借款，在本阶段中，共六项：

1. 中捷商业信用借款。总额英金一千万镑，用途购买工业用品，订借年份一九三七年。

2. 中法桂滇铁路借款。总额法金一亿五千万法郎，用途建筑桂滇铁路，周息七厘，抵押品本路收入及盐税，订借年份一九三八年。

3. 中法叙昆铁路借款。总额法金四亿八千万法郎，用途建筑叙昆铁路，订借年份一九三八年。

4. 中比购货借款。总额英金二千万镑，用途系购买比国货物，订借年份一九三八年。

5. 中德贸易信用年额。总额银元一亿二千万元，用途系购易货物，订借年份一九三九年。

① 沙英：《中国四大家族的危机》，光华书店 1948 年版，第 89 页。

6. 中法信用放款。总额英金一百五十万镑，用途系购买西南各省铁路及公路材料，订借年份一九三九年①。

按以上所述各项借款，问题很多。（一）各家所载，略有不同，例如中法桂滇铁路借款，另据凌维素（见所著《四年来我国财政之总检讨及其展望》一文，登在广东省银行季刊上）所记，名为湘桂铁路借款（其中分二部分，一为一亿五千万法郎，一为英金一十四万四千镑）。至于叙昆铁路借款，贾德怀表中有之，凌维素表中没有，但凌维素的表中，有法国特种货物贷款一项，计法金二亿法郎，贾德怀表中又没有。其原因皆由于反动政府未将详情正式公布，无法确知其负债情况，写历史如捉迷藏，此待考查者一。（二）债权国如比法及捷克各国，均已陷入战祸旋涡中，其所订合同未必仍然履行，此待考查者二。（三）建筑铁路方面，在战事期中，各债权人均无法照约履行，事实上亦并未建筑，究竟债款实付多少，不得其详，此待考查者三。另据谭熙鸿所著《十年来之中国经济》一书中所载，法国方面尚有一九三七年举借之中法金融借款，计法金四亿法郎。以上系第一阶段中的借款。

在第二阶段中，即自一九四〇年起至一九四四年为止，共六款。除英国一款而外，其中皆属于美国借款。仍按国别分述于后：

（一）美国借款

按美国借款在本阶段中，与第一阶段相比实较多。其目的不是为帮助中国人民抗日之用，是帮助蒋介石反共反人民之用，因蒋介石此时已发动反共高潮。兹将五项借款分述于后：

1. 中英第二次滇锡借款。总额美金二千万元，用途购买美国农产品及工业品，年息四厘，由中国银行保证，偿还办法规定在七年以内以售锡之价偿还，订借年份一九四〇年三月七日。（按此处名曰第二次者，系把上次桐油借款作为第一次，均系易货借款。）

2. 中美第三次钨砂借款。总额美金二千五百万元，用途系作为外汇基金，由中国银行保证，以钨砂售价偿还，订借年份一九四〇年

① 贾德怀：《民国财政简史》上册，第344页。

九月二十五日①。

3. 中美信用借款。总额美金五千万元，亦作一亿元，因别于一九三九年之信用贷款故，又名中美新信用借款。订借年份一九四〇年十二月一日。

4. 中美平准基金借款。总额美金五千万元，订借年份一九四〇年十二月一日。

5. 中美财政援助协定。亦名中美财政借款，总额美金五亿元，订借年份一九四二年二月七日②。

依据美国官方发表的数字，一九五〇年十一月美国代表奥斯汀在联合国安理会演说中，有“自一九三七年到日本投降时，美国给予中国的经济援助价值六亿七千万美元”。把这五次借款与前一阶段中之中美桐油借款综合在一起，即接近奥斯汀所说的数字③。不过照实数计，为七亿四千七百八十万美元，而且是八笔，不是六笔，其中又一笔，是一亿，不是五千万。另据伪财政部《财政年鉴》上所记载，尚有中美第四次金属借款一项，总额美金五千万元，一九四一年订借。又据私家（凌维素）所记，尚有美国对华关于信用的借款二项，一为一九四〇年九月所借，计美金二千五百万元（或即钨砂借款，因为此款系作外汇基金之用，或又认为信用借款），一为一九四一年一月所借，计美金一亿元（或即第3项中美信用借款）。尚有美国对华关于购买材料的借款一项，为一九四〇年三月所借，计美金二千万元。共三项，为他书所未见，姑录之以备参考④。

（二）英国借款

按英国借款在本阶段中，名义上只一次，性质是概括的。

中英财政协助协定。按此项协定，系一九四四年五月二日由顾维

① 贾德怀：《民国财政简史》上册，第344页。

② 沙英：《中国四大家族的危机》第89页；又谭熙鸿：《十年来之中国经济》（上），第28页。

③ 刘大年：《美国侵华史》第161页（注）。

④ 《财政年鉴》第3期（上），第106页（表中）。

钧与艾登在伦敦签订，总额英金五千万镑，其用途分别规定如下："（一）以其中一千万镑，用于中国政府为收回市面流行过多之购买力，并防止通货膨胀起见，所发行之内国公债之担保，惟其办法与条件，须经双方政府同意。（二）另以一千万镑用于战时期间在英镑区域备付现欠及将来运输费钞券印刷费及以前信贷协约内其他订购不敷之数。（三）以二千万镑指定在英镑区域内购充战争之物资，及其有关事务之费用。（四）余额一千万镑，可充本约内规定之其他用途。每次动用款额，由驻英大使代表中国政府转请英政府同意饬拨。对日战争结束后，英国政府曾通知中国，略以战事业经结束，本协定项下之动用期限，应截至一九四六年三月十五日止，其业经指定用途而未清结各帐项，准予查明保留贷款，汇案清算。惟财政部所得报告，截至同年九月底止，全部动用数字，仅达英金七百七十二万八千余镑。按该协定第三条，两缔约国对于此项财政援助之条件，包括英国利益在内云云。"① 从这个借款协定中，第一，可见当时外债与内债关系很密切，因为外债就是内债之担保，名为防止通货膨胀，实则加发内债，即等于加强通货膨胀。第二，订购钞票之印刷费，亦由借款项下备付，可见印刷钞票之多。第三，抗日战事已快结束，此时所谓战争物资，纯系内战所用之物资，即英国政府帮助蒋匪帮作为反共反人民所用之内战物资。

乙　租借物资

依据一九四二年六月《中美互助协定》中所规定，原数为美金十五亿六千五百万元。实际上依据一九四六年十二月杜鲁门对华政策声明，租借物资一项计美金八亿七千万元。此八亿七千万元，系抗战结束前商定，不过其中有一部分，实际至抗战后始交蒋政府，而其原数之其余部分，则完全系抗战后交蒋政府者，实应算入抗战后美援部分内。

再据马歇尔二月二十日在美国国会关于一九四八年援蒋方案报告

① 《财政年鉴》第3期（下），第9篇，第3章，第16页。

中，将抗战中援蒋数字列为十四亿六千九百四十万元。此乃借款与租借物资合计。按前段所述之八项借款，合计为六亿九千七百八十万元，其中桐油借款二千五百万元，滇锡借款二千万元，钨砂借款二千五百万元，一九三九年中美购货借款一千二百八十万元，飞机借款一千五百万元，五项合计九千七百八十万元业已偿清外，未付之借款计六亿元，加上租借之物资八亿七千万元，合共为十四亿七千万元，与马歇尔所报告之数字大致相合（约差六十万元，或系租借物资内少拨六十万元)①。

就美国援蒋项目而观，美国借款及租借物资，实为蒋匪帮发动内战的资金，不仅为抗战期中反共高潮时所支用，而且其中有一部分，系留作抗战后发动反共反人民内战之用。可举三点以说明：第一，抗战结束时及结束后交付之租借物资绝大部分，系留作抗战后内战中使用，因为抗战既已完结，则此项巨款之用途，不言而喻。第二，财政贷款五亿美元中，据一九四八年一月二十五日美联社引证美官方材料披露，有一亿五千五百万元，是抗战后动用的。第三，平准基金贷款及财政贷款中之指定的一部分，均系被当作外汇基金，保留抗战后继续使用。

① 沙英：《中国四大家族的危机》第 89 ~ 90 页。

第三章　抗战结束后美国借款与租借物资

（一）美帝独占中国的企图

当中国人民正在庆祝对日战争胜利的时候，美帝国主义者即趁此机会，企图进行独占中国，真是“前门拒虎，后门进狼”。

究竟美帝国主义者怎样进行独占中国呢？据一九四九年美国国务卿艾奇逊在白皮书中所供认，当时美国对华外交政策，有下列三种可能之选择办法：“（一）完全摆脱一切牵连；（二）大规模地在军事方面加以干涉，援助国民党击毁共产党；（三）一方面援助国民党尽可能广大地在中国确立其权力，一方面鼓励双方从事协商，尽力避免内战的发生。”① 第一种办法，是美国政府所决不采取的，因为美国侵略分子和美国垄断资本家正要扩张殖民地与销售市场，并认定日本势力已打垮，英国势力亦不能与它抗衡，这种机会决不肯失去的。而且这是与美国多年来侵略中国政策根本相违背的，它决不这样干的。第二种办法是美国政府有许多顾虑的。当美国军队直接侵入中国之时，可能引起许多抵抗，而且美国的侵略方法一向是主张“以华制华”的政策，即以中国人为牺牲品，以达到其使中国殖民地化。这两种办法既都不可行，而可行的是第三种办法，即一面用政治阴谋进行国共之间的“调处”，一面暗中帮助进兵的办法，也就是利用其代理人蒋介石及其军队，以消灭中国人民的武装力量，完成其奴役中国的计划。

---

① 《中美关系资料汇编》第1辑，世界知识出版社1957年版，第35页。

美帝国主义者为了实现这个目的起见，最重要的活动是对蒋介石匪帮进行投资。其中单举对蒋介石匪帮政治外债一项而言，从这时起，在一个极短的时间内，就达到了中国外债史上空前未有的惊人的数目。仅据美国政府所公开承认的，在《中美关系》一书上所发表的，"自从对日战争胜利日以来，中国政府接受的外援，几达二十二亿五千四百万美元，其中美国以赠与及贷款方式供给百分之九十，即约略超过了二十亿美元。美国的援助在军事上及经济上各占一半。自从对日战争胜利以来，美国赠与及贷款的总数几占中国政府财政支出的百分之五十以上。它在中国政府预算上所占的比率，实在超过了战后美国给予任何西欧国家的。除了这种以赠与及贷款方式的援助以外，美国并曾以大量军用及民用的剩余物资，仅以名义上的价格售予中国政府。价值超过十亿美元的剩余物资，仅仅作价二亿三千二百万美元售与中国政府。此外美国曾以军事顾问人员协助中国政府，并且'遗弃'和移交相当数量的军用物资予中国，其数量殊难以美元计值"①。这是美国政府官方的报告，与实际上我们调查所得之数目字（见后），还有一个相当的距离。即据他们官方的报告，也可以证明美帝国主义者作出最大的努力，以图一举扑灭中国人民的革命力量，把中国变为它的殖民地。这也充分证明外债与殖民政策，实在是相互联系的。否则抗日战争已经结束了，为什么还要继续运军火与物资来援助蒋介石呢？这种声明是不打自招，其阴谋诡计是百喙莫辩，无可隐讳的。

（二）美国借款与军事援蒋

依据上段所述之美国侵略政策，并利用借款与租借物资，把经济与政治军事相结合的政策，就是美蒋间互相勾结的欺骗政策，即使用一切欺骗的方法，以图掩世人耳目。在短短时期中，以阴谋诡计之多，经过的过程是相当复杂的，可分成三个段落说明。

第一，自日本投降后，先由蒋介石三电邀请中国人民领袖毛泽东

① 《中美关系资料汇编》第1辑，世界知识出版社1957年版，第441页。

到重庆“商讨国家大计”，并由美国驻华大使赫尔利飞到延安去劝驾。这就是为了要发动内战，先装出一个求和平的假面目。按照美帝与蒋介石的猜想，毛泽东是不会到重庆来的，那就可以宣布共产党无和平的诚意，把内战的责任推到共产党方面。但献身为中国人民解放而奋斗的毛泽东到重庆了，逼得蒋介石不得不接受谈判。结果签订了《国共代表会议纪要》，有十二条，其中几条是成立了协定，几条没有成立协定。协定的重要一条，叫做“坚决避免内战”。而没有成立协定的，即具体的有决定意义的问题，如受降问题，承认抗日的人民武力问题，承认解放区的民主政府问题，都被蒋介石坚决拒绝。这就充分说明了内战的责任是属于蒋介石，而这种谈判，也不过是表现美帝与蒋介石预定的第一次欺骗政策。为什么说它是欺骗政策呢？事实方面可以证明：（一）蒋介石一方面签订《坚决避免内战》的协定，另一方面同时把《剿匪手本》秘密发给各方面的蒋家军和杂牌军。（二）正当毛主席在重庆的时候，即十月间，美帝就迅速让蒋介石动员八十万军队向解放区进攻。同时由驻华总司令魏德迈组织了他自诩为“历 史上最大一次的空运和海运“，把蒋军从后方运到东北与华北。据一九四六年十二月十八日杜鲁门对华政策声明中所自认，“这次运往东北华北台湾华中之军队，共十四军，内三军系空运，十一军系船运”。不仅仅代运而已，正在这个紧急时候，美国军队也亲身出来打接应，九月三十日美军第一次在天津登陆，以后又在青岛及其他地方登陆。并散布至南京北平等主要城市，和沪宁平绥各铁路干线，还给蒋介石“防务援助”费美金七亿七千七百六十三万余元，和大量军火物资。至十一月间进攻解放区的蒋军继续动员到一百万，而占据中国领土参加蒋军作战的美军据《世界知识》十五卷二期所载，也增加到十一万三千人①。这一系列的事实，在说明第一次欺骗政策的过程即一面谈判，一面进兵是。以上是抗战后第一个段落的情况。

第二，自九月间进攻绥远之蒋家军被击溃，十月间进攻晋冀鲁豫之蒋家军十万余人，在长治邯郸附近地区被全部歼灭后，使得美蒋军

① 陈伯达：《人民公敌蒋介石》，人民出版社 1954 年版，第 147～151 页。

的凶焰受一个大的打击，并使美国并吞整个东北的念头亦失望。因此据《中美关系》上所载，一九四五年十二月十五日美总统杜鲁门正式发表一对华政策声明，表示“完成中国政治团结所必要采取的详细步骤，应由中国人自行制定，并认为任何外国干涉这些问题都是不适当的”。同时声明中又着重指明，“自治性的军队例如共产党军队那样的存在，乃与中国政治团结统一不相符合……应有效地结合成为中国国民军”①。同月二十七日，美政府又在莫斯科苏美英三国外长会议公报上签字，公报上规定为“美军的主要责任是执行日本投降条件，即是解除日军武装与撤退日军的责任。他（指美国国务卿贝纳斯）声称：这些任务一旦完结时，或在中国政府没有美军援助能够执行这些任务时，美军即撤离中国。”② 同时美政府派马歇尔为特使来中国进行“调处”并要求停战。

这些都是美蒋军因战事失败后又一次欺骗政策的表现，一面用和平团结撤退美军等等名词欺骗世人，一面又表示它要消灭中国人民军队的企图。尤其是马歇尔之来华，实际上的任务是帮助蒋介石加速战争的准备，其要求停战之目的，也是为了蒋介石争取时间，从事准备，可名曰第二次欺骗政策，而美其名曰“和解政策”。因为事实方面亦可提出许多证据来，以证实其欺骗性。（一）正在休战谈判的时候，美国国务院公开提出一个军事援蒋法案，引起中国人民方面以中共毛泽东主席声明为代表的严重抗议。同时美政府又批准一个美蒋秘密军事协定，由美国供给蒋介石飞机一千余架，各种炮七千余门及其他大批军火。（二）到了蒋介石布置完备的时候即兵力由一百万人增加到二百万人，美械装备的蒋军由三十九个师增到五十个师后，于是马歇尔就向中共提出两个要求：一个是要关外全部，并且要关内的苏皖边区热察两省陇海津浦两路威海卫烟台两港，一个是建议美国（指其代表马歇尔）对中国问题有最后决定权，把“调处”的目的完全暴露出来，也把美蒋勾结的事实完全表现出来。（三）当蒋介石大

① 《中美关系资料汇编》第1辑，世界知识出版社1957年版，第629页。

② 《解放日报》1945年12月29日。

举进攻解放区的时候，美国又以成本八亿二千五百万美元的“剩余物资”折成一亿七千五百万美元的低价售予蒋介石，让他获得更多屠杀中国人民的工具。一九四六年九月十五日，中共代表周恩来曾透彻地揭露美国阴谋，质问马歇尔说：“……在另一方面，国民党政府获得如此巨大的美国援助，以进行内战，亦空前未有。在日本投降以后，国民党政府获得美国租借法案之军火物资，即依美政府所宣布者，已与战时所获得之数目相等（均为六亿余美元），其实数殆不止此。美械师使用于对日作战中者，仅印缅远征军及最后一次湘西之役，而今日美械师，几已全数用之于进攻中共解放区。不足，助之以美军海空运输。犹不足，助之以美军防守铁路城镇与海港，乃至协同进攻。仍不足，竟于六月休战协商之际，美国政府公布延长对华租借法案十年之提案于国会，以助长国民党政府之杀气。仍不足，更于今日内战正在发展之际，美国政府竟让售价值八亿二千五百万美元之剩余物资船舶与设备予国民党政府。美国政府此种巨大援助与武装干涉，试问置其全权代表如阁下及司徒大使作为居间调人者于何地？尤其使阁下，以指导军事调处之三人会议主席资格，更处于难堪之地位。“①这一系列的事实，又说明了第二次欺骗政策的过程，即一面“调处”与“和解”，一面借款与援蒋是。以上是抗战后第二段落的情况。

第三，自马歇尔司徒雷登把自己的马脚在中国人民面前暴露以后，即声明不再以调停者面目出现。据《中美关系》上所载，“马歇尔仍然留在中国”，而且不仅留在中国，还又进行一种骗人的工作。什么工作呢？据“中美关系”上说：“马歇尔元帅留在中国，直到国民大会完成了它的工作”，即“召开国民大会为中国制订一部新宪法并结束训政时期和一党专政时期”②。这就是马歇尔还为蒋介石导演

① 《中美关系资料汇编》第 1 辑，世界知识出版社 1957 年版，第 673～674 页。

② 《中美关系资料汇编》第 1 辑，世界知识出版社 1957 年版，第 37～38 页。

一幕召集“国民代表大会”和公布“宪法”的丑剧。这种丑剧的欺骗性，在他们以为“既合政协决议，尤充满民主精神”，可以借此骗人，其实是软硬兼施，政治与军事双管齐下的美国办法，借以掩蔽世人耳目。他们虽知道不能欺骗共产党，但也许借此宣传一下，可以欺骗蒋管区内的人民。但实际上反抗美蒋方面的情绪，也从蒋管区内各方面反映出来，一为上海金融市场之恐慌，即猪仔议员亦认定蒋介石的冥钞靠不住，在那里大捞黄金。二为正在伪国大召开时期中十二月一日上海发生摊贩生死斗争的事件，为五卅惨案以后最严重的一次。三为十二月底全国学生抗议北平美军强奸女生的示威运动。至对于伪宪与伪国大，除少数人及美国的捧场者而外，大部分人都鄙视。最可恶的即美帝国主义者如此之欺骗成性，反诬蔑他人为欺骗，如司徒雷登向国务院的报告是①。而更毒的更险恶的美国侵略者的实际行动，是公开宣布“不愿中国共产党人士存在于中国”，并进一步大规模的充实蒋介石军队。这一系列的事实，又说明了第三次欺骗政策的过程，即一面使反动政府为它服务，一面企图消灭中国人民武装力量是。以上是抗战后第三段落的情况。

总括的说来，美帝国主义者的侵略政策，是结合经济政治与军事各方面并进，从政治方面运用种种阴谋，假装“公正”样子，干涉中国内政，从军事方面侵犯中国主权，干涉中国革命，积极参加内战，最后从经济方面实行奴役与掠夺，以完成其变中国为殖民地之目的。

（三）各种借款和租借物资内容的分析

甲、借款

1. 中加信用借款。在本期中，即抗战后，各种借款，均从美国方面借来。属于其他各国之借款范围内者只有中加信用借款一项，这是与美国借款性质相同的，一方面是商承美国政府的意旨，与美国侵华政策相辅并行，一方面是推销战后自己的剩余物资。因系战后所举措，故按时间的次序，归入本期中。（至中英财政协助协定，虽与本

① 《中美关系资料汇编》，第 328～329 页。

时期有关，但系一九四四年签订，故列入前章。)

按中加信用借款，成立于一九四六年二月七日，由蒋介石反动集团驻美物资供应委员会主席与加拿大政府财政部长签订合约。其借款总额为加币六千万元，规定其中二千五百万元，购买停战前互助物资及工业设备，三千五百万元购买中国所需之各种建设器材，及支付劳务费用。每半年结算一次，按各该半年内动用款项百分之二十，由国民党反动政府以黄金或外汇现付之。又规定双方于一九四七年底，应结算本借款动用之总额，连同周息三厘，合成总数，再由国民党反动政府以同额之加币债票交付加拿大财政部长，该项债票分三十年平均摊还。自一九四八年起，每年六月底及十二月底付息，按周息三厘计算，每年十二月底还本一次，直至一九七七年底本息全数还清。据查悉本借款截至一九四六年底止，由伪行政院核准饬购之物资，估计约值加币五千余万元①。

2. 中美棉借款。此项借款，成立于一九四六年三月十四日，由中国银行与华盛顿进出口银行签订合约，由驻美物资供应委员会主席代表中国反动政府签证担保。本借款总额为美金三千三百万元，用以购买美棉供应国内纺织工业之需要。依约规定应由中国银行承兑华盛顿进出口银行所开之汇票，所有汇票应于见票二十四个月兑付，周息二厘半，每年按三百六十五日计算。国库方面由伪行政院应无条件担保此项借款本息之偿付，并应由中央银行随时核计到期偿还本息各款，转知国库拨交中国银行备付。据查悉截至一九四六年底止，本借款约已动用美金二千九百余万元。按此系伪财政部报告，据沙英所载总额为美金六千七百万元②。

3. 中美铁路购料借款。此项借款，成立于一九四六年六月三日，修正于同年八月二十六日，先后由驻美物资供应委员会主席代表国民

① 《财政年鉴》3续，第9篇，第3章，第16页；又沙英：《中国四大家族的危机》，光华书店1948年版，第90页。

② 《财政年鉴》3续，第9篇，第3章，第16页；又沙英：《中国四大家族的危机》，光华书店1948年版，第90页。

党反动政府与华盛顿进出口银行签订合约。本借款总额为美金一千六百六十五万元，用为购买修理国内铁路所需之材料。依约规定动用期限，应自签约之日起，至一九四七年底止，周息三厘，每年四月一日及十月一日付息一次，其本金于五年后约平均分五十期还清，每半年为一期，第一次到期本息应于一九五一年九月一日开始偿还。截至一九四六年底止，业已开出期票美金一千五百万元①。

4. 中美采煤设备借款。此项借款成立于一九四六年八月二十六日，由驻美物资供应委员会主席与华盛顿进出口银行签订合约。本借款总额为美金一百五十万元，用以购买开采煤矿所需之设备。依约规定动用期限，应自签约之日起至一九四七年底止，其动用方式以签发期票为凭，周息三厘，每年四月一日及十月一日付息一次，其本金于五年后分三十期偿清，每半年为一期，第一次到期本金应于一九五一年十月一日开始偿还。截至一九四六年底止，也已开出期票美金一百二十万元②。

5. 中美购船借款。此项借款成立于一九四六年八月五日，由驻美物资供应委员会主席与华盛顿进出口银行签订合约。本借款总额为美金二百六十万元，用以购买商船十六艘之用。依约规定动用期限，应自签约之日起，至一九四七年底止，其动用方式以签发期票为凭，周息三厘半，每年四月一日及十月一日付息一次，其本金于五年后分二十期偿清，每半年为一期，第一次到期本金应于一九五一年十月一日开始偿还③。

6. 中美购买发电机借款。此项借款成立于一九四六年七月十六日，由驻美物资供应委员会主席与华盛顿进出口银行签订合约。本借款总额为美金八百八十万元，用以购买发电机十副，以备开发国内资

① 《财政年鉴》3续，第9篇，第3章，第16页；又沙英：《中国四大家族的危机》，光华书店1948年版，第90页。

② 《财政年鉴》3续，第9篇，第3章，第16页；又沙英：《中国四大家族的危机》，光华书店1948年版，第90页。

③ 《财政年鉴》3续，第9篇，第3章，第16页；又沙英：《中国四大家族的危机》，光华书店1948年版，第90页。

源之用。依约规定动用期限，应自签约之日起至一九四七年底止，其动用方式以签发期票为凭，周息三厘，每年四月一日及十月一日付息一次，其本金于五年后分五十期偿清，每半年为一期，第一次到期本金应于一九五一年十月一日开始偿还。截至一九四六年底止，业经开发期票美金五百万元①。

按以上各款，均系一九四六年一年之内所举借的，见伪财政部官方报告中。

7. 改进海港借款。此项借款系一九四六年五月所举借，总额为美金一千五百万元。根据美联社的记载，系一九四六年十一月十二日柯克在青岛记者招待会上披露②。

8. 船只借款。此项借款系一九四七年四月举借，总额为美金一千六百五十万元，由美国航务委员会宣布③。

9. 救济借款。此项借款系一九四七年十月二十七日美蒋《救济协定》中所规定，总额为美金二千七百七十万元。

10. 临时援助。此项援助系一九四七年十二月十九日美国国会通过，总额为美金一千八百万元④。

按以上十款总计美金一亿九千九百七十五万元，除加拿大借款外，美国借款计一亿三千九百七十五万美元。但照原订合同，计一亿七千三百七十五万美元。

乙、租借物资

1. 中美租借剩余物资接管合约。此项接管合约，系于一九四六年六月十四日签订。惟追溯自一九四五年九月二日即开始生效，因国民党反动政府于一九四二年六月二日与美国签订之《互助协定》租借法案，经于一九四五年九月停止后，所有国民党反动政府前拟由美国获取而申请有案之物资，仍继续交付，故有本合约之签订。计交通

① 《财政年鉴》3续，第9篇，第3章，第16页；又沙英：《中国四大家族的危机》，光华书店1948年版，第90页。

② 沙英：《中国四大家族的危机》，光华书店1948年版，第90页。

③ 沙英：《中国四大家族的危机》，光华书店1948年版，第90页。

④ 沙英：《中国四大家族的危机》，光华书店1948年版，第90页。

器材、兵工装备、纺织物品及工矿设备等，约值美金四千八百万元，此外海陆运费等约一千零九十万元，共计总额为美金五千八百九十万元。周息为二厘又八分之三，本金平均分三十年偿还，预计于一九七六年七月一日还清。其第一期本息均应于一九四七年七月一日到期。惟本合约附带声明：（一）如遇特殊及经济困难时，可于约定期内，暂停付款，（二）付款条件包括利息在内，得于最后处理互助协定时，经双方同意修改之①。

按此项租借物资依据一九四二年六月二日《中美互助协定》中所规定，原数为美金十五亿六千五百万元，其中八亿七千万元，系抗战结束前商定，但其中有一部分实际至抗战后始交蒋政府（详前）。再据一九四七年二月一日美商务部《国外商务周刊》上所载，战后租借物资计六亿九千四百万元，即上述一九四二年租借物资原额中商定未付之其余部分。把六亿九千四百万元与八亿七千万元二数合计正符原额（只差一百万元）。再根据杜鲁门关于租借法案报告，自日本投降起到一九四五年底止，国民党反动政府共收到租借物资计美金六亿零二百万元，其中包括价值六千八百万美元的车辆，和五千万美元的军火。此外一九四六年七月三十日美国还允许将剩余物资价值一亿五千万美元售与中国，两共计七亿五千二百万元，似已超过原互助协定中之数额②。而官方报告只有美金五千八百九十万元，其所载经过之事实是相同的，而数目相差如是之远，与美国政府的报告亦不同。即此一项可见其中不信不实之处。

2. 太平洋岛屿的剩余的战争物资。此项物资系一九四六年八月三十一日由美国出售与国民党反动政府。依据美国商务部的报告，成本计美金八亿二千五百万元，但由于低估价值之故，售价为美金一亿七千五百万元③。（按此款见上段周恩来致马歇尔函中）

---

① 《财政年鉴》3续，第9篇，第3章，第17页。

② 沙英：《中国四大家族的危机》，第90～91页；又见陈伯达：《人民公敌蒋介石》，第182页。

③ 沙英：《中国四大家族的危机》，第91页；又《中美关系资料汇编》第1辑，第1071～1072页。

3. 空军援助。此项援助即指《八又三分之一队空军计划》飞机装备成本及训练费用是。此项费用共计美金三亿零七百七十五万元，系一九四六年六月二十八日所订，曾由美国务院宣露①。

4. “防务援助”。此项援助，系自抗战结束至一九四七年六月三十日秘密商订，亦系后来中央社华盛顿英文电讯根据美国务院的公布。总数为美金七亿七千七百六十三万八千二百九十二元②。

5. 海军舰只及美军在华剩余军火。此项海军舰只共计二百七十一艘，系一九四六年七月中，由美国赠给国民党反动政府，同时还出售美军在华剩余军火，共价值约美金八亿元。此系美联社华府通讯依据美国国务院公布之估计数字③。

6. 美军在华固定设备之转让。据一九四七年五月八日美国国务院的公报，此项固定设备约值美金八千四百万元④。

7. 印缅战场剩余物资。根据一九四五年九月二十七日纽约时报上所载，印缅战区美国剩余战争物资总计美金五亿元，悉数售与中国，其中包括一亿五千万元之军火和七百架飞机，已经移交清楚⑤。

8. 一亿三千万发子弹。一九四七年六月二十七日美国将一亿三千万发子弹，售予蒋政府，原价为美金六百五十六万六千五百八十九元，减为美金五百九十万九千九百三十一元⑥。

9. 联总救济物资。按此项救济物资美国部分为美金四亿八千五百万元，此系一九四七年二月一日美国商务部发表之数字，其全部救济物资为六亿七千五百万元⑦。

10. 善后救济经费。联总结束后，赠予国民党反动政府之善后救

---

① 沙英：《中国四大家族的危机》，第91页。

② 沙英：《中国四大家族的危机》，第91页。

③ 沙英：《中国四大家族的危机》，第91页。

④ 沙英：《中国四大家族的危机》，第91页。

⑤ 沙英：《中国四大家族的危机》，第91页。

⑥ 沙英：《中国四大家族的危机》，第92页。

⑦ 沙英：《中国四大家族的危机》，第92页。

济经费，计美金五百万元，其中绝大部分为美国赠款①。

以上十项（第1项照六亿九千四百万计）合计美金四十四亿八千四百二十九万八千二百二十三元。再将战后借款及租借物资两种总计，为美金四十六亿二千四百零四万八千二百二十三元。此数与沙英所述数字略有不同，因借款中款目不同，物资中第2项内容亦不同。

按马歇尔在美国国会报告中，将战后援蒋数字列为美金十四亿零九百万元。该数字系未将印缅剩余物资，太平洋剩余物资，二百七十一艘舰只，联总赠予善后经济经费四项及美国国务院后来所宣布之空军援助及防务援助两项秘密援助，包括在内。若将此六项除去，则总数为十四亿零八百六十二万九千九百三十一元，与马歇尔所报告之数字相接近②。按以上抗战中及抗战后各项数字合计，则自抗战起至一九四七年止，美帝援蒋总数为美金六十亿零九千四百零四万八千二百二十三元。

另据吴承明的估计，美援并不限于借款，借款之外还有售让和赠与，计价和不计价的军用物资，这些美援的价值是难以估计的。约略的说，自抗战起至一九四八年止共三十七笔，其中借款二十二笔，共计十亿零五千六百一十四万七千六百七十六美元，与原书后表所列，略有不同。本书为十七笔，共计九亿二千一百五十五万美元。“救济”物资四笔，租借法物资二笔，军事“援华”二笔，让售和赠与物资七笔，总值为六十七亿二千四百四十八万六千六百一十六美元，动用债额及物资净值为五十七亿六千五百三十九万六千二百九十二美元③。再据美国国务院出版的《中美关系》上所公布的材料，截至一九四八年止，内容大体如下，特并录于此，以供参证。按数字各有不同，其不同之原因详见内容中，时间上关系亦很大。

1. 联总救济物资美金四亿七千四百零四万八千元。截至一九四

① 沙英：《中国四大家族的危机》，第92页。

② 沙英：《中国四大家族的危机》，第92页。

③ 吴承明：《帝国主义在旧中国的投资》，人民出版社1956年版，第78页。

七年底，运华五十一亿七千五百万元，后修正为五十二亿八千八百万元，加运杂费百分之二十五，共六十五亿八千四百万元，其中美国占百分之七十二，计如上数。

2. 善后保管委员会救济物资美金三百六十万元。联总结束后以五百万美元划交善后保管委员会，美国部分按百分之七十二计。

3. 美国救济物资美金四千六百三十八万一千元。按一九四七年五月三十一日《美援外法》，划拨中美救济协定约二千八百四十万元。又按一九四七年十二月二十三日《紧急救济法》划拨一千八百万元，至一九四八年六月运华者如上数。

4. 经合总署物资美金二亿七千五百万元。一九四八年四月三日《美援华法》拟拨三亿三千八百万元，六月二十八日拨定如上数。一九四九年三月十一运到一亿一千一百零七万五千五百元，余运台湾。

5. 战时租借法物资美金八亿四千五百七十四万八千二百二十一元。一九四一年五月六日《租借法》适用于中国，至胜利止支出如上数，内二千万元作为借款。

6. 战后租借法物资美金七亿八千一百零四万零九百二十二元。其中包括空运蒋匪帮军队三亿元，一九四六年六月二十八日军事援华协定，供蒋匪帮占领费二千五百万元，海空军训练费一千五百万元。前列系至一九四八年六月三十日支出总数，内五千万元，作为接管合约欠数（后订约为五千八百九十万元），又三千六百万元计入海军船只移赠项内，一亿八千一百万元作为借款。

7. 中美合作军事援助美金一千七百六十六万六千九百三十元。“中美合作组织”（SACO）一九四五年六月二日至一九四六年三月二日，拨交之军需总数。

8. 一九四八年《军事援华法》美金一亿二千五百万元。截至一九四九年三月十一日支出一亿二千四百一十四万八千八百九十一元九角九分，至一九四八年底运到六千零九十五万八千七百九十一元三角八分，以后多运台湾。

9. 剩余物资售卖。总值二十亿元。售价二亿零五百万元，一九四六年八月三十日订《售卖协定》，包括中印及太平洋十七岛之剩余物资，美方估价八亿二千四百万元，后重估为九亿元，作价一亿七千五百万元，另给运费三千万元。抵付方法（一）一亿五千万元抵美军战时欠中国的款项，（二）五千五百万元作为中国借款。又此项协定中，包括前数次之售卖，如加尔各答汽车二千五百万元，小型船只二千八百万元，空军器材六百万元，华西物资五百万元，共作价七千四百万元，美方估值为二亿四千万元。

10. 剩余军备售卖。总值一亿零八十三万八千三百八十元，售价六百六十九万六千八百三十元。此系一九四八年十一月三十日蒋匪帮认购数字，其中一部分由军事援华法内拨款购买，约一百万元。至一九四八年底尚未启运。

11. 华西剩余物资售卖。总值一亿七千二百三十六万九千一百六十三元，售价二千五百万元，美方未估价，蒋匪帮估价为美金五千七百三十六万九千一百六十三元及伪法币九十二亿按八十元折合如上数。售价二千五百万元及伪法币五十一亿六千万，法币部分抵充美军在华欠款，美金部分五百万元计入剩余物资协定，二千万元作为中国借款。

12. 华北剩余军火让与。总值无估计，不计价，共六千五百余吨军火。

13. 海军船只让与。总值一亿四千一百三十万元，不计价，一九四七年十二月八日协定原让二百七十一艘，实让一百三十一艘，总值内有三千六百万元原系租借法船只。

14. 海军设备售价。总值四千一百万元，售价四百一十万元，此系一九四六年五月十五日至一九四八年十月底美国国外物资清理局移交蒋匪帮之上海青岛设备，未估价，姑按售价十倍计，售价作为借款。

15. 海委会船只售价。总值七千七百三十万元，售价二千六百二十万元。售船四十三艘，售价内一千六百四十万元作为借款，四百二十四万四千元，由进出口银行垫付，余付现。

以上共十五笔，在内容上主要是物资，时间上主要是战后，总值为美金五十一亿零一百二十九万二千六百一十六元。华北军火一笔未计价，又总数内有列入借款者八项，共三亿五千一百零四万四千元，重复计算者二项共四千一百万元，净数为四十七亿零九百二十四万八千六百一十六元①。

丙、其他

除上述（甲）借款（乙）租借物资两种以外，尚有下列各项，虽交涉秘密，不得其详细内容，而事实上是存在的。依据一九四六年十二月二十一日上海《密勒士评论》的社论所述，以及一九四六年八月三日《民族周刊》社论所估计，分述于后（因数字不详或系估计之数，均未列入前段总数中，可与《中美关系》上所发表的参证）：

1. 青岛海军训练费。一九四五年十二月六日巴贝海军上将宣称，青岛已成立海军训练所，已毕业三班，每班一千人。同时，自日本投降时起到一九四六年七月止，海军士官有一千人在美受训②。

2. 空军三千人留美费。自日本投降到一九四六年二月止，据周至柔说，政府曾保送空军三千人赴美，并说所有费用由租借法案中偿付③。

3. 参谋训练及各种军事学校。此中有日本投降以前，即抗战期中所举办，后来继续办理者，如参谋训练学校，步兵学校，炮兵学校，中美混合空军学校，中美联合陆军训练学校（两个）及中美特别训练班（五个）是。亦有日本投降后，由美国在中国各地新设立者，如南京汽车训练学校，昆明信号部队训练学校，重庆特别技师训练学校，杭州成都空军学校，以及广州、衡阳、南京、昆明降落伞部队学校等是④。

4. 美海空军代运蒋军经费。在中美租借剩余物资接管合约中，

---

① 吴承明：《帝国主义在旧中国的投资》，第 79～80 页。《中美关系资料汇编》第 1 辑，第 1069～1076 页。

② 陈伯达：《人民公敌蒋介石》，人民出版社 1954 年版，第 183 页。

③ 陈伯达：《人民公敌蒋介石》，人民出版社 1954 年版，第 183 页。

④ 陈伯达：《人民公敌蒋介石》，人民出版社 1954 年版，第 183 页。

虽有海陆运费一千零九十万元，但数目较小，而且空运不在内，据杜鲁门的声明有十四军之多，美国仅空运蒋军一项，所耗费即达三亿美元①。但内容不详，其数字上之悬殊，亦尚待考证。

5. 进出口银行贷款。按此项贷款有两笔，一笔已详前，另一笔为美金五亿六千万元，据一九四五年十一月二十九日《华尔街日报》所载，这笔贷款到一九四六年底将用去三分之二，其他内容不详。

以上所述各项经费，均在美帝战后扩张侵略总计划之中，其对世界各国反动派所作之援助总额，据美国新闻处编印之《新闻资料》，共为二百亿美元，包括国际货币基金，进出口银行贷款及其他银行私营贷款等②。另据美联社华盛顿通讯，“其中大部分，如货币基金，尚未动用”。因此美帝对蒋匪帮内战援助及训练等费，总占援助总额二百亿美元之中一相当部分，以战后租借物资贷款为例，在总数十二亿五千万元之中，蒋匪帮即曾得到六亿九千四百万元。由此类推，则此二百亿美元之中，其所获自不少。

综合这些外债，特别是对美国借款和租借物资的内容及数目字说明以后，最重要的是讲到它的作用。从美国方面说，美帝国主义者企图统治全世界，重整西德和日本的装备，加紧扩张军备，拒绝缔结和平公约等以实现它的“实力政策”。同时中国是美国垄断资本家企图独占的最大殖民地市场，为了推销剩余物资，为了追求资本家最大限度利润，积极支持蒋介石发动内战，向中国人民进攻。从国民党反动政府方面说，蒋介石卖国集团在美国援助下，违背全国人民的意志，于一九四六年七月向中国人民解放区发动了全国规模的反共反人民的战争，当时反动军队的兵力共有四百三十万人，但是所有这些美国借款与物资，不仅不能挽救蒋介石军队的溃败，而且一部分成为解放军的俘获品，改变敌我军队装备上优劣形势。伟大的中国人民解放军在辽沈、淮海、平津三大战役中，歼灭了蒋匪军的主力，取得了决定性

① 刘大年：《美国侵华史》，人民出版社 1954 年版，第 185 页。

② 《美国贷款金元二百亿》，美国新闻处编：《新闻资料》，总字 106 期，1946 年 7 月 9 日。

的胜利。中国人民在中国共产党领导下，经过四年的第三次国内革命战争，终结了帝国主义一百多年来的侵略和殖民政策，消灭了国民党反动政府二十二年来黑暗的反动统治。

第四章　本时期中路政借款（电政借款附）

第一节　本时期旧有各路外债情况

旧有各路外债，均由各外国银行与公司承借，或经理发行之借款及交付外国政府之国库证券，其属于此类之铁路外债，为北宁、平汉、津浦、平绥、沪宁、沪杭甬、正太、道清、广九、陇海、宁湘、浦信、同成、川粤汉、株钦、周襄及胶济各路对外所负之债务。在清政府时期订借铁路债款很多，外债几成为国有铁路资金之主体，当时各借款公司亦按照承借数目，发售债票，所有北宁、津浦、沪宁、沪杭甬、正太、道清、广九、湖广（并入川粤汉）、汴洛（并入陇海）等路借款合同，均自一八九八年至一九一一年所陆续订借者。第一次世界大战发生后，世界各国经济状况发生变化，因之所订借款，大都仅付少数垫款，其依照合同发行债票全额者，可谓绝无。株钦、周襄、宁湘、浦信、同成等路垫款，虽经用去，而路工停搁，损失很大。在各路借款合同中，举凡用人、行政、管理、经营无一不受全部或部分之限制。而这种痛苦到后来愈感觉严重，其因缘于当年合同而来者，可综合于下：

一、一定年限内铁路事业之管理；

二、铁路建筑工程事业之承办；

三、总工程师及会计主任之任用；

四、供给铁路建筑材料之优先权；

五、借款回扣利息，手续费（或名经理费）及纯益之享受；

六、担保品之攫夺，即以铁路财产及收入为担保，在一定期间后，中国如无力偿还，则债权者可以实行扣押；

七、借款概规定一定偿还之期限，如提前偿还，须外加二厘五之款额。

所有各路借款合同中，多包括上述数项，其偿还期限，一般由二十五年以至五十年。担保品除铁路本身的财产及收入而外，尚有以关盐二税为两重担保者。外债之实收额，通常由九〇以至九五之间，亦有低至八五者，利息大多数为周息五厘，此外对于经理债款之银行，有二厘半之手续费，利息在铁路建筑期中即由借款内先扣，营业开始以后，即由营业收入项下支付。同时对于债权者每年还给予一定之报酬（如津浦），或一次给与若干之报酬①。这些都是铁路外债的一般情况，各路之个别情况均已详前二编中。由此亦可从铁路外债中，证实帝国主义之侵略与铁路方面主权之丧失，实系多年来所造成的积重难返的形势，而不断的奴役与毒化之深，亦愈到后来愈形显著。

自一九二五年后，以反动政府之随时提用路款，与各路路局本身之腐败，因此各路之经济情况更形恶化，债务问题亦更形严重。自一九三五年起至一九三七年止，中经一个短时间之所谓整理，因此关于整个铁路外债之景况，有应分别叙述与说明者。兹将本时期中铁路外债整理情况，关于旧有各路者，分为下列三类②：

第一类　履行原订合同各债

1. 北宁路。本路债额计英金二百三十万镑，周息五厘，一八九八年二月由中英公司承借，委托汇丰银行代为发行，历年本息照合同履行。

2. 沪宁路。本路债额分两期发行，共计英金二百九十万镑，周息五厘，第一期一九〇四年七月，第二期一九〇七年七月，由中英公

① 《中行月刊》第14卷，第5期，第1~2页。

② 《中行月刊》第14卷，第5期，第3~12页。

司承借，委托汇丰银行发行。据一九二四年六月十日我国与中英公司签立之协定，此项借款自一九二九年至一九五三年分二十五期平均摊还，每年还英金一十一万六千镑。

3. 汴洛路。本路债额计法金四千一百万法郎，约合英金一百六十四万镑，周息五厘。第一次一九〇三年十一月，第二次一九〇七年，由比国铁路电车公司承借，在一九一五年第一次抽签还本时，商请延期还本五年，自一九二〇年开始，每年按期还本二百五十万法郎。

4. 胶济路。本路国库券债额计日金四千万元，周息六厘，一九二三年一月由中国出资收回该路，特发行是项库券，交与日本政府，其经理本息机关，为青岛、济南之正金银行，每年付息二次，期限十五年，自发行之日起，五年后（即一九二八年）可随时偿还库券全数或一部分。因赎路基金与应还之额相差尚远，故每年只付利息。

按以上四款所谓履行原约合同，即依照帝国主义者之要求照旧偿付，以履行其帝国主义代理人之职责。

第二类　已经整理各债的内容

甲、发行债票部分

1. 平汉路正金银行借款。此项借款计日金一千万元，一九一一年发行，其内容已详前。截至一九三五年六月止，计欠到期本金八百五十八万元，利息三百零三万元。其整理办法三项，由伪铁道部与正金银行双方商定。（一）积欠利息，自一九三五年起，分三年偿清，自第四年起，每年付还本金一期及其利息。（二）应付之款由部饬平汉路按全年数目，每月平均支付十二分之一。（三）本息支付日期，每年二次，原定一九三六年到期，自整理后延长十五年，由该路按月付款。截至一九三六年底止，已共付日金一百一十万零四千元。

2. 沪枫铁路借款。此项借款计英金三十七万五千镑，一九一四年二月发行，其内容已详前。截至一九三五年六月底止，计欠本金三十万镑，息金一万七千九百一十镑。其整理办法，由北宁路局自一九三五年八月份起，每月提拨英金五十镑，以备偿还之用。

3．津浦铁路借款及续发津浦铁路借款。此两项借款，内容均详前，截至一九三六年止，前一部分英国方面积欠本金一百一十五万六千二百五十镑，德国方面积欠本金一百六十六万二千七百八十镑。后一部分英国方面欠本金八十八万八千镑，德国方面欠一百六十六万二千七百八十镑。其整理办法商定如下：（一）自一九三六年至一九三八年三年之间，每年各付利息二厘半，自一九三九年起，按原合同规定，照付周息五厘。（二）自一九四〇年起开始还本，每年还付本金之数，以津浦路现金总收入为标准。最初三年，每年各拨付现金总收入百分之一，以后按年递增，直至还清为度，预计一九七六年，可将全部债票还清。（三）以往欠付之利息，由持票人承认放弃五分之四，其余五分之一，另行换发无利小票，自一九四一年起，分二十年摊还。（四）还本付息基金，由津浦路进款项下拨付，如遇不敷时，由财政部于关税余款内补足。

4．道清铁路借款。道清路借款原为八十万镑，截至一九三六年底止，计欠本金四十九万五千七百镑，所有积欠之本息，于一九三六年经伪铁道部与英商福公司，援照津浦路英德借款办法，商定如后：（一）利息自一九三六年至一九三八年三月间，每年各付利息二厘半，如三年内每年现金盈余足付债款本息时，利息增付为最高五厘，自一九三七年一月起已增付至五厘，自一九三九年后，每年概付年息五厘。（二）还本自一九三六年七月起分为二十七年时间偿清。（三）以往到期欠付之利息，持票人承认放弃五分之四，其余另发无利小票，俟二十七年后本金还清完毕时照付。

5．陇海铁路借款。按整理中之陇海路借款，共分五笔，一为一九一三年英金四百万镑五厘借款，二为一九二〇年至一九二三年荷币三千零七十五万弗罗令八厘短期债票，三为一九二〇年至一九二一年及一九二三年比币一亿七千三百七十四万三千法郎八厘短期债票，四为一九二四年华币五百万元八厘短期公债，五为一九二五年发行用以偿付一九一九年借款之法金二千一百二十五万法郎八厘短期债票。以上五笔，截至一九三五年底止，积欠各项本金折合国币约共一亿五千余万元，利息约合国币一亿余元。一九三六年八月经伪铁道部与比国公司商订整理办法如后：（一）自一九三六年七月一日起，第一年付息一厘半，以后每年递增半厘，至一九四二年付至周息四厘为止，以后概给周息四厘。（二）自一九四七年七月一日起，规定每年以平均数目之款项，用以还本付息，最多分三十五年还清，每年规定数目尽先付息，余以还本。（三）所有上述还本付息各款，应由西洛路及开海路两段之营业净数项下，尽先拨付。待将来汴洛段之一九〇三年借款及垫款清偿，及该线并入陇海路后，其盈余当移充上开各款还债基金。（四）一九三六年七月以前愆付之利息，全数取消。

6. 广九铁路借款。此项借款原额一百五十万镑，截至一九三六年底止计欠本金一百一十一万一千五百镑，其整理办法如后：（一）自一九三七年六月一日起，最初二十年内，债券利息，每年付给二厘半，以后付给五厘。但如在最初二十年内，广九路每年进款净数超过国币二十万元之数，则超过之数，应尽先用以增付利息，至最高五厘之数，其余则用以增加还本之数。（二）自一九三六年六月一日起，按年准备国币五十五万元，为还本付息之准备金。此数内之三十五万元，由伪铁道部于部款内划拨，其余二十万元，由广九路局拨付。自一九四一年六月起，由部再加拨二十五万元，以为还本之用，即准备金总数增至为八十万元。（三）自一九三七年六月一日起，准备金数内，除用以付息之外，以余数为还本之用。（四）欠息取消五分之四，其余则换给无利小票，小票自本金还清后，开始偿付。

7. 湖广铁路借款。此项借款债票系一九一一年四月六日发行，总额六百万镑，由英法美德各发行债票一百五十万镑。惟德国部分借款，自一九一七年对德绝交后，本息均停止付还。至一九二四年，按解决议定，仍按照原约如期清偿，所有还本付息事务，委托中国银行及交通银行经理。据一九三七年四月五日伪财政部铁道部所宣布之整理湖广铁路借款通告上所说："查一九一一年湖广铁路借款未还票额计英金五百六十五万镑，兹经拟定整理办法，将一九三七年及一九三八年内应付利息之利率减低，并将还本办法修改，至借款合同内其他各项规定，则仍其旧。"此项整理办法条件如下：

（一）一九三七年至三八年两年内利息，按周息二厘半付给，以后概照五厘付给。付息之款由铁路净盈余项下拨付，并以盐税为担保，由一九四一年一月一日起，以后到期利息并由关税担保，其次序由本通告之日起算。（二）一九四一年开始还本，自一九三七年起算，于三十九年内还清，按照颁发各经理银行之还本付息表办理。还本之款及偿付依照本办法第三条所发小票之款，由铁路净盈余项下拨付，如有不敷，由财政部主管税收项下补足之。（三）积欠利息由原定五厘改为一厘周单息计算，发给无利小票，其一九三七年、一九三八年间短付之利息，亦按五分之一发给无利小票。是项小票，于一九四二年开始偿付，约于二十年内偿清。除政府得保留将最先三年应付之数百分之五十以下，移并于最后三年之权外，其每年所付数目应大致相等。（四）此次整理办法，应分别令行海关总税务司、盐务稽核总所、中央银行、铁路管理局等遵照办理。

乙、未发行债票部分（借款及垫款）

1. 绥包铁路借款。此项借款原为日金七百万元，债票并未发行，即以该项债票票面全额，向日本东亚兴业会社抵借六百万元，除曾经偿还八十万元外，计欠本金五百二十万元。一九三五年四月由伪铁道部与东亚兴业会社订立整理办法如下：（一）根据息不逾本之原则，将截至一九三三年底积欠息日金一千一百九十九万元，并截至缔结协定之日止，所生之息，总括减为日金五百二十万元，以后不再计息，俟将来统一办理。（二）其原欠本金自一九三四年一月起，每月付还一万七千四百元，并按单利年息六厘，息随本减，本金还清后，再依次偿还六厘新息，自此项办法订立后，平绥路即遵照履行。

2. 南浔铁路借款。此项借款原额日金一千万元，分四次订立，截至一九三五年止，计欠本金一千万元，利息约八百余万元。一九三五年四月由伪铁道部派该路局长与日本东亚会社磋议整理办法，即于是月十二月签订协定书八条，其重要内容如下：（一）本金一千万元一律改按年息五厘，单利计算，其旧利息，不再计息，并减让一部分复息，约计日金一百六十余万元。（二）自一九三五年五月起，每月偿付日金七万元，尽先作为偿还借款本金之用，俟本金清讫，再依次偿付五厘新息及旧欠利息之用，但须于二十年内清还本利。（三）订约以后，每月由路局于一五加价运费项下，筹解国币一万五千元，由部凑足日金七万元转付。

3. 同成铁路垫款。此项垫款由法比两国铁路公司承垫，计英金七十七万零二百一十七镑，法金五百七十九万八千五百一十八法郎，原以发售债票之款（一千万镑），偿还垫款本息，嗣因欧战影响，债票未曾发行，而垫款全数为财政部所挪用，截至一九三五年一月止，积欠英金一百三十一万镑，法金九百六十余万法郎。一九三五年五月由伪铁道部与法比两国铁道公司商定解决办法如下：（一）将积欠本息总数，减至四折八五，利息改为按年二厘单息，每半年由部拨付二十万元，分偿英金法金部分，并尽先偿还本金，俟本金付清，再付利息。（二）自一九三五年起，每年五月及十一月，由部拨付。

4. 宁湘铁路垫款。此项借款合同，原为英金八百万镑，嗣以欧战发生，债票未能发行，仅由英国华中铁路公司交付垫款两部分，计库平银二百万两，规银四十八万六千两（截至一九三七年时，两部分垫款本息积欠至六百一十万元）。一九三七年五月十三日由伪铁道部规定整理办法，并咨送英使馆存案：（一）宁湘路垫款中用以收购株萍路之库平银一百万两之本息，整理为国币二百五十万元。由浙赣铁路株萍段进款内无利分期偿还。最初五年内每年偿还十万元，以后五年内每年偿还十五万元，以后每年偿还二十万元，至全数偿清为止。上列每年应还数目，按年分四季付交中英公司。其第一次应付之二万五千元，定一九三七年七月一日照付。倘株萍段进款不敷偿还上列数目时，其不敷之数，由伪铁道部担保照付。（二）宁湘路垫款之其余部分，计库平银一百万两，又上海规银四十八万六千两之本息，整理为国币三百六十万元。伪铁道部拟请中英公司自承办建筑京赣铁路或现正筹商之广九铁路之延筑线之借款净数内扣还偿清。惟因上项借款之发行，未能决定，改由伪铁道部就此项垫款本金之数，即国币二百二十万元，允给常年一厘之利息，每半年照付一次，其第一次付款于签字后六个月之杪行之。上列办法应认为整理宁湘路垫款全数之办法，其原有之宁湘路借款合同即视为作废。

按以上十一款，所谓整理办法，实不过经过一番协商，延期缓付，东挪西扯，以还旧欠，甚至从关盐两税方面和加增铁路运费方面支付，以增加人民的负担。

第三类 尚未整理各债

1. 浦信铁路垫款。此项垫款共两项，一为一九一三年十一月至一九一六年四月，由英国华中铁路公司陆续垫付之英金一十九万八千九百七十二镑。二为一九一六年一月至十月由该公司垫付之英金八千六百四十六镑。本垫款以无特殊担保品，故本金完全未付。

2. 株钦周襄铁路垫款。此项垫款系一九一六年九月由美国裕中公司分三次垫付，共计美金一百一十五万元。

3. 包宁路购料国库券。此项垫款，系一九二二年旧交通部拟展筑平绥路包头至宁夏段之铁路，向比国营业公司订借，为购买本段所需材料之用，共计英金八十万镑。

按以上四款，由于帝国主义者本身，根本未照原订合同履行，自无所谓整理。

第二节 本时期新筑各路债务情况

（一）新路建筑经费之分析

本时期中新筑各路的资金来源，有一特点，与过去不同者，即外资与内资之参合，此系当时官僚资本家与国内银行团势力扩大之结果，也可以说国内资本家与外国资本家相勾结之具体表现。若把一九三二年至一九三六年新筑各路之资金，加以分析，其来源有五：一为当时反动政府发行的国内公债；二为银行的借款；三为中英庚款；四为铁路局自筹；五为省政府自筹。反动政府所发行的国内公债有四：一为第一期铁路建设公债一千二百万元；二为玉萍铁路公债一千二百万元；三为六厘英金庚款公债一百五十万镑，约合国币二千万元；四为第二期铁路建设公债二千七百万元，合计为七千一百万元。银行借款有五：一为杭江路借款六百万元；二为江南铁路公司债抵押借款三百万元；三为淮南铁路借款三百八十万元；四为钱塘江铁桥借款二百万元；五为沪杭甬路借款一千六百万元，合计为三千一百九十万元。中英庚款会的借款有杭江路金玉段借款三百五十万元一项。浙江省政府自筹之建筑费有二：一为杭江路江南段三百四十万元；二为钱塘江铁桥五十万元，合计三百九十万元。至陇海路自筹之潼咸段工程费，及山西省政府所筹之同蒲铁路工程费共拨若干，未见公布，但合计至少有一千万元。以上五项中，用公债为抵押之银行借款除江南铁路公司一笔而外，其他尚不在内，总计已达一亿二千万元，其中沪杭甬路借款中之八百万元为中英银公司之投资，及以中英庚款为担保所发之六厘英金公债，一部分为外商银行承受，纯属外债之性质，其余均为国内之投资①。按此种投资发达之原因，实为本时期中铁路借款之特征，亦系改变过去之习惯。在过去，某路债款即以某路财产与收入为担保，到此时期中，所有铁路债款系以伪铁道部管辖内整个之国有各路盈余为担保，因此债务本息之支出，不受任何一路之限制，而且能得到一确切之保障，这一点对于官僚资本家与国内银行团，目的只在争取利润而不在强夺路权者自更有利。其次，在资本来源中，外资之势力仍相当的大，因铁路上所需之材料，多属当时国内所不能生产者，此项材料既均取自国外，故外资亦乘机而入，而且予外人以推销铁路材料之机会。此系就新路建筑经费中说明其资金之各种来源与变迁之情况。

（二）新的铁路公债之募集

按照上面所述，新路之资金来源，首先与发行公债有相连之关系。在一九三六年时，伪财政部在发行统一公债与复兴公债十八亿元之后，复与伪铁道部合发第三期铁路建设公债一亿二千万元，以为修建湘黔川桂干线，及延长陇海、正太、平绥、胶济四路之用，以国有各路收入与其他债务余款为担保基金，周息六厘，已经伪中央政治会议及伪立法院先后通过，定于一九三六年三月一日发行。按铁路方面

① 《中行月刊》第12卷，第1、2期，第69～70页。

之内国公债，当以一九三四年（民国二十三年）第一期铁路建设公债一千二百万元，玉萍铁路建设公债一千二百万元为起点，及发行第二期铁路建设公债二千七百万元，则已超出上述二项公债之总数。第三期铁路建设公债一万二千万元，虽分三期发行，即一九三六年、一九三七年、一九三八年之三月一日，各发行四千万元，然总数又较上述三项公债之总数，超出一倍有余。当时财政收入以关税盐税统税收入为大宗，但此尚不够军事与行政经费之用，故铁路建筑经费仍无着落，只有发行公债之一法。以前述六千公里之新路，及约有四千公里之支线与延长线，共计在一万公里左右，工料费用至少需五亿元，如定于五年内完成，每年需发公债一亿元。当时募集内债之情况，与过去不同，即内债是可以募集的，问题在于是否有五亿元之固定收入为担保。如有确实担保之条件，则国内银行团自有承募之能力。因此解决担保问题，为当时财务问题中之最重要的关键。当时有人建议，谓庚子赔款，截至一九三六年为止，尚欠本息余数约为六亿元，若以全部庚子赔款为基金（因为它有关税收入担保），每年发行内外债各六千万元，分五年发行，内外债共计六亿元，以半数供建筑新路之用，以半数供已成各路之延长线支线及整理路产之用，以外债部分购料，内债部分施工，更以新旧各路之全部财产及营业收入为担保，则自为中外资本家所欢迎。这种建议，虽未获全部采用，但已有部分之实现。此项铁路公债，国内外均有承募者，并非完全内债。此系就铁路公债说明内资与外资之互相结合，以及庚款所起之作用。

附：一九三〇年至一九三七年间所发行的铁路公债表①

名　称	债额(元)	周息%	担　保	用　途	发行年月	备　考
铁道部收回广东粤汉路公债	20,000,000	2	以广韶段及广三段为抵押	收回广东粤汉路民有股票	1930.1	粤汉路广东一段,原属商办,共计500万股,合广东毫银2,500万元,约国币2,000万元。
六厘英金庚款公债	1,500,000镑	6	英庚款	完成粤汉路补充建筑基金	1934.6	规定专完成粤汉路,不得移作别用。
成完沪杭甬铁路公债	1,100,000镑	6	沪杭甬路收入	建筑钱塘江桥及还垫款	1936.5	
玉萍铁路公债	12.000,000	6	江西地方盐税附捐项下每年193万元	修筑江西玉山至萍乡铁路	1934.6	自1915.11—1939.5,每次还本60万元;1939.11—1941.5,每次还本84万元;1941.11—1943.5,每次还本96万元。
第一期铁路建设公债	12,000,000	6	国有铁路余利	修筑江西玉山至萍乡铁路	1934.5	与前项共计2,400万元,一半向中国银行团抵借800万元,一半向德国铁厂抵押800万元,作购料之用。

① 《中行月刊》第14卷,第6期,第5~6页。

续表

名称	债额(元)	周息%	担保	用途	发行年月	备考
第二期铁路建设公债	27,000,000	6	同上	修筑南昌至萍乡一段铁路	1936.2	此项公债一半向中国银行团抵借1,000万元,一半作为德商材料借款1,000万元之抵押。
第三期铁路建设公债	120,000,000	6	新路余利及国有其他各路偿还债务以后之余利及财政部补助金	兴筑湘黔川桂等干线及补助平绥陇海正太胶济展长路线	分三次;1936.3 1937.3 1938.3	第一次4,000万元系八折向国内各银行抵押借款
京赣铁路建设公债	14,000,000	6	先由借款项下扣还,再由该路营业收入拨还。	兴筑宣城至贵溪铁路	1937.1	由交通等八行抵押借款1,400万元
粤省铁路建设公债	2,700,000镑	6	息金由财政部于粤区增收盐税项下拨还,本金由铁道部于广梅路营业收入项下拨充,不足时由铁道部补足。	兴筑广州至梅县铁路并海南铁路	1937.5	以此债票向外商抵借4,000万元

(三)新路借款之中外各债权机关及建筑铁路贷款①

债权者	债额(元)	抵押品	用　途	订立年月	备　考
奥托华尔夫铁厂及中国银行团	16,000,000	1934年第1期铁路建设公债1,200万元玉萍路公债1,200万元	建筑玉南铁路	1934	由奥托华尔夫铁厂供给材料由中国银行团供给建筑资金
同上	20,000,000	1936年第2期铁路建设公债	建筑南萍铁路	1936	同上
捷克铜铁公司及中国银行团	捷克 6,000,000	由浙赣路局分6年还清由铁道部担保	杭玉段掉换重轨	1937.1	
	中国银行团 2,800,000	以杭玉段客货收入为担保	同上	1937.1	
比国电车铁路公司	450,000,000 比法郎 (约国币 5,000万元)	宝成路收入及汴洛段收入中除旧债外余数,由铁道部保证。	修筑宝鸡至成都线	1937.1	由比国公司供给材料

① 《中行月刊》第14卷,第6期,第7~8页。

续表

债权者	债额(元)	抵押品	用　　途	订立年月	备　　考
德商费洛斯托佛立德、克虏伯、斯搭尔联合出口贸易公司及奥托华尔夫铁厂	40,000,000	湘黔路之财产及收入为担保并由德方委托中国银行为信托人，以1937年发行之铁路公债为担保品。	此项借款又分成二项，内中3,000万元建筑株州至贵阳之新路线，其余1,000万元修理平汉路黄河桥。	1936.12	按此项借款系依照信用方式由德商供给材料
法国银团(中法工商银行代表)	34,500,000	成渝路营业收入并由铁道部保证及铁路建设公债1,000万元	建筑重庆至成都路线	1936.12	成渝路预定1937年2月开工，建筑费约需5,450万元。其中2,000万元由川黔铁路公司担任(1,100万元系中国建设银公司承募之商股，其余900万元由铁道部与四川省政府分担)。其他3,450万元由法国银团承借，均系料价与运费，只700万元为现款。
中国银行团	14,000,000	以京赣路建设公债1.400万元为抵押	展修宣城至贵溪一段	1936.12	由交通、中国农民、金城、大陆、盐业、中南、四行储蓄、浙江兴业、四行信托九行分担，以金城为总代表。
汇丰银行	450,000镑	规定自1937年起至1946年止归还中英庚款之本息	借用完成粤汉路的借款，修筑京赣铁路宣贵段。	1936.12	向英国厂商赊购材料
英庚款董事会	450,000镑	基金同上	用途同上	1936.12	同上
中英银公司	800,000镑	铁道部担保	充改革沪宁路各项设备	1937.6	

从这个表中，可以见到下列几种情况：第一，官僚资本家国内银行团与外国银行外国厂商之密切的联系，以及外资在铁路借款方面，仍占相当之势力。第二，本时期中官僚资本家与国内银行团势力之扩大。第三，铁路借款与债权机关今昔情况之不同。

第三节　本时期中铁路与铁路债务情况的小结

综合本时期中之铁路方面情况而观，可归纳为四点：第一，在很长之时间内（即一九二七年至一九四九年），新修之路很少。在当时有一个很短的时间（即一九三一年至一九三七年），虽名之曰铁路兴筑高潮期间，但路线之豫定者多，有许多并未开工建筑。口头上虽说秉承孙中山的实业计划，要在五年内建设六千公里之铁路（把孙中山的十万公里缩成为六千公里），而事实上即此六千公里之铁路建设计划，亦系一张空头支票，并非切实执行，不过在预算中，每年提出一项规模较大之建设专款，用以骗人，究竟此款挪作何用，不得而知。第二，对于过去的外债，反动政府不仅承认，而且亟力整理，名为顾全"信用"，实则仰承帝国主义者之意旨，尽其做一个忠实的帝国主义代理人之职务。这种行动是卖国政府前后一贯的政策，债务虽分成旧债新债，但前一时代的外债与后一时代的外债是相连的，因此债台高筑，各路营业收入，以之清还债务，尚苦不够，更无余力以展修新路。第三，以官僚资本主义之日形发展，其在银行方面，有核心，有卫星，势力一天一天的膨胀，所以亦有银行团之组织，并与外国银行及外国厂商相结合，以榨取和剥削中国广大劳动人民之膏脂，求获得最大限度之利润，即手续费利息而外，还要从铁路购买材料方面攫取一批。原来内债与外债是有分别的，本书只叙外债，但到了这个时期，外债与内债是有连带关系的，因为外国资本家与中国官僚资本家是联系的，并且外国厂商即委托中国银行家为信托人。第四，美帝国主义者势力之扩张，在本时期后一段落中，非常显著，这是应当特别注意的。例如中美成渝铁路借款协定，中美川滇铁路借款协定，以及中美粤汉铁路协定等，均系与其他资本主义国家原订有合同，后来由美国抢夺者。这是表明资本主义各国发展不平衡的进一步加强，帝国主义阵营内部矛盾的尖锐以及美国垄断资本势力的增长。

第四节　电政借款

（一）本时期中电政方面的一般情况

电政有电报、电话、陆线、水线、有线、无线之分，其中以陆线电报开始最早，创于一八七九年（清光绪五年），水线电报专用于国际间之通信，向由外商公司办理（一九三四年始收回一部分），无线电报则以一九一八年三井洋行无线电借款开其端，但无所成就。到本时期中，即一九二七年时，伪建设委员会自行设厂制造无线电机，并设立无线电台。一九二九年由伪建设委员会划归伪交通部集中管理，复于一九三〇年成立国际大电台，为中国自办国际直接通讯之始。至市内电话以一八八二年（清光绪八年）之上海电话为最早（中日合办），长途电话则发创于京奉线，而无线电话则始于一九三二年之美国马凯公司报务合同，后即利用该项电报机件，开始国际间之通话。综合本时期中电政实况及其过程，可分为四项叙述。

一、局台合并。伪交通部自一九一九年统一无线电管理权后，即着手调整有线无线电报的行政，第一步即合并营业，惟各局各台之经济仍各自独立。首将收发处合并，或互相收报，其他行政事宜统由电报局长指挥监督。自一九三四年五月试行于上海，至十一月复推行于北平南京天津汉口四处，其他各地概从合并收发处着手。

二、邮电合设。一九三四年三月十五日伪交通部仿照局台合并原则，先在苏浙冀平沪五省市实行邮电合设办法，将三等以下之电报局台，一律与当地邮局合设，各地邮政支局应普设电报收发处，电报局台亦须设立邮政支局，并于一九三四年五月底全部实行。一九三五年复与伪铁道部筹设各地车站邮电代理处，首由上海电报局与沪宁沪杭甬两路管理局共同筹备，由上海北站，苏州，无锡，武进，镇江，南京下关，上海南站，杭州城站，嘉兴等九站先行试办。

三、收回沪烟沽水线管理权。上海烟台大沽间，有沿海水线电报四条，原系中国所有，惟其中上海至烟台水线一条，烟台至大沽水线二条，因系外商大东、大北两电报公司垫款敷设，经由前电政主管机关委托该两公司代管代营，订有合同。到一九三〇年底满期，本有改订合同之议，因该公司用延宕方法，拒绝修订。至一九三四年五月伪交通部始决定收回自办，特另筹款项，将该公司所垫款项之未还清余数一次付清，于五月二十日接收，该二公司之直接收发电报权，遂完全取消。

四、九省长途电话。长途电话向由各省各自为政，彼此不能联络，因有苏、浙、皖、赣、鄂、湘、豫、鲁、冀九省长途电话联络之议，除利用已有之长途电话外，复以南京为中心，新建南京汉口、南京北平、南京杭州、徐州郑州四大干线，并汉口长沙、九江南昌、青岛济南、天津山海关等四支线，以南京为总台，先从南京杭州、南京芜湖、南京徐州之已完成段开始通话，关于沪粤间长途电话之上海电台，亦于一九三五年九月完成①。

（二）本时期中电政方面的债务情况

（甲）伪交通部所负之债务

子、未偿还之旧债（即一九二八年以前所订者）

1. 中日实业公司武汉电气工程借款。英金九万三千零十镑，年利七厘，起债期一九一六年一月。

2. 中国电气公司各种报话料欠款。美金一百九十六万九千九百七十六元，规银六千二百零二两，年利七厘，起债期一九一八年九月至一九二一年十一月。

3. 马可尼公司迪喀兰无线电台垫款。英金十七万零三百七十六镑八先令一便士，年利八厘，起债期一九一八年十月。

4. 中日实业公司扩充电话借款。日金一千万元，年利八厘，起债期一九一八年十月。

---

① 《中行月刊》第12卷，第3期，第56页。

5. 中日实业公司材料团电话材料欠款。日金四百六十六万一千一百八十八元七角八分，年利八厘，起债期一九一九年六月及十月。

6. 东亚兴业株式会社有线电报工程费垫款。日金一千零二十二万二千零二十元四角七分，年利九厘，起债期一九二〇年二月。

7. 西门子电机厂北平电话西分局扩充机料款。美金十八万九千八百四十元，年利九厘，起债期一九二三年十二月。

8. 津银行团天津电话局扩充营业第一次借款债券。国币二百五十万元，年利九厘，起债期一九二五年五月。

9. 津银行团及巴黎西门子两电机厂扩充天津电话局第二次借款。国币一百七十二万九千零四十八元，月息一分二厘，起债期一九二六年八月。

按上述九项借款，前七项属于外债范围，后二项属于内债范围，但第九项仍有外资之关系。

丑、本期中之新债（即一九二八年以后所订者）

1. 津大陆银行天津电话局扩充营业加工工程垫款。国币四万九千三百元，年利九厘，起债期一九二八年五月。

2. 中国自动电话公司首都自动电话借款。美金七十三万零一百九十八元，年利八厘，起债期一九二八年十一月。

3. 西门子电机厂武汉自动电话借款。美金九十二万六千元，年利七厘五，起债期一九二九年六月。

4. 中国自动电话公司上海自动电话借款。美金五十七万元，年利七厘，起债期一九二九年六月。

5. 中英庚款委员会添购国台借款。英金五万镑，年利五厘，起债期一九三二年十二月。

6. 中英庚款委员会办有线电报机及电话机料等借款。英金二万镑，年利五厘，起债期一九三三年八月。

7. 中英庚款委员会无线电报话机料借款。英金四万八千镑，年利五厘，起债期一九三三年十一月。

8. 南京中央银行津济长途电话透支款。国币三十万元，年利一分，起债期一九三四年一月。

9．邮政储金局整理南昌市电话借款。国币二十二万元，年利八厘，起债期一九三四年三月。

10．邮政储金汇业总局京沪长途电话专线工程押款。国币四十万元，年利八厘，起债期一九三七年八月。

按上述十项借款，除第一、第八、第九、第十等四款而外，均属于外债范围。

（乙）伪建设委员会所负之债务

1．电气事业长期公债。国币一百五十万元，年利六厘，起债期一九三〇年一月。

2．电气事业短期公债。国币二百五十万元，年利八厘，起债期一九三〇年一月。

3．（甲）电气事业购料借用中英庚款。英金五万五千三百一十二镑六先令八便士，年利五厘，起债期一九三一年十一月。

4（乙）电气事业购料借用中英庚款。英金八万四千六百八十七镑一三先令四辨士，年利五厘，起债期一九三一年十月。

5．扩充整理首都电厂线路借用中英庚款。国币十万元，年利五厘，起债期一九三一年十一月。

6．扩充整理首都电厂线路续借用中英庚款。国币四十万元，年利五厘，自一九三四年四月起分期借用。

7．上海各银行借款。国币三百万元，月息九厘，自一九三四年一月及四月支用①。

按上述七项借款，除第一、第二及第七项等外，均属于外债范围。

① 贾德怀：《民国财政简史》上册，第315～319页。

中国财政小史目录

自序 …… 259

第一章　第一时期(秦以前) …… 261

第一节　财政原则 …… 261

第二节　财政组织 …… 264

第三节　租税制度 …… 266

第二章　第二时期(秦汉至南北朝) …… 269

第一节　富国政策 …… 270

第二节　财政组织 …… 272

第三节　租税制度 …… 273

第三章　第三时期(隋唐宋) …… 277

第一节　财政家 …… 277

第二节　财政组织 …… 284

第三节　租税制度 …… 286

第四章　第四时期(元明清) …… 294

第一节　财政上整理之方案与典籍 …… 295

第二节　财政上之组织 …… 298

第三节　租税制度 …… 300

自　序

十年来常专就经济史一方面研究，顾不敢以编史之事自任，不过想就各国经济史大著作中，细审其如何分类，如何整理材料之种种方法，初治克林亨（Cunningham）之《英国工商业发达史》，艾殊雷（Ashley）之《英国经济史》，齐彭尔（Seebohn）之《英国乡村》等书，自觉兴趣勃然，旋就德国俞鲁雪（Roscher）之《德国经济学史》司德格（Inama－Sternegg）之《德国经济史》，毕雪（Bü-cher）之《经济发达史》等读之，对于整理与分类方面，更觉条理析然，增益不浅，后又参考法国勒瓦舍（Levasseur）之《法国工人及实业史》等书，似更引人入胜。在此研究时期中，忽得到一种教训，即就德国俞鲁雪之著作中，得到一简明之德国经济史分类法，而此分类法，乃十年前，自编中国租税史时，所认为无法解决，并自觉其区分之不妥者。在十年前，虽然时爱读史书，颇有志于中国史料之整理，顾力量之不足，与方法之不谙，自己亦深深觉到。乃无意之中，忽见他人整理材料之法，其对学史方面之贡献，可以资人仿证者，实有过于《宋儒学案》、《明儒学案》之所昭示于后人者。其第一步先将德国各时期经济思想，分为三类，（一）经济思想，受支配于伦理方面时之景况，（二）经济思想，受支配于财政方面时之景况，（三）经济思想，受支配于科学方面时之景况，以后再条分缕析，使人易于了解，并觉得途途是道。当时伏在图书馆书案下，即想到此种分法，何尝不可适用于中国财政史方面，在秦汉以前，谈财政者，实受正谊明道之学说所影响，秦汉以后，直至五口通商，完全受裕国利民之政策所影响，五口通商以后，经济社会，变化甚大，此种变化，与前完全不同，故财政方面之情形，亦非前此所可想望，而种种财政上大问题之计划与编制，如预算问题、公债问题、租税问题、币制问题等，均非依照科学上之方法去研究，必至茫无头绪，紊乱达于万分。愚不自揣，斯时颇有编制中国财政史之计划。窃以为苟有方法，未始不可按步进行，且财政史虽为经济全史中之一部分，顾此部分，实与国民经济，关系密切，兼负领导与救正之责，诚能如此寻出一番头绪，则一隅之助，未始无益。顾一人之力究竟有限，而材料之整理与收集，实有穷年不能竟其功，终身不能毕其业之苦况。且有许多材料，同时非自编统计表不可，一方面要加以辨别，一方面要新制图表，即此初步之工作，已使著者感到许多新困难，而不能不希望于将来者。此种小史之作，原非初意，急就之章，更违夙愿，且受百科小丛书字数之限制，实有削足适履，大题小做之苦。爰就史实中之荦荦大端，略为陈述，并就拙旧著《中国租税史略》中，略为删节，字数已近三四万，在百科小丛书之原订计划中，似已嫌过多，但史实只叙到清末为止，民国尚无一字叙及，故只能名曰编史之商榷，实不能名曰史，挂一漏万之处，在在均不能免，但冀因此小本，而使原来之计划，有实现之一日，（德国司德格之《德国经济史》亦先出一本），并望借此小册，而引起读者之指教，使能成其大者远者，是则著者之所切望者也。

民国二十年八月二十二日

第一章　第一时期（秦以前）

按秦以前之财政状况，就散见于各古籍中者而言，有两点为研究财政史之最大困难者。第一，古时著作，不尽可靠，与其附会，不如阙疑。若尽搜集此项可疑之著作，作为财政史中之材料，则一旦作伪之证据出现，此傅会之罪，将无可逃，财政史之价值，亦因而减。第二，从科学方面与进化公例言之，古代财政之事实，要皆不免于单简；而中国人士之以古代为黄金时代者，处处皆吹扬古代之如何完备，规模如何宏大。凡后人之述及古代事实者，亦咸根据此种观念。集此二因，实予今日研究专门史者以莫大困难。著者原意研究古代财政，不妨从秦汉以后叙起，留此上古一段事实，作为疑案，以待别项科学之发明。后以秦汉以后之事实，亦有与三代相贯连者；秦汉时人之理想，更有与三代时人相关切者。以此种原因之故，遂就古书中之比较可信者，择其特点略述之，作一有系统之研究，并由此表示其由简入繁之情形。其可疑者，则概付阙如，或另加以解释。决不敢摭拾一二可疑之语，而加以傅会于其间，徒博信古与阐扬古化之名，而使真正之科学史，反因此而晦涩。

第一节　财政原则

一时代之财政状况，每受一时代之学说所笼罩。以古代社会之单简，士以箪食瓢饮相尚，家以环堵萧然为高。影响所及，其对于国家之财政，亦以节用与从简，为最相宜；而当时财政上之各种支配，暗中实受此类学说之指使。故先述当时财政上之各种原则。

上古时代之事实，与上古时代之制度，多不可得而传。即或有之，亦多传闻失实之谈，与后人之所傅会。但上古时代之书籍，备述古圣贤之嘉言懿训者，则尚不少。换言之，即事实方面之纪载虽缺，言论方面之纪载犹存。即或不全，亦尚有可读者，所谓“诗书虽缺，然虞夏之文可知也。”（语本史迁《伯夷列传》。）兹故先就古籍中之关于财政上原则者，而记之于此。不宁惟此而已，古代之制度，多为后人所假造，所放大，与进化原则，及经济社会由简入繁之理相冲突。但就古人之所口述者而观之，则单简之情形，处处尚可考见。孟子口中之井田制度，亦与后人所托撰之《周礼》大不同。与其据后人之书，以述上古财政制度，尚不如据古人之片言只语，以考证当时之制度为宜。故先述财政上之原则，以表示其在研究古代财政地位上之重要。

（一）关于税收方面者

均税说。孔子曰：“不患寡，而患不均。”孟子曰：“欲轻于尧舜之道者，大貉小貉也；欲重于尧舜之道者，大桀小桀也。”

税源说。孔子曰：“百姓不足，君孰与足。”

租税制度说。孟子曰：“取诸民有制。”

反对预征及征税官吏苛敛之诗“硕鼠硕鼠，无食我苗，……。”

按古之所谓均，虽与今日之所谓均者不同，古之所谓制，虽与今日之所谓制者有别；但古之土地单税，古之制也；古之什一，古之均也。在最初之古代社会中，其立制易，其求均也亦易。至孔孟之时，各封建下之地方政府，已有国用不给之象，税收之混淆，已露端倪。就孔孟之言观之，已有不均不足之象，再证之以硕鼠诗，当时人民之痛苦，已可想见矣。故此寥寥数语，实可考见春秋战国时之财政状况。

（二）关于国用方面者

节用说。墨子曰：“圣人为政一国，一国可倍也。大之为政天下，天下可倍也。其倍之，非外取地也，因其国家，去其无用之费，足以倍之。圣王为政，其发令兴事，使民用财也，无不加用而为者。

是故用财不费，民德不劳，其兴利多矣。……去无用之费，圣王之道，天下之大利也。”（节用上）又曰：“古者圣王制为节用之法，……制为饮食之法，……制为衣服之法，……制为节葬之法，……诸加费不加于民利者，圣王勿为。”（节用中）节用下缺，其节葬、非乐、非攻诸篇，均由此引出。

孔子曰：“道千乘之国，节用而爱民。”又曰：“礼，与其奢也宁俭。”

荀子曰：“足国之道，节用裕民，而善臧其余。节用以礼，裕民以政，彼裕民故多余。裕民则民富，民富则田肥以易，田肥以易，则出实百倍。上以法取焉，而下以礼节用之，余若丘山不时焚烧，无所臧之，夫君子奚患乎无余。故知节用裕民，则必有仁义圣良之名，而且有富厚丘山之积矣。此无他故焉，生于节用裕民也。不知节用裕民则民贫，民贫则田瘠以秽，田瘠以秽，则出实不半，上虽好取侵夺，犹将寡获也；而或以无礼而用之，则必有贪利纠矫之名，而且有空虚穷乏之实矣。此无他故焉，不知节用裕民也。”（富国篇）

按儒墨二家之教义，极不相同，而关于节用方面之意见，则一致。墨子节用即兴利之说，尤与今日谈财政学者减少支出即增加收入之见相合。同时制为各法，举国以节用相风，并力主非攻，减少战费，力主节葬，使国无废地，于国用方面，自不无少补。儒家向主以礼乐治国，而礼之界说，则主敬而不主奢。并以宁俭二字，昭告后人。最重要之“礼”，尚如此，其他则又何说。但墨子与孔子之言，均从消极方面讲，若荀子则以节用裕民与兴国并谈，其意义似乎更广。

（三）关于国富方面者

生财说。《记》曰：“生财有大道，生之者众，食之者寡，为之者疾，用之者舒，则财恒足矣。”吕氏释之曰：“国无游民，则生者众。朝无幸位，则食者寡。不夺农时，则为之疾。量入为出，则用之舒。此四者，理财之要目，治平之至理也。”

富国说。荀子曰：“轻田野之税，平关市之征，省商贾之数，罕兴力役，无夺农时，如是则国富矣。”

反聚敛说。“我能为君辟土地，充府库，”孟子斥为民贼。又曰：“与其有聚敛之臣，宁有盗臣。此无他，不以利为利，以义为利也。”

综上三说，一方面反对聚敛，一方面又举出生财与富国之法。古时经济社会单简，民以食为天，国家之所取于民者，亦出于农；国家财政与国民经济，实均专注于此一点上。苟政府不夺民时，人民均努力南亩，则国与民均受其赐，而无不足之患。

以上所举，虽不能尽，但就此各家之学说而观，则单简之情形，与农业社会中之财政状况，亦可想见一二。且政务不繁，则国用不大。国用不大，则取给易足。而其所取给之源，又专在农，故为国家财政计，只有积极的提倡农业，消极的主张节用，为独一无二之方法。学者间之见解，容或不同，而经济社会之情形如此，要莫能改变而不之顾，此从当时之学说中，而可考见当时之财政实况者。学说既根源于事实而来，故知其影响所及，使各种制度之与财政相关者，均受其支配，在若干年之内，而莫之能变者也。

第二节　财政组织

财政上之分权制　秦以前之中国政治，原来为封建制度。封建制度之特色，为地方分权。地方分权之关于财政方面者，为天子与诸侯各有其财。天子取于畿内，所谓甸服有米粟之输是。此项米粟之输，即专供天子之用，即中央政府直接所征收之税也。封地以内，为诸侯之所有。诸侯自用而外，另有以贡于天子，所谓八州有责是。贡以供天子之用，即各地方政府，将其所征收之赋税之一部分，以贡诸中央是也。贡与赋之制，就《尚书·禹贡》上所规定：冀州厥土白壤，厥田惟中中，厥赋上上错，田为第五，赋为第一，而杂出第二等之赋。兖州厥土黑壤，厥田惟中下，厥赋贞，田为第六，赋为第九，作十有三载乃同。青州厥土白坟，厥田为上下，厥赋中上，田为第三，赋为第四。徐州厥土赤埴坟，厥田惟上中，厥赋中中，田为第二，赋为第五。扬州厥土惟涂泥，厥田为下中，厥赋上下，田为第八，赋为第三。豫州厥土惟壤，下土坟垆，厥田为中上，厥赋错上中，田为第四，赋为第二，而杂出第一等之赋。梁州厥土青黎，厥田惟下上，厥赋下中三错，田为第七，赋为第八，而杂出七等九等之赋。雍州厥土黄壤，厥田上上，厥赋中下，田为第一，赋为第六，九州之地定垦者，九百一十万八千二十顷。贡与赋之源，均出自田，故述赋之时，不得不兼及田。至九等之差，乃因九州地有广狭，民有多寡，其赋税所收入之总数，自有不同，不可以田之高下而准之。计其所入之总数，而多寡比较，有此九等。冀州之赋，比九州为最多，故为上上。兖州之赋，比九州为最少，故为下下。其余七州皆然。非取于民之时，有此九等之轻重也。按甸服有米粟之输，即指王畿之内五百里是。此五百里之内，又就道路之远近，以定品类之粗细，百里赋纳总，二百里纳铚，三百里纳秸服，四百里粟，五百里米是。

在此时期中，关于财政上之组织，照周礼所载，其完备之处，实有为随后各时期所不及者。例如管理财政之官吏，在天官范围以内者，有太宰，小宰，宰夫，职纳，职岁，职币，司会，司书，太府，玉府，内府，外府等。在地官范围以内者，有大司徒，小司徒，载师，闾师，县师，遂人，遂师，廛人，泉府等。苟按此官名，再加以傅会，则财政部、审计院、国库、金融监理局等机关，燦然皆备。再如制用之法，有邦都之赋，以待祭祀。邦中之赋，以待宾客。山泽之赋，以待表纪。关市之赋，以待王之膳服。邦甸之赋，以待工事。邦县之赋，以待币帛。四郊之赋，以待稍秣。家削之赋，以待匪颁。币余之赋，以待赐予。若照今日之名词，以推考《周礼》上之办法，是今日所办不到之预算制，二千年以前即已有之。他如会计之制，如司会所管，调剂市面之法，如司市所管，均为今日所办不圆美，而二千年前即已见之者，谓非一般人士之理想上所造而何？故此项组织，均出于《周礼》上者；以《周礼》一书之经多人指驳，因此此项组织之是否成立，亦在疑似之中。本段虽略述其大概如此，其详细情形，则均从略，学者为参考计，可参阅《周礼天官地官》二篇可也。

第三节　租税制度

古时经济社会单简，因田制赋。其所以制赋税者，谓公田什之一。故当时言租税者，必不能离田制。而井田之制，一方面虽为田制，而其他一方面，是可视为税制。田制与税制，在今日虽大有分别，不容混乱，而在古时之因田制赋者观之，则税既专出自田，一制度之可以为税制者，同时自亦可以为田制。井田之制，表面上虽似乎极繁杂，实则繁杂之说，均出自《周礼》，本篇悉屏而不录。自著者观之，古时田产私有制度，尚未萌芽，在公田制度之下，必有以供政府之用者，什一之征，由此而起。贡也，助也，彻也，其实皆什一也。其税之名目，如贡，如助，如彻，虽有不同，其纳税之数目，如五亩，七亩，十亩，虽有轻重，而其比例，则均为十分之一，故曰什一。夏后氏五十而贡，一夫受田五十亩，而每夫计其五亩之入以为贡。殷人七十而助，始为井田之制，以六百三十亩之地，画为九区，每区七十亩，中为公田，其外八家，各授一区，但借其力以助耕公田，而不复税其私田，《诗》曰，“雨我公田，遂及我私，惟助惟有公田，”即指此项井田之制。周人“方里而井，井九百亩，其中为公田，八家皆私百亩，同养公田。”所谓百亩而彻，一夫授田百亩是，耕则通力而作，收则计亩而分，故谓之彻。贡以十分之一为常数。助则公田七十亩中，以十四亩为庐舍，一夫实耕公田七亩，有常数则凶年不足之时，必求取盈，而乐岁粒米狼戾之时，又寡取之。助则借民力以耕公田，而丰歉与民共，此龙子所以云治地莫善于助，莫不善于贡也。商制既较夏制为善，而周制则与商制相同，所谓“虽周亦助也”是。照孟子中所述井田之法，实无《周礼》上所记载之详。使诚如《周礼》上所言，则周制较商制之详备，不啻倍蓰，焉有孟子绝口不提之理。既将商制与夏制较，谓商制较夏制佳，又引证诗《小雅大田》之篇，将周制与商制较，谓之无别，则《周礼》所云云，或孟子尚未及见之耳，其为后人托古造制，于此更显。

降至春秋，世衰法坏，鲁民以宣公之无恩信也，不肯尽力于公田，而宣公遂于十五年择其善亩好谷者税取之；破什一之法，履亩而税，实自此始，此春秋所以有初税亩之讥也。夫什一者，当时赋额之正中，故什一行而颂声作，二不足而怨声起，三代相承，因缘未改。但以经济社会渐渐变动之故，国家之支出，亦随之而增涨，鲁宣公之创税亩，成公之作邱甲，哀公之用田赋，或即因缘此种原因而起。春秋各国中，同一现状，而破坏井田之制，独见于鲁史者，或以孔子作《春秋》，于鲁记载较详之故，其他各国军费之较浩大者，或早已有此现象，故当时学者皆有减轻租税尊重什一之论调，最显著如孔子有薄敛之词，有若有盍彻之对，其最透澈者，如孟子所云“易其田畴，薄其税敛，民可使富也；食之以时，用之以礼，财不可胜用也。”孟子之言，乃指一般诸侯而言，由此而知赋税之重，井田制之不得不破坏，已成各国共有现象，不仅鲁国一国而已也。不过在此破坏之中，仍日日思所以保存与补救之法，如孟子对滕文公之问：谓“暴君污吏，必慢其经界，经界既正，分田制禄，可坐而定也。……请野九一而助，国中什一使自赋。”其视税制之重要，亦可由此推见，而润泽之方，终未见滕文公之实行者，或亦时势变迁，复古之难，有以使然欤。

附本时期中之各项财政计划

（子）李悝平粜法　李悝之学说，乃《汉书食货志》上所记，比较近真；据《汉书》所记：“李悝为魏文侯作尽地力之教，以为地方百里，提封九万顷，除山泽邑居三分去一，当田六百万亩；治田勤谨，则亩益三升，不勤则损亦如之，地方百里之增减，辄为粟百八十万石矣。”又曰：“粜甚贵伤民，甚贱伤农，民伤则离散，农伤则国贫，故甚贵与甚贱，其伤一也。善为国者，使民无伤，而农益劝。今一夫挟五口，治田百亩，岁收亩一石半，为粟百五十石，除十一之税十五石，余一百三十五石。食，人月一石半，五人终岁为粟九十石，余有四十五石。石，三十，为钱千三百五十，除社闾尝新、春秋之祠，用钱三百，余千五十。衣，人率用钱三百，五人终岁，用千五百，不足四百五十；不幸疾病死伤之费及上赋敛又未与此，此农夫所以尝困，有不劝耕之心，而令粜至于甚贵者也。是故善平粜者，必谨观岁有上中下孰；上孰，其收自四，余四百石；中孰自三，余三百石；下孰自倍，余百石。小饥则收百石，中饥七十石，大饥三十石。故大孰则上粜三而舍一，中孰则粜二，下孰则粜一，使民适足，价平则止。小饥则发小孰之所敛，中饥则发中孰之所敛，大饥则发大孰之所敛而粜之。故虽遇饥馑水旱，粜不贵而民不散。取有余以补不足也。行之魏国，国以富强。”照此计划，于开辟全国富源，调剂国民经济，均能顾到，国家收入，自亦随之而富，是所谓不加税而税之收入自加者也。

（丑）商鞅来民法　《商君书》本不可据以为实，商君之财政计划，今日不可得而详，但就其事业而观，与秦人所以并天下之故，其说亦不无参考之价值。生产要素第一为土地，而农业国之富源，犹专恃此；秦地广而不能尽耕，是货弃于地也。欲尽地力，但待人工，生产要素，人工本为第二，在农业国，有人斯有土，有人方能耕，来民之法，是为当时增加生产之惟一方法。姑据此意，录《商君书》中之一段如此，其真不得而传，姑就其后人所假托者录之，学者参考可也。“今秦之地方千里者五，而谷土不能处二，田数不满百万，其薮泽溪谷名山大川之材物货宝，又不尽为用，此人不称土也。秦之所与邻者，三晋也，所欲用兵者韩魏也。彼土狭而民众，其宅参居而并处，……此其土之不足生其民也，以有过秦民之不足以实其土也。今以草茅之地，来三晋之民，而使之事本，此其损敌也，与战胜同实，而秦得之以为粟。此反行两登之计也。”此段语句是否真实，不可得而详，但商君之计划，与其后来所成就者，比较观之，其意实如此。

（寅）管仲轻重法　《管子》一书，实不可靠，而管子之事实，与其财政上之计划，又以年代太远，无可证实，即欲从他方面加以考证，亦非本篇范围所能及，故此处从略。

第二章　第二时期（秦汉至南北朝）

在中国历史上，各种制度，变化最大者，莫如秦汉。以前与秦汉时相比较，从财政方面而观，此中变化更显然，经济社会之根本上变动不论矣，（详拙著《中国经济史》中）他如征税之制，与种种筹款之法，要均与前此不同；而学者间对于国家财政之意见，亦每每分为二派；一为主张正谊明道，不计功利之消极派，一为裕国利民，专为国家辟财源之积极派。此二派之争执，关于思想方面者，正可以由此察出当时经济社会与国家财政上之实际变动。无论在任何过渡时期中，此种现象，均可考见。按本篇所述秦以前之财政，与此处所述秦以后之财政，其不同之处，即由单简渐趋于复杂是。昔时之岁入，视为裕如者；到此时已有不足不给之象，非另辟财源，国家之一切政务，将无从进行。且秦汉以前财政上为地方分权制，中央之支出与收入，因之有限。自秦废封建，改郡县，财政上虽不能名曰完全中央集权，但渐趋于集中之势。中央之支出与收入，自因之扩大，再加以并吞六国，筑万里长城，建阿房宫，举行封禅等，皆为前此所未见，此时之政费、军费、建筑各费，既增加如是之速，同时自非考究富国之策不可。因考究富国之策，自不得不注意于财政上之计划。因谋财政上计划之能实现，不得不托古改制，借古人之名，以免后人之非难，而实际上能达到其目的。因之周秦诸子之名，多为秦汉时人所利用，因其一点，形成一书，吾人生当今日，亦可视此部分之著作，为代表秦汉时人思想之著作。

按此种变动之发生，秦实启其端，汉承秦绪，复杂更甚；思想方面之变动，亦以秦运短促，至汉时始渐趋于成熟，有整个之主张，为秦时所未见者出现。

第一节　富国政策

一时代之政策，实受一时代政局之影响；从中国财政史方面而言，兴利之臣，富国之策，以汉武王莽时比较最著者，实因当时国家支出大增之故。按汉武时西南夷方面，有司马相如等之凿山通道，以广巴蜀；朝鲜方面，有彭吴等之穿秽貊设沧海郡；东瓯方面，有朱买臣等之设计招徕；匈奴方面，有卫青等之迭张挞伐；国威之远播，未有过于当时者，故终武帝之世，算商车，置盐铁官，算缗钱舟车，榷酒酤，各种筹款之法，一时并起，而其法之能为后世所沿袭，并俨然成一经济上之计划者，愿举而述之于后：

（一）桑宏羊之盐铁均输平准及榷酒酤法

谈盐铁均输平准酒酤之书，以《盐铁论》为最详；《盐铁论》者，乃当时所举贤良文学之士，与御史大夫辩论盐铁平准、均输酒酤之利弊者也。贤良文学之士，代表当时人民之思想，根据历史上之旧观念，极力攻其弊，主张罢免；御史大夫代表政府之意见，挟其理论上之根据，侈陈其利，力主施行。文学曰："窃闻治人之道，防淫佚之原，广道德之端，抑末利而开仁义，毋示以利，然后教化可兴，而风俗可移也。今郡国有盐铁酒榷均输与民争利，散敦厚之朴，成贪鄙之化，是以百姓就本者寡而趋末者众。夫文繁则质衰，末盛则本亏，末修则民淫，本修则民悫，民悫则财用足，民侈则饥寒生，愿罢均输，所以进本退末，广利农业便也。"大夫曰："匈奴背叛不臣，数为寇暴于边鄙，备之则劳中国之士，不备则侵盗不止，先帝哀边人之久患苦，为虏所系获也，故修障塞，饬烽燧，屯戍以备之，边用度不足，故兴盐铁，设酒榷，置均输，蕃货长财，以佐助边费。今议者欲罢之，内空府库之藏，外乏执备之用，使备塞乘城之士，饥寒于边，将何以赡之，罢之不便也。"文学曰："孔子曰，有国有家者，不患寡而患不均，不患贫而患不安，故天子不言多少，诸侯不言利害，大夫不言得丧，畜仁义以风之，广德行以怀之，是以近者亲附，而远者悦服。故善克者不战，善战者不师，善师者不阵，修之于庙堂，而折冲还师，王者行仁政，无敌于天下，恶用费哉。”大夫曰：“匈奴桀黠擅恣，入塞犯厉中国，杀伐郡县朔方都尉，甚悖逆不轨，宜诛讨之日久矣。陛下垂大惠，哀元元之未赡，不忍暴士大夫于原野，纵然披坚执锐，有北面复匈奴之志。又欲罢盐铁均输，忧边用，损武略，无忧边之心，于其义未便也。”文学曰：“古者贵以德而贱用兵，孔子曰，远人不服，则修文德以来之，既来之，则安之，今废道德而任兵革，兴师而伐之，屯戍而备之，暴兵露师以支久长，转输粮食无已，使边境之士，饥寒于外，百姓劳苦于内，故以罢之为便也。”大夫曰：“往者郡国诸侯各以其物贡输，往来烦杂，物多苦恶，或不偿其费，故郡置输官，以相给运，而便远方之贡，故曰均输。开委府于京，以笼货物，贱即买，贵则卖，是以县官不失实，商贾无所贸利，故曰平准。平准则民不失职，均输则民齐劳逸，故均输平准，所以平万物而便百姓，非开利孔为民罪梯者也。”文学曰：“古者之赋税于民也，因其所工，不求所拙。农人纳其获，女工效其功。今释其所有，责其所无，百姓贱卖货物以便上求。间者郡国或令民作布絮，吏留难与之为市。吏之所入，非独齐陶之缣，蜀汉之布也，亦民间之所为耳。行奸卖平，农民重苦，女士再税，未见输之均也。县官猥发，阖门擅市，则万物并收。万物并收，则物腾跃。腾跃则商贾侔利，自市则吏容奸豪，而富商积货，储物以待其急。轻贾奸吏，收贱以取贵，未见准之平也。盖古之均输，所以齐劳逸，而便贡输，非以为利而贾万物也。”（本议）

综就两方面之议论观之，一主张营业自由，一主张国家管理。主张营业自由者，以重农为根本，对外则主怀柔。主张国家管理者，以生财不专限于农，对外则主讨伐。此种经济方面观察不同之点，其他各国均有之，而吾国乃能于此时期中即有此不朽之著作。虽自汉以后，文学方面之理论，能得学者间之拥护，与守旧迷古者合而为一，其势亦厚，但均输之法，实成为后世谈财政者之所取法，言治者皆于此中求之，实中国经济政策中之最可纪述者。

（二）郑当时、桑弘羊之漕运法

在战争时，最重要之事，为运粮问题。即在和平时，京中之粮食，亦专赖各处供给。以中国数千年来交通之不便，而粮食之需要，又为刻不容缓之事，故漕运一事，实为中国财政史上一重大事。而考其源始最早见于秦，秦欲攻匈奴，使天下飞刍挽粟，可名曰运粮法之始。至武帝时，因郑当时建议，派徐伯表率数万人，穿漕渠，费三年之功，而漕运大通。桑弘羊领大农时，以京城缺粮之故，每年由山东方面，运入米六百万石，漕运之效用，如斯大著。

（三）王莽之五均六管法

秦皇汉武而后，在中国财政史上，改革最大，且具有完美之计划者，为王莽时之经济政策。其经济政策，可分为四项：一为对于农田之办法，将土地所有权，尽行取消，更名天下田曰王田，不得买卖，实今日国有土地之办法。二为货币上之兼用龟贝制，汉代之货币制本用钱，而莽兼用龟贝，至其理由与办法，则非此所能详。三为五均法，五均者，照《汉书食货志》所载，长安东西市令，五都市长，更名为五均司市称师，皆置交易丞五人，钱府丞一人。司市常以四时仲月，定所掌物，为上中下之价，为其市平。物，周于民用，而不售者，均官用本价取之。物昂贵过平一钱，则以平价卖与民。民欲祭祀丧纪，钱府以所入工商之贡但赊之。欲贷以治产业者，除其费，计其所得受息，毋过岁什一。四为六管法，据王莽诏书，六管者，一为盐，二为酒，三为铁，四为山泽，五为赊贷，六为泉布铜冶。

第二节　财政组织

自秦并六国，设郡县后，中央之财政权，亦因之扩大，且政务日繁，岁出日增，故关于财政上之组织，自较前为严密，不过时代相隔较远，纪载之可征实者又少，今兹所述，亦不过举其大略而已。

（一）财政官厅

秦时之财政制度，已将国家与君主之经费划分。管理君主之经费者，曰少府，管理国家之经费者，曰治粟内史。此种官名，自今日视之，或以为奇；而在农业社会中，国家之收入，均来自田赋，则其最重要之财政官吏，所掌之事，自为管理谷货者。汉初，因秦旧制。景帝时，改为大农令。武帝时，更名大司农；所掌之事，钱谷而外，金帛货币均属之，其属官分为太仓、均输、平准、都内、藉田五部分，每部分设一令丞，以外又有干官、钱市两长丞，及郡国诸仓农监、都水等官，此西汉时之制度也；东汉则大司农之下，只设太仓平准两令，以外另设一专司帑藏之部丞，此东汉之制度也。至专为君主管理财政之少府，亦秦时所创设，掌山海池泽之税，以供养天子。汉因秦旧制，又大加扩充，少府卿之下，设有太医令、太官令、守宫令、上林苑令、尚书令、符节令、中藏府令、都水长、均官长等官，而水衡都尉下所属之官吏，专为君主征收各项收入者，尚不在内；东汉则少府之管辖范围更大，至末叶更公私不分，何者应归少府，何者应归大农，公私不分，财政上之紊乱，遂不堪问矣。

（二）审计方法

汉萧何收秦图籍而后，以郡国上计，不可无专家而善于算者司之，于是命张苍颁郡国上计，位置甚高。武帝时，曾三次受郡国计。光武时，将岁中遣吏上计之事，立为定制。所有属郡计吏，均由大司农掌之，其逋未毕，各具列之。由此而观，西汉之制，只将上计簿送呈京师。东汉之制，则各处计吏，亦当入京。中央审计之权，似东汉更较西汉详密。

第三节 租税制度

在此时代中，公田之法虽废，而国家所恃以给国用者，仍惟田赋，不过军兴之际，国用不足，于是不得不另辟种种税源，至有征榷遍天下之语。按此项征榷之法，亦复不一，旋兴旋废，名目万端，此处不过略述田赋上变迁之概况，与各种杂税之名目而已。

（子）田赋

秦始皇三十一年，使黔首自实田，以定赋，任民作耕，不计多少，舍地税人，实自秦始。（考其最早尚在秦孝公十二年开阡陌）。汉书所谓秦分田租口赋二十倍于古是也。汉兴，天下既定，高祖约法省禁，轻田租十五而税一，量吏禄，度官用，以赋于民，所谓量出为入是。惠帝即位之后，因什五税一之法，中道闲废，又从而复之。文帝十二年，纳晁错之说，厚恤农民，诏赐天下民租之半。十三年除民之田租。景帝二年，令民半出田租，三十而税一。武帝末年，悔征伐之事，行代田之法，田一亩三甽，岁代处，故曰代田，古法也。昭帝始元元年，诏毋令民出今年田租，元辅二年，令三辅太常郡得以菽粟当赋，征本色以便农人也。宣帝本始元年，赦天下租税勿收。三年诏郡国伤旱甚者，民毋出租赋。四年有地震之灾，诏亦如之。元康二年，又免被灾之郡本年租赋。元帝初元元年，令郡国被灾害甚者，毋出租赋，成帝建始元年，郡国被灾什四以上，毋收田租。哀平之际，凡被灾之郡，皆先后免收租税，此西汉之制也。东汉光武建武六年，令郡国收田租，按三十而税一，如旧制。建武十五年，诏州郡检覆垦田。章帝建初三年，诏以布帛为租。桓帝延熹八年，初令郡国有田者亩税敛钱，乃出于常赋三十取一之外。灵帝中平二年，税天下田亩十钱，又名修宫钱，此东汉之制也。魏武初，平袁氏以定邺都，令收田租亩粟四升，户绢二匹，绵二斤，余皆不得擅与，藏强赋弱。晋武帝平吴之后，置户调之式，丁男之赋，岁输绢三匹，绵三斤，女及次丁男为户者半输，其诸边郡或三分之二，远者三分之一，夷人输宾布户一匹，远者或一丈，男子一人占地七十亩，女子三十亩，其外丁男课田五十亩，丁女二十亩，次丁男半之，女则不课。东晋成帝咸和五年，始度百姓田，取十分之一率，亩税米三升。哀帝减田租，亩收二升。孝武太元二年，除度定田收租之制，王公以下，口税三斛，唯蠲在身之役八年，又增税米口五石。自东晋以后，历宋齐梁陈，其军国所需杂物，随土所出，临时折课，市取乃无恒法定令。令列州郡县，制其任土所出，以为征赋。赋敛无时，征求不一，王子良所谓百姓骇迫，不堪其命是也（王子良为当时人，有表上齐高帝。）魏令每调一夫一妇，帛一匹，粟一石，人年十三以上未娶者，四人出一夫一妇之调，奴任耕、婢任绩者八口当未娶者四，耕牛十头当奴婢八，其麻布之乡，一夫一妇布一匹，下至半以此为降，大率十匹中五匹为公调，二匹为调外费，三匹为内外百官俸。孝文延兴四年，户增帛三匹，粟二石九斗，以为官司之禄，复增调外帛满二匹。至太和元年，行均田法。孝明孝昌二年，税京师田租亩五升，借贷公田者亩一斗，庄帝时因人贫富为租，输三等九品之制。北齐给受田令，仍依魏制。文宣天保八年，立九等之赋，富者税其钱，贫者役其力。武成之时，因所役甚广，奸欺日甚，户口租调十亡六七。周制，司赋掌赋均之政令，凡人自十八至六十四与轻疾者皆赋之，有室者岁不过绢一匹，绵八两，粟五斛，丁者半之；其非桑土，有室者，布一匹，麻十斤，丁者又半之；丰年则全赋，中年半之，下年一之，皆以时征焉；若艰凶札，则不征其赋，此南北朝时代之制度也。

（丑）各种杂税

在此时期中，国家之正项收入，虽仍出于田赋，而国计所需，单田赋实不足以给国用，结果各项税收，因缘而起，此处姑按各种名目，略为分述于后。

一、盐铁　秦赋盐铁之利，二十倍于古，汉武改置盐铁官，官自鬻盐。陈时复行煮海税盐之法，后周时，凡监盐每池为之禁，百姓取之皆税焉。

二、酒酤　汉武初榷酒酤，昭帝时，令民得以律占租卖酒，升四钱。

三、算商贾　汉武初算商贾，始税商贾车船，令出算也；后又算缗钱，其初只为商贾居货者设，至其后，杨可告缗遍天下，凡有蓄积者，皆被害矣。

四、关市税　汉太初四年，徙弘农都尉治武关，税出入者以给关吏卒食，自东晋至陈，关市之设，渐渐推广，备置官司以征税，后魏明帝时，凡入市者，人税一钱，北齐亦有关市邸店之税，后周宣帝时，复兴入市之税。

五、海租　汉武时，县官尝自渔海，有海租之名；宣帝时，大司农中丞耿寿昌自增海租三倍，宣帝从其计。

六、马口钱　汉武时，租及六畜，有马口出敛钱。

七、文券税　晋自过江至于梁陈，凡货卖奴婢马牛田宅，有文券，率钱一万输佑四百入官，卖者三百，买者一百，无文券者，随物所堪，名为散佑，历宋齐梁陈，均如此，以为常法。

八、僧尼税　僧尼税，始于北齐后主，实寓惩戒之意，南北朝宋文时，令僧尼资产满二十万者，四分借一。

九、率贷　南北朝宋文时以军费不足，王公富绅各献私财，其他富有之家，资满五十万者，四分借一。

十、修城钱及逋城钱　宋制受官二十日，送修城钱二千，当时尚有逋城钱之名。

附本时期中之各种田制上改革计划

（子）董仲舒名田法　按名田者，占田也，名为立限，不使富者过制，则贫弱之家可足，其说不能用，然其议论始终为儒家所重视。哀帝时，孔光师丹等用事，曾实行限民名田之制，章程已立，因有中梗，未能进行。

（丑）王莽王田法　王莽用激烈办法，将土地上私人所有权，一律取消，更名天下田曰王田，即今日土地国有之意，私人不得买卖，男口不满八，而田过一井者，分余田与九族乡党，实隐寓平均地权之意。

（寅）晋武帝户调法　见“田赋”中

（卯）魏李安世均田法　按均田法，一夫治租四十亩，中男二十亩。照其立法，所受者露田，诸桑田不在还受之限。意桑田必是人户世业，是以栽植桑榆其上。而露田不栽树，则似所种者，皆荒闲无主之名，列为公田以供授受，则固非尽夺富人之田以予贫民也。又令有盈者无授不还，不足者受种如法，听其从便买卖，以合均给之数，则又非强夺之以为公田也。

第三章　第三时期（隋唐宋）

按此处所谓第三时期之起始，即中国政治史上黑暗时代之告终，三国六朝中间之岁月，与五胡十六国之互相争并，结果使社会经济，国家财政，破坏达于极点，而隋文者，即在此大杀大戮之后，民户不满四百万之下，暂获一时之安宁者也。此种现象，本系暂局，承平日久，人口渐多，国计所需，自随而增涨，乃中国史家不察，易受儒家、道家学说之毒，对于此一二开创之君主，必以为系节俭消极之德所致，而对于继承之君主，处承平日久人口渐多状态之下，喜从事于边陲与兴土木者，必加以暴君之名，而不知人口多则生计日艰，人事繁则政费自大，虽无暴君，亦苦不给。一二专管财政之吏，在此状况之下，知节流之说，有时而穷，不得不另辟开源之法。顾财政上开源之说，最为儒家所忌，且修改古人之陈法，更为儒家所切齿，贤如陆贽，亦不以两税为然。但事实上旧时之办法，既以积弊太深，与经济社会变迁之故，不能不改，而此一二特出之财政家，又皆能不增民困，解国家于倒悬，其所创之法，经数百年而不能变，且为以前之司财政者所不能及。以距今较近之故，其成绩之在人耳目者，史迹上尚易推寻之，非如第一时期中之语多傅会，与第二时期中各种事实之尚待精细考证也。

第一节　财　政　家

自隋唐以来，秉国计者，每以人而治，不以法而治。故一朝之财政，得其人则措置裕如，国用以给，失其人则左支右绌，徒兴仰屋之嗟。此处不曰富国政策者，因各财政家所立之法，类多补苴罅漏，弥缝一时之弊，非如桑宏羊、王莽等所创之均输平准、五均六管等法也。不曰财政原则者，因各财政家皆专从事实方面着想，并非一种学理上之研究也。以隋代而言，据历史上之所载，其财政状况之佳，不仅魏晋四百年来无可与比，实为中国全部财政史上所稀见，开皇十二年时，有司上言库藏皆满，且薄赋于民，又大经赐用，不得已只好开左藏之院，构屋而受之，有宁积于人，无藏府库之诏，财政状况既如此之佳，而其何以能致此之原因，则史书中不详，徒曰文帝躬履俭约所致，此中国儒家专从一方面观察之常调，必非事实上之全部真相，即曰当时寰宇粗安，国用有限，则岁入又因何不减，由此观之，则当时理财政者之得法，可不言而喻，虽其法无可传之价值，而其人之才必有可取者，不然何以一传而至炀帝，即有民穷财尽赋役锐减之事也。自隋以后，在此时期中有著名之理财家，为中国财政史上所仅见者，特分述于后：

（一）刘晏

当唐代宗时，新承安史乱后，天下户口，什亡八九，孑遗余民，困苦达于极点，税源一方面，实为最棘手之时候，而当时藩镇跋扈，州县均为所据，贡赋不入中央，府库浩竭，朝不济夕，岁入一方面，亦可谓最绝望之时候，更加以四郊不靖，戎狄每岁犯边，所在均屯重兵，其费浩大，岁出一方面，实有无法应付之象。凡此种种困难，均集于晏之一身，据《唐书》所载，晏有精力，多机智，变通有无，曲尽其妙，常募人觇报四方物价，虽远者不数日皆达，故食货轻重之权，均在其掌握，国家既因此获利，而各处物价，亦无甚贵甚贱之忧。其筹款方法之最可纪者，第一为培植税源，所谓理财之道，养民为先，是晏以为户口滋多，则赋税自广，故诸道各置知院官，每旬月具雨雪丰歉之状以告，丰则贵籴，歉则贱粜，或以谷易杂货供官用，而于丰处卖之，知院官始见不稔之象，先申至某月须蠲免若干，某月须救助若干，及期，晏不待州县申请，即奏行之，不至使其困弊流殍，然后赈之也。由是民各安业，户口蕃息，晏始为转运时，天下见户不过二百万，其季年乃三百万。其尤可奇者，晏所统之地则增，非晏所统之地则不增，其初财赋岁入不过四百万缗，季年乃千余万缗，此其成绩之彰彰可考者。其次为整饬财政官吏，晏以为办理财政，在于得人，故必择通敏精悍廉勤之士而用之。常言士陷赃贿，则沦弃于时，名重于利，故士多清修，吏虽深廉，终无显荣，利重于名，故吏多贪污。其勾检簿书，出纳钱谷，事虽至细，必委之士类，吏惟书符牒，不得轻出一言，其属官虽居数千里外，奉教令如在目前，无敢欺绐，权贵属以亲故，晏亦应之，俸给多少，迁次缓速，皆如其志，然无得亲职事。其场院要剧之官，必尽一时之选，故晏没之后，掌财赋有名者，多晏之故吏，此其政绩之所遗留于人世者。但此二点而外，其军费政费之所赖以供给者，为彼最著名之榷盐法。晏以为整理盐务，不宜官多，官多则民扰，故但于出盐之乡，置官收盐，转鬻于商，任其所之，其去盐乡远者，转官盐于彼处贮之，或商绝盐贵，则减价鬻之，谓之常平盐，官获其利，而民不乏食，其始，江淮盐利，不过四十万缗，季年乃六百万缗，所谓天下之赋，盐利居半，其情形尚超过今日盐税，占四大税源之一以上，至今谈盐政者咸称之，实在吾国盐政史上放一异彩。以外其分段运谷之法，亦有可称者，先是运关东谷入长安者，以河流湍悍，率一斛得八斗，则受优赏，晏以为江汴河渭各处，水力不同，各随便宜，造运船，教漕卒，江船达扬州，汴船达河阴，河船达渭口，渭口达太仓，其内缘水置仓，转相受给，自是每岁运谷，虽百余万斛，无升斗沈覆者，其计划之周密，几无往而不令人称赞。

（二）杨炎

当唐代宗时，纳第五锜之策，将天下财赋，尽贮于大盈内库，使宦官掌之。由是天下公赋，均变为人君私藏，有司不得窥其多少者，殆二十年，宦官蚕食其中，牢不可动。自唐德宗任杨炎为相而后，当即言于帝曰，“财赋，国之大本，生民之命，重轻安危，靡不由之，是以前世皆以重臣掌其事，今独使中官掌之，出入盈虚，大臣皆不得知，政之蠹弊，莫过于此，请出之以归有司，度宫中岁用，量数奉入，如此然后可以为政。”德宗从其请，由是国用大纾，前代数十年来之积弊，一朝除尽。

按当时适承乱离之后，天下残瘁，版籍隳废，德宗又用杨炎之说，随顺人情，视贫富以制赋，其法以资产为宗，不以丁身为本。就资产之多少，以定税之重轻，实自德宗建中元年行两税法税始。一时盈庭之论，言者纷纭，或以为成法不可擅更，执政者不宜狃于近利，或以为法久必改，庶胥吏无所售其奸，各执一词，互相争论，改革之难，如斯可见。夫征税之法，以不逆人情，而负担得其平，收入核实，而执政者能操轻重之权，既不宜拘泥于成法，亦当应时势以为迁移。溯自秦废井田以来，唐虞三代之规，既不能复，而两汉以后，执政者狃于复古之见，创为授田租庸调之法，而夷考其实，既与古不能相符，而行之于今，犹多流弊，因授田之名，而重民之赋，授田之法既不能与三代同，而授受不详，奸宄遂因缘而起，而赋之重为民病者，遂不可复轻。自唐以来，执政者固守高祖、太宗之法，不敢轻更，而时变势移，有不能尽行者，则逼胁州县，妄增逃羡以为功。降至至德而后，天下兵起，人口凋耗，版图空虚，赋敛之司，莫相统摄，纪纲大坏，王赋所入无几，科敛凡数百名，废者不削，重者不去，吏因其苛，蚕食于人，富人多丁，及以宦学释老得免，贫人无所入，则丁存，故课免于上，而赋增于下，是以天下困穷，荡为浮民，乡居土著者百不十五，租庸调之不能实行也昭昭矣。租庸调之法，既不能行，则两税之制实应时势之要求而生，杨炎变之是也。

照两税之法，夏输无过六月，秋输无过十一月，置两税使以总之。凡百役之费，必度其数而赋于人，量出制入。户无主客，以见居为薄，人无丁中以贫富为差，不居处而行商者，在所在州县税三十之一，度所取与居者均使无侥利，其租庸杂徭悉省，而丁额不废。其田亩之税，以大历十四年垦亩之数为定，而均收之。遣黜陟吏按诸道丁产等级，免鳏寡茕独不济者，敢加敛以枉法论。旧制三百八十万五千，使者按得主户三百八十万，客户三十万，天下之民不土断而地著，不更版籍而得其虚实，岁敛钱二千五十余万缗，米四百万斛以供外，钱九百五十余万缗，米六百余万斛以供京师，天下便之，此两税法之大概，及当时实行后之效果也。中国租税之稍有制度，未始不自两税法始，盖三代以前，政治单简，赋役之法尚矣，秦汉以后税额紊乱，无复定纪，两税之法，就当时观之，实利于国而便于民。使此法而不善也，后起必有变之者，而自唐以来，朝代虽更，此制终相传莫替。谓此法而尽善也，则已往之弊虽尽除，而一时之弊犹未理，启后儒之驳论，予人民以无形之痛苦，要皆不能斟酌利害，熟议缓行之过也。愿就各节，亦详论之。

夫立法之初，不厌求详，而征收之方，尤宜核实。杨炎之定两税法也，以大历十四年垦田之数为定，而均收之，一时权时施宜之举，实非经国体远之方，而征收者复横收苛敛，改科役曰召雇，率配曰和市，以巧避微文，比大历之数再倍，遂至赋税日重，生民苦之。当时法制不详，而田数之定，后世更无从稽考，其所以以大历十四年垦田之数为标准者，意图其便也。马端临述之较详，马氏之言曰，“唐初分田税为租庸调，田则出粟稻为租，身与户则出绢布绫绵等物为庸调。然口分世业，每人为田一顷，所谓租庸调者，皆此受田一顷之人所出也。中叶以后，田亩之在人者，不能禁其买易，官授田之法尽废，则向之所谓输庸调者，多无田之人矣。继以安史之乱，版籍遗失，其不可转移失陷者，独田亩耳，然则视大历十四年垦田之数，以定两税之法，虽非经国之远图，乃救弊之良法也。”因其为一时救弊之良法，而不为经国久远之图，遂至一弊去而一弊兴，狃于一时之见，不足云良法美意也。一法之立也，民生之疾苦，在在攸关，应如何而后得负担之均平，应如何而后免征敛之横暴，执其事者万不能就一时之便，遂苟且而行之。陆宣公之论两税也，实瞭然于当时之利弊，而知税制之大纲者，故细绎其论财产税之言，实足为后世研究税制者之助，又岂仅一时之名言已也。陆氏之言曰：“两税新制，竭耗编甿，日日滋甚。当今之世，要宜损上益下，啬用节财，而乃摘郡邑，验簿书，州取大历中一年科率多者，为两税定法，此总无名之暴赋而立常规也。夫财之所生，必因人力。两税以资产为宗，不以丁身为本，资产少者税轻，多者税重，不知有藏诸襟怀囊箧，物贵而人莫窥者，有场圃囷仓直轻而众以为富者，有流通蕃息之货，数寡而日收其嬴者，有庐舍器用，价贵而终岁利寡者，计估算缗，失平长伪，挟轻赀转徙者脱徭役，敦本业者困敛求，此诱之为奸，驱之避役也。今徭赋轻重相百而以旧为准，重处流亡益多，轻处归附益众，有流亡则摊出，已重者愈重，有归附则散出，已轻者愈轻，人婴其弊。”名言切论，百世不移，财产税之所以不能尽行，行之所以不能得其平者，职是故也。杨炎不审，遂至税日重而民日苦，非立法不详之咎，又谁之咎欤。

不宁惟是而已，杨炎之立两税法也，各种租税，咸括于内，行商者则就所在之县税之，俾无幸利之可乘。又恐重税以困民也，立法之初，其租庸杂徭悉省，意至善法至美也。乃行不三年，诏增天下税钱，每缗二百，继以国用不给，淮南节度陈少游，增其本道税钱，因诏天下皆增之。自时厥后，增税之诏，无时无之，增之不足，复加以间架之税，除陌之算，取之于民者既不一，而国家之威信尽失，遂至怨声载道，祸及宗祊，杨炎之所以为千古罪人，实奉法不严之过，亦初定两税法时不详之过也。

按两税之最为民病者，莫如不征谷帛而征钱币，其实钱币之征，不自两税法起。大历元年，诏天下苗一亩，税钱十五，秋苗方青，则征之，号青苗钱。又有地头钱，亩二十。是钱币之征，人皆以为两税以后之弊，观此则由来久矣，杨炎因其方便，从而效之，定为两税之法，其弊在不知当时经济社会之情形，而贸然行之，遂至谷帛之价日轻，民人之输税者日苦。善乎齐抗之言曰，“百姓本出布帛而税反配钱，至输时复取布帛更为之估计折合，州县升降成奸，若直定布帛，无估可折。盖以钱为税则人力竭，而有司不之觉，今两税出诸农人，农人所有，惟布帛而已，用布帛处多，用钱处少，又有鼓铸以助国计，何必取诸农人哉。”此代表当时经济社会之言论。就其所言而观，当时犹为农业时代，钱币之流通于市面者既不多，而需用之途陡增，供给少而需要多，其值必涨，因之谷帛之价，比较之间，随之而贱，是税率未加，而人民输税之数，不啻倍蓰，执政者又安能仅图计算之便，而不顾民生之疾苦，社会之情形，以定为法，此改折之弊，所以流毒于当时，终唐、宋、元、明之世，论者迄无宁日也。

（三）王安石

宋神宗即位而后，一方面在政治上，励精图治；一方面在军事上，亟欲扩充武备。二者之结果，非先从理财着手，以增加国家之收入不可，因之重用王安石，虽招各方面之非难，亦用之而不疑。安石为中国大政治家之一，其所计划，自不专限于财政一方面，不过单就其在财政上之所设施者而观，亦为中国历史上所仅见，而为此所不能不略述者。随后所述，即单从财政上之所兴革，略举其彰彰在人耳目者，分别述之。（甲）条例司之组织　熙宁二年，安石参知政事，倡言周置泉府之官，以权制兼并，均济贫乏，变通天下之财，后世惟桑宏羊、刘晏粗合此意，今欲理财，当修泉府之法，以收利权，神宗纳其说，乃置三司条例司，掌经画邦计，议变旧法以通天下之利。按此种组织，实为安石整理财政，改变旧法之初步，而他方面之狃于旧习惯者，亦群向此点攻击。（乙）青苗法　宋神宗即位之初，有陕西转运使李参以部内多戍兵，而军粮不敷支给，令民自隐度麦粟之赢，先贷以钱，俟谷熟还官，号青苗钱，经数年廪有余粮，于是条例司遂请以诸路常平广惠仓钱谷，依陕西青苗钱例，民愿预借者给之，令出息二分，随夏秋税输纳，愿输钱者从其便，如遇灾伤，许展至丰收日纳，诏可行之。先是京东转运使王广渊言，春农事兴，而民苦乏，乞留本道钱帛五十万贷贫民，岁可获息二十五万，安石以与青苗法用意相合，遂与之议行青苗法，与熙宁三年九月诏全国行青苗法。法行而后，非难之声四起，其中尤以韩琦、司马光之议论最能引人注意，司马光以为愚民只知取债之利，不知偿还之害，韩琦以为青苗之原意，务在惠小民，而公家无所利其入，今立条约，令乡户借钱一千，纳还一千三百，是官家放钱取息，无乃与惠民之初意相违背。（丙）免役法　免役法者乃就当役各民户之产业，分为五等，岁以夏秋随等输钱，名曰免役钱，他如富户、女户、寺观、单丁、未成丁者，亦按等第输钱，名助役钱，凡输钱先视各州县应用雇直多少，随户等均取雇直，以外又增取二分，以备水旱欠搁，名曰免役宽剩钱，法既定，揭示一月，民无异辞，著为令，令下，寡者执役，被差者散去，开封一府罢衙前役八百三十人，畿县乡役数千，遂颁其法于天下，至哲宗时，司马光请悉罢免役钱，诸色役人皆如旧制，苏轼范纯仁等以为差役免役，各有利害，免役之法，要不可废，当时王安石正家居，每闻朝廷变其法，夷然不以为意，及闻罢助役，复差役，愕然失声曰，亦罢至此乎，良久曰，此法终不可罢。以上所述，乃举其荦荦大端者而言，其他与财政上之关系较浅者，此处均从略，又如手实法等，乃吕惠卿等所创设，故此处均不述。

第二节 财政组织

(一) 财政上之官制

隋管财政之部曰度支，在度支尚书之下，共分六曹：(一)度支曹，掌计会、事役、粮库等事。(二)仓部曹，掌诸仓帐出入等事。(三)左户曹，掌天下户帐、户籍等事。(四)右户曹，掌天下公私田租调等事。(五)金部曹，掌权衡度量及诸库藏、文帐等事。(六)库部曹，掌戎仗器用所须事。

唐代管财政之机关曰户部，内中又分为四属，一曰户部属，管理田户、赋役、贡献之事。二曰度部属，计算租赋、物产之丰约事。三曰金部属，管理库藏出纳，及度量衡事。四曰仓部属，管理军储、禄粮、仓廪之事。唐制有一特别之点，即刑部中有一比部属，勾考内外钱谷出纳之事，略与今日所谓会计监督之义相似，而掌握国家之政权者，亦即由此可参考国计，如李吉甫所著之《元和会计簿》，或即根据此项材料而编定。以外九寺中之司农寺，掌仓储委积之事，及太府寺掌财货、廪藏、贸易之事，皆为中央理财之官。至地方上之财政事务，自开元以后，随时设立转运、盐铁、青苗以及两税诸使。按照成例，地方上之事务，向由转运使掌之，中央事务，由度支使掌之，所谓度支司内、转运司外是。结果内外莫相统摄，财政上遂至不可收拾。中叶而后，藩镇跋扈，国势分裂，财政上之组织，更无可述。

宋代理财之官，亦比较有系统。财政事务，独立于二府之外，名曰三司，设三司使及副使。在三司使之下，分为三大部分，一度支，二户部，三盐铁。在度支之下，又分为八案，即赏给案，钱帛案，粮料案，常平案，发运案，骑案，斛斗案，百官案等是。在户部之下，又分为五案，即户税案，上供案，修造案，麴案，衣粮案等是。在盐铁之下，又分为七案，即兵案，胄案，商税案，都盐案，茶案，铁案，设案等是。至元丰时，依照唐制办法，将中央财政上之事务，分隶于户部及司农、太府二寺，户部分四司，即户部、度支金部、仓部是。将旧日三司使所管理之事务，分别并入。以外，司农寺则掌仓储委积，太府寺则掌库藏、出纳、平准、贸易之事，但后来以其职务，与金部、仓部略有混淆，建炎时罢司农寺，以其事务并入仓部，罢太府寺，以其事务并入金部。南渡而后，有六院四辖之名目，所谓六院者，除原有四司而外，新设审计院、粮料院，所谓四辖者，一权货物都茶场，二杂买物杂买场，三文思院，四左藏东西库，各置一提辖官，专领其事。

（二）官俸

官俸在以前各时期中，纪载较简，且以一般生活简单之故，官吏之生活，自亦比较简单，故三代之官吏，分田制禄，两汉之官吏，月俸米钱，其在国家支出项下，自不若后来之重要，亦多为纪载者所删略。自隋唐以后，官俸遂成为国家岁出之大宗。以隋制言，京官一品岁俸九百石，至从八品五十石，九品无实俸。外官分为三种，即州俸、郡俸、县俸是。而每种之中，又分为九等，州俸第一等六百二十石，第九等三百石。郡俸第一等三百四十石，第九等一百石 。县俸第一等一百四十石，第九等六十石。以唐制言，其先后之情形亦不同，在武德时，京官岁俸最高者为七百石，最低者三十石，外官无俸，但给职分田，最高者十二顷，最低者二顷，亲王以外别有永业田。在贞观时，百官得上下考者给禄一年，出使者廪某家，新至官者计日给粮。在开元时，有俸料之名，一品以至九品各有等差。在大历时，官禄更滥，权臣月俸有至九十万者，刺史亦至十万，文武官吏月俸二十六万缗，而增给者居三之一。在贞元时，又增百官及畿内官月俸，并置手力资课，岁给钱六十一万六千余缗。至宋时官俸更丰，其名目可分为十二项：一官俸及服赐，二职钱，三禄粟，四公用钱，五供给及食料钱，六添支料钱，七厨食钱，八折食钱，九添支钱、添支米，十茶汤钱，十一随身之衣粮，十二傔人之餐钱。

第三节　租税制度

（子）田赋

隋文帝依周制，役丁为十二番，匠则六番，丁男一床，租粟三石，桑土调以绢絁，麻土调以布，绢絁以匹计，加绵三两，布以端计，加麻二斤，单丁及仆隶各半之，有品爵及孝子、顺孙、义夫、节妇并免课役。开皇三年，减十二番，每岁为三十日役，减调绢一匹为二丈，开皇九年，帝以江表初平，给复十年，自余诸州，并免当年租赋。十年，以宇内无事，益宽徭赋，百姓年五十者输庸停役。十二年，诏河北河东今年田租三分减一，兵减半，功调全免。炀帝即位，将事辽碣，增置军府，扫地为兵，租赋之入，亦因而减，征伐巡幸，无时休息，天下怨叛，以至于亡，此隋之税制也。唐武德二年制，每丁租二石，绢二匹，绵三两，自兹之外，不得横有聚敛。七年，始定均田赋税，凡天下丁男十八以上者给田一顷，笃疾、废疾给田十亩，寡妻妾三十亩，若为户者加二十亩，皆以二十亩为永业，其余为口，分永业之田，树以桑枣，及所宜之木，田多可以足其人者为宽乡，少者为狭乡，狭乡授田，减宽乡之半，凡庶人徙乡及贫无以葬者，得卖世业田。凡授田者，丁岁输粟二石，谓之租，丁随乡所出，岁输绢绫絁各二丈，布加五之一，绵二两，输布者麻三斤，谓之调，用人之力岁二十日，闰加二日，不役者日为绢三尺谓之庸，有事而加役二十五日者免调，三十日租调皆免，通正役并不过五十日。若岭南诸州则税米，上户一石二斗，次户八斗，下户六斗，夷獠之户皆从半输，蕃人内附者上户丁税钱十文，次户五文，下户免之，附经二年者上户丁输羊二口，次户一口，下户三户共一口，凡水旱虫蝗为灾，十分损四分以上者免租，损六分以上免租调，损七分以上课役俱免。按唐世虽有公田之名，而有私田之实，其后兵革既起，征敛烦重，遂杂取于民，远近异法，内外异制，民得自有其田而公卖之，天下纷纷，遂相兼并。玄宗开元八年，颁租庸调法于天下，纳宇文融之说，括藉外羡田逃户自占者给复五年，每丁税钱千五百文，括得客户八十余万，田亦称是，岁藉钱数百万缗。天宝五载诏贫不能自给者，每乡免三十丁租庸。天宝中应授田一千四百三十万三千八百六十二顷十三亩。代宗宝应元年，举八年中租调之违负及逋逃者，计其大数而征之，于是促迫日急，铤而走险者日多。广德元年，诏一户三丁者免一丁，庸税地税依旧，凡亩税二升，男子二十五为成丁，五十为老，以优民。大历元年，诏天下苗一亩税钱十五，市轻货，给百官手力课，以国用不给秋苗方青则征之，号青苗钱，又有地头钱，亩二十，通名青苗钱。又分田为二等，上等亩税一斗，下等六升，荒田亩税二升。五年始定法，夏时上田亩税六升，下田亩四升，秋时上田亩税五升，下田亩三升，荒田如旧，青苗钱亩加一倍，而地头钱不在焉。大历四年，定每年税钱，上上户四千文，上中户三千五百，上下户三千，中上户二千五百，中中户二千，中下户千五百，下上户一千，下中户七百，下下户五百文，其一品官准上上户税，九品官准下下户税，此唐初至大历时之租税状况，德宗建中元年行两税法，（两税法见前）凡国用所仰给，以两税为主。至宪宗时，分天下之赋以为三，一曰上供，二曰送使，三曰留州。又令诸道取于所治州，不足则取于属州，而属州送使之余，与其上供者皆输度支。其区分之法，与今日地方税与国家税之划分相彷彿。其留州之赋，或与今日地方税中之附加税相似，惜其制不详，莫得而考。穆宗时，因物轻钱重，民以为患，距定两税时已四十年，从前绢二匹半者至此时为八匹，大率加三倍，由是两供上供及留州者，均易以布帛丝纩，租庸课调不计钱而纳布帛，会昌元年，敕州县所征斛斗一切依额为定，不得随年检责，数外如有荒闲陂泽，能垦辟耕种者，所收苗子，五年不在税限，五年之外依例纳税。大中二年，制诸州府县等纳税，只合先差优长户车牛。四年，制百姓两税之外，不许分外更有差率，委御史台纠察，其所征两税匹段等物，并留州留使钱物，按虚实估价，以前均有定制，行之稍久，有不尽依敕条者，乃委长吏郡守，从严科惩。昭宗时，诸道多不上供。按宣宗复河湟后，正税及附税岁入约九百二十二万缗，然与岁出相较，少三百余万，此唐末之税制也。后唐庄宗推恩天下，除百姓田租，放诸场务课利欠负者，而租庸使孔谦违诏，更制括田竿尺，尽率州使公廨钱，天下怨苦，民多流亡，租税日少。吴徐知诰为淮南帅，蠲人口钱，余税悉收谷帛紬绢匹，直千钱者税三十。庄宗同光三年，敕城内店宅园囿，比来无税，顷因伪命，遂有配征，后来以所征物色，添助军装，宜示矜蠲，今据紧慢去处，于见输税丝，每两作三等，酌量纳钱，其丝永与除放。明年以军食不足，敕河南尹预备夏秋税，民不聊生。明宗天成元年，除随税加征之省耗。三年，于夏秋田苗上每亩纳曲钱五百足文。长兴二年，每亩纳农器钱一文五分。四年定起征条例。长兴九年，敕天下州府受纳秆草。潞王清泰元年，免诸道逋租三百三十八万。晋天福四年，敕诸道不得擅加赋役，所纳田租，委田户自量自概。汉隐帝时，加征雀鼠耗及省耗钱。周广顺二年，均牛皮税于田亩，计二十顷取一皮 。显德三年，宣三司指挥诸道州府，今秋夏税以六月一日起征，秋税至十月一日起征，永为定例。又敕织造絁紬绢布绫罗绵绮纱縠等，幅阔二尺五分。又令所纳官绢每匹须及十二两，紬绢依旧长四十二尺，此五代时收税之情形也。观其变革，大概言利国者，则额外加征，言利民者，则钱币改折，纷扰相承，迄无宁日。宋制岁赋之类有五，一曰公田之赋，凡田之在官，赋民耕而收其租者，二曰民田之赋 ，百姓各得专之者，三曰城郭之赋，宅税地税之类，四曰丁口之赋，百姓岁输身丁钱米，五曰杂变之赋，牛革蚕盐之类。太祖建隆四年，令诸州受民租籍，不得称分毫合勺铢厘丝忽，钱必成文，绢帛成尺，粟成升，丝棉成两，薪蒿成束，金银成钱。真宗大中祥符八年，诏禁诸仓羡余。开宝三年，诏诸州府两税所科物，非土地所宜者不能抑配。端拱元年，诏纳二税于各路元限外，可并加一月限。淳化四年，下诏询问均平赋税之道。至道元年，诏蠲无名配率。至道末，岁收谷三千一百七十万七千余石，钱四百六十五万六千余贯，绢一百六十二万五千余匹，絁紬二十七万三千余匹，布二十八万二千余匹，丝线一百四十一万余两，绵五百一十七万余两，茶四十九万余斤，芻茭三千余万围，蒿二百六十八万余围，薪二十八万余束，炭五十三万余秤，鹅翎杂翎六十二万余茎，箭干八十九万只，黄铁三十万余斤。当时租税有谷帛金铁物产四类，谷之品七，一曰粟，二曰稻，三曰麦，四曰黍，五曰穄，六曰菽，七曰杂子，布帛丝棉之品十，一曰罗，二曰绫，三曰绢，四曰纱，五曰絁，六曰紬，七曰杂折，八曰丝线，九曰绵，十曰布葛，金铁之品四，一曰金，二曰银，三曰铁镴，四曰铜铁钱，物产之品六，一曰六畜，二曰齿革翎毛，三曰茶盐，四曰竹木麻草刍菜，五曰果药油纸薪炭漆蜡，六曰杂物。其输纳有常处，而以有余补不足。其移此输彼，移近输远，谓之支移。其入有常物，而一时所须，则变而取之，使其直轻重相当，谓之折变。其输之迟速，视收成早暮而宽为之期，夏有至十月，秋有至明年二月者，所以纾民力也。天圣时，贝州言民析居者例加税，谓之罚税，他州无此，请除之，诏可。自是州县有言税之无名若苛细者，所蠲甚众。自唐以来，所收税目，名品烦细，其类不一，官司岁附帐籍，并缘侵扰，民以为患，明道中因诏三司沿纳物，以类并合，于是三司请悉除诸名品，并为一物，夏秋岁入，第分粗细二色，百姓便之。凡赋谷以石计，钱以缗计，帛以匹计，金银丝绵以两计，藁秸薪蒸以围计，他物各以其数。神宗熙宁五年，重修定方田法。八月，诏司农以均税条约并式颁之。按熙宁十年二税见催额，五千二百一万一千二十九贯石匹斤两领围条角竿，夏税一千六百九十六万二千六百九十五贯匹等，秋税三千五百四万八千三百三十四贯匹等。元丰二年，诏诸路支移折税，并具所行月日，上之中书，权发三司。户部判管李琮根究逃绝税役，江浙所得逃户凡四十一万七千三百有奇，为书上之。明宗除琮淮南转运副使，两路凡得逃绝、诡名、挟佃，簿籍不载，并阙丁凡四十七万五千九百有奇，正税并积负凡九十二万二千二百贯石匹两有奇，乃定制均轻重之等以税赋，户籍在第一等第二等者支移三百里，三等四等二百里，五等一百里，不愿支移而愿输道里脚价者，亦酌度分为三等以从其便。徽宗崇宁二年，诸路岁稔，行增价折纳之法，民以谷帛输积负零税者听之。又诏天下租赋，科拨价折，当先富后贫，自近及远，乃者漕臣失职，有不均之弊，其定为令，支移本以便边饷，内郡罕用折变之法，视岁丰稔，以定物之低昂，俾官吏毋得私其轻重。又诏，比闻慢吏废期，凡输官之物，违期促限，蚕者未丝，农者未获，追胥旁午，民无所措，自今前期督输者加一等，坐之致民逃徙者论更加等。高宗绍兴元年，诏民力久困，州县因缘为奸，今颁式诸路，凡因军期不得已而贷于民者，并许计所用之多寡，量物力之轻重，依式开具，使民通知，又税额减去大观三分之一。孝宗淳熙五年，诏郡邑两税，除折帛折变，自有常制，当输正色者，毋以重价强之折钱。光宗绍熙元年，臣僚言，今之为绢者一倍折而为钱，再倍折而为银，银愈贵钱愈难得，谷愈不可售，旧税亩一钱，输免役一钱，今岁增其额，不知所止矣，既一倍其粟，数倍其帛，又数倍其钱，而又有月椿钱，板帐钱，不知几倍于汉唐之制，此犹东南之赋可知也，至于蜀赋之额外无名者尚不可得而知。理宗嘉熙二年，臣僚言蠲赋之诏，无岁无之，而百姓未沾实惠，盖民输率先期归于吏胥揽户，乃遇诏下，则所放者吏胥之物，及揽户之钱。淳祐八年，御史陈求鲁请禁预借之法。宋自南渡以来，川蜀之赋最重，科敛繁多，有诸路常平司坊场钱，激赏绢奇零绢估钱，布估钱，常平积年本息，对籴米及他酒盐诸色名钱。大抵于常赋外，岁增钱二千六十八万缗，而茶不预焉，军需稍充，蜀民始困，后虽迭经蠲减，而其弊不去，此两宋时代之制度也。辽赋税之制，自太祖任韩延徽始制国用，太宗藉五京户丁以定赋税。圣宗太平七年，诏诸在屯者力耕公田，不输税赋，此公田制也。十五年，募民耕滦河旷地，十年始纳租，此在官闲田制也。又诏山前后未纳税户，并于密云燕乐两县，占田置业入税，此私田制也。各部大臣从上征伐，俘掠人户，自置郛郭为头下军州，凡市井之赋即归之，此头下军州赋制也。辽制之可纪者如此。金制官地输租，私田输税，其输租之制不传，大率分田之等级为九，而差次之，夏税亩取三合，秋税亩取五升，又纳秸一束，每束计十有五斤，夏税六月至八月止，秋税十月至十二月止，分为初中末三限。章宗泰和五年，改秋税以十一月为初限，中都西京北京上京辽东临汉陕西地寒，稼穑迟熟，夏税以七月为初限，又有牛头税及牛具税，明安穆昆部女直户所输税也。金制之可纪者如此。

（五）杂税

一、盐税　唐贞元元年，刘彤请检校海内盐铁之利。乾元时，第五琦为诸州权盐铁使，尽权天下盐，斗加时价百钱。刘晏任盐铁使后，天下之赋，盐利居半。自李锜而后，盐法遂坏。穆宗时，侍郎张平叔因魏博内附，欲复官自卖盐之法，韩愈力争之。宣宗时裴休上盐法八事，其法皆施行，两池榷课大增，此唐时榷盐之制也。五代时，盐法极峻。宋初，盐筴只听州县给卖，岁以所入，课利省申，而转运司操其赢以佐一路之费，初未有客钞也。雍熙二年三月，令河南北商人，如要折博茶盐，令所在纳银赴京请领交引，盖边郡入算纳请，始见于此。天圣七年，令商人于在京榷货物，入纳钱银，算请末盐，盖在京入纳钱算请，始见于此。而解盐算请，始天圣八年。福建广东盐算请，始景祐二年。京师岁入现钱至二百二十万，诸路斛石至十万石，其意虑客钞行，而州县之盐不足，则为之限制。熙丰新法，增长盐价，于是河北复官盐，而广盐亦通入江湖，置任籴司以所封椿诸路增剩盐利钱充籴本。元祐时裁损剩数，且罢封椿，三年令任公裕裁定增损九路盐价，未几复新法。绍圣三年，江湖淮浙六路，通算钞引现钱充足。元祐八年，额外有增，五分入朝廷封椿，五分转运。元符元年，令福建准此。崇宁元年，敕盐钞每一百贯于在京入纳九十五贯，于请盐处纳充盐本，其绍圣三年五分指挥不行。自二年十二月行法，至三年十一月在京已及一千二百余万贯，遂尽罢诸路官，以盐钞每百贯拨一贯与转运司，于是东南官卖，与西北折得之利，尽归京师，而州县之横敛起矣。宋时盐政，有南盐北盐蜀盐等名目，吕东莱论之最详。吕氏之言曰，就海而论淮盐最资国用。方钞盐未行之时，建安军置盐仓，令真州发运。是时李沆为发运使，运米转入其仓，空船回皆载盐，散于江浙湖广诸路，各得盐资船运，而民力宽。此南方之盐其利广，而盐榷最资国用。解池之盐，国家专置使以领之。北方之盐，尽出于解池。当时南方之盐全在海，北方之盐全在解池。若论禁榷之利，天下之盐，固皆禁榷。惟是河北之盐，自安史乱，河北一路，缘藩镇据有河北盐后，国家因而以盐定税，所以河北一路盐无禁榷。自后章惇为相方始行禁榷，犯刑禁者甚多，盗贼滋起。推大纲论之，必取之于民稍宽，则盐法可公行，若迫而取之，加以官刑，此见小者必至于失大，而盐法之弊，所以不可施行也欤。辽太宗会同初年，置榷盐院于香河县。金世宗大定二年，始许民以米易盐，设榷盐局于大盐泺。承安三年，复定盐价及盐课。

二、关税（商税附）　唐时有泗口税场，凡经过衣冠、商客、金银、羊马、斛斗、见钱、茶盐、绫绢等皆有税，开成二年奏除之。宋兴，凡州县皆置务，关镇或有焉，大者专置官监临，小则命佐兼领。行者赍货，谓之过税，每千钱算二十。居者市鬻，谓之住税，每千钱算三十。太宗时，诏除贩夫贩妇细碎交易之税，又民人所织缣泉非出售于市者勿得收算。真宗时，诏除十三州军税鹅鸭年额钱。大中祥符元年，诏免农器税。哲宗时，诏取元丰八年所收商税额钱五十五万二千二百六十一缗有奇以为新额。徽宗时，诏在京诸门，凡民衣屦谷菽、鸡鱼、果蔬、炭柴、磁瓦器之类，并蠲其税。高宗时，诏京城久闭，有贩货上京者免税。孝宗光宗宁宗时减罢州县税目亦不一。开禧元年，罢广东税场八十一墟。宝祐时，罢临安税场。辽太祖时，置羊城于炭山北，起榷物以通诸道市场。金世宗时，定商税法，金银百分取一，诸物百分取三。章宗时，敕尚书省定院务课商税额。

三、榷酤　唐代宗广德二年，敕天下州各量定酤酒户，随月纳税，此外不问公私，一切禁断。大历六年，量定三等，逐月税钱，并充布绢进奉。德宗建中元年，罢酒税。贞元时，凡置肆以酤者，每斗榷百五十钱。长兴时，秋苗一亩，征麹钱五文。宋朝之制，三京及州城内皆官自造麹，惟县镇乡间许民酿而定其岁课。真宗时，诏定榷酤之法。至道二年，两京诸州收榷课铜钱一百二十一万四千余贯，铁钱一百五十六万五千余贯，京城卖麹钱四十八万余贯。熙宁十年以前，天下诸州酒课岁额四十万贯以上者两处，东京成都是也，三十万贯以上者三处，开封秦杭是也，二十万贯以上者五处，京兆延凤翔渭苏是也，十万贯以上者三十二处，五万贯以上者九十三处，五万贯以下者四十五处，三万贯以下者五十四处，一万贯以下者十九处，五千贯以下者十六处，无定额者十八处，无榷者十三处。皇祐中酒麹岁课合缗钱一千四百九十八万六千一百九十六。至治平中减二百一十二万三千七百三。至嘉定四年，诏复潭州税酒法。辽制，凡头下军州酒税赴纳上京。金世宗时，设酒税司。

四、榷茶　唐德宗时，税天下茶，按十取一，旋罢之。贞元九年，复税茶。穆宗时，增天下茶税，率百钱增五十。武宗时，增江淮茶税。宋太祖时，诏民茶折税外，悉归官卖，自后皆以茶代税。其后收茶之法，或取之于折税，或取之于本钱，而鬻茶之法，则由官重估以鬻出。景祐中，罢给茶本钱，纵园户贸易，而官收租钱。后徽宗时，蔡京执政，仍旧禁榷，复归官买。

五、其他杂敛　唐德宗因军用不给，取僦匮纳质钱，行闲架税，并算除陌。闲架税者，其法每屋二架为间，上间二千，中间一千，下间五百，与法兰西之窗棂税相似。除陌法者，凡公私给与，及买卖，每缗官留五十钱，各给印纸，与印花税相似，而税率较高。元和时行捉钱法。宋太祖时，征纳礼钱，凡宰相枢密藩镇咸纳如其数，与今日一部分之所得税相同。太宗时令买扑坊务者收抵当。宋太祖开宝二年，始收民印契钱。按税契始于东晋，史文简略，不可得考。宣和末征收经总制钱。绍兴时，征月椿钱。其间名目繁杂，又征板帐钱。按月椿行之江湖，板帐行之浙江福建，而州县之所藉以办此钱者，曰酒坊牙契头子钱，上下之间，名目各不吻合，如有不足，则违法扰民以图及额，百姓有以斛面罚钱等事诉之朝廷者，则州县曰吾以办经总制钱而已，上下相朦，民人重困。宋宁宗时，罢广西诸州牛税，又罢沿海诸州海船税，又免京城官私房赁地门税。理宗时，免征竹木税。度宗时，减田器税钱十之四。金史食货志所载，凡租税之外，算其田园屋舍车马牛羊树艺之数，及藏镪多寡，征钱曰物力，物力之征，上自公卿，下至民庶，无苟免者，物力之外，又有铺马军须输庸司吏河夫桑皮故纸等钱，名目琐细，不可殚述。

第四章　第四时期（元明清）

中国财政上之弱点，至元时而毕露，递至明清，此种状况，似更显明，其故盖由于生齿日繁，经济社会，亦较前为发达，因之国家支出，亦时虞不足之象。此种情形，固不自元为始，不过自元入关而后，以疆宇扩大之故，第一步之困难，即在财政。史家所谓元初有三聚敛之臣者，以儒家之眼光观之，固可号曰聚敛，实则当时非此所谓聚敛之臣者，元之政府，恐亦无法可以维持。但祖宗既赖此种聚敛之臣，以维持其开创之大业，数传而后，子孙虽欲效其祖宗聚敛之成法，终至全年所收，不敷一月之用。（见元顺帝时财政实录）由此可见国用支出之浩大与其增加之速。明太祖继之，虽欲效法各朝开创之君主，轻赋薄敛，顾事实上亦办不到，只有整理之一途，别无减轻之方法。中叶而后，加征加税之诏，既迭见于简章，溷派花派之名，复腾怨于宇内，他如墨吏之浮征，豪强之影射，其弊更有不可胜穷者。至崇祯末年，李自成檄文中，有征敛重重，民有偕亡之痛等语。明之亡国，其原因虽繁，而财政上之原因，（如加税）要为其中最重要之一。前清入关而后，征收之法，多沿用未改，其能一时相安也，或以大军之后，经过一番大杀戮，人口无多，暂时安泰，故其制度，既无可述，其财政上之险象，亦不久而环生。咸同而后，军兴饷绌，田赋而外，税额屡增，厘金一项，商民受累最深，贩自东市者既须纳课，货于西市者又复重征。自甲午一蹶，外债突增，正赋而外，加派滋多，既违其祖宗永不加赋之文，而补苴罅漏之方，终苦无术。自时厥后，重以拳匪之乱，创钜痛深。加之百务纷更，经费浩大，故加盐税，加鸦片烟税，乃至米税、糖税、酒税、烟税、茶税、绸缎税、首饰税、屠户税，名目繁苛，诛求无所不至。而收入之不足，依然如昔，于是公然设赌，大行彩票，犹有不敷，则先代所严禁之陋规，亦复请提以充国用。薙狝既尽，国随以亡，流毒至今，犹未稍减。其弊之所出，则由于承办之法，日久弊生，小吏之任其事者，类皆倚势凌民，诛求备至。而其所苛征横敛之赢余，即以肥其私腹，并未尝纳之公家。兼之贪戾之吏，每多法外之需索。故征收之法，省与省不同，县与县复异，而人民所负担之租税，实较国家所征收之额为多。其次，则由于法制不行，典章虚设，《大清会典》及《户部则例》等书，虽财政上之事，皆规定之，而稽之实际，则形式虽具，多未遵行。且当行政之时，类皆以长官之意向为转移，而藐视法令。他如折色之抬高，胥吏之中饱，其弊更有不可胜穷者，财政之紊乱，与清理之为艰，可谓达于极点。

第一节　财政上整理之方案与典籍

按此时期中，既无学理与政策之可述，其可留为后人之研究者，即一二整理之方案，与各种简册，今姑分别说明于后：

（一）《黄册》、《鱼鳞图册》

《黄册》乃规定赋役之法，《鱼鳞图册》乃证实土田之数。《黄册》与《鱼鳞图册》系相辅而行。《黄册》以户为主，详具旧管、新收、开除、实在之数，为四柱式。《鱼鳞图册》以土田为主，所有原坂、坟衍、下湿、沃瘠、沙卤之别，悉载其中，考明初定赋役法，一以《黄册》为准。册有丁有田，丁有役，田有租。租曰夏税，曰秋粮，凡二等。夏税无过八月，秋税无过明年二月。民始生至十六曰未成丁，十六以上曰成丁，成丁而役，六十而免。田分二等，曰官田，曰民田。凡官田每亩税五升三合，民田减二升，重租田八合五升三勺，没官田一斗二升，惟苏松嘉湖税独重，有亩税二三斗者。洪武二十年，命国子监生武淳等，分行州县，随粮定区，每区设粮长四人，以田多者为粮长，督其乡赋税。同时并量度田亩方圆，次以字号，悉书主名及田之丈尺，编类为册，状如鱼鳞，故号曰《鱼鳞图册》。洪武二十六年，核定天下土田总数，为八百五十万七千六百二十三顷六十八亩有奇，至弘治时，只四百余万顷，仅得一半，逮万历时，张居正秉政，通行丈量，力除欺隐，复得七百余万顷。至洪武二十六年时所征田税，夏税米麦四百七十一万二千九百石，钱钞三万九千八百锭，绢二十八万八千四百八十七匹。秋粮米二千四百七十二万九千四百五十石，钱钞五千七百三十锭，绢五十九匹。

（二）一条鞭法

明世宗嘉靖九年创行一条鞭法。所谓一条鞭者，总括一州县之赋役，量地计丁，丁粮毕输于官。一岁之役，官为佥募。力差则计其工食之用，量为增减，银差则计其交纳之用，加以征耗。凡额办派办京库岁需与存留供亿诸用度，以及土贡方物，悉并为一条，皆计亩征银，折办于官，故谓之一条鞭。试行之初，数行数止。迨隆、万之世，提编增额既如故，又多无艺之征，逋粮愈多，规避亦愈巧，已解而愆限，或至十余年未征，而报收一县有至十万者，逋欠之多，县各数十万，赖行此法，无他科扰，民力不大绌。先是已有纲银、一串铃诸法，纲银者，举民间应役岁费丁四粮六总征之，易知之而不繁，犹纲之有纲也。一串铃则伙收分解法也。因之民间输纳，只收本色及折色银。揆其立法之初心，深恐税目繁杂，胥吏因缘为奸，征敛日多，民人以此重累，并之为一条鞭者，原欲图人民输纳之便也。诚使正供而外，别无加派之名，民力所难，悉予免除净尽，则一条鞭之法，诚为一时之最善者。就纳税者而观，迭输之苦，受累最深，一条之征，为事较便。若使赋敛不时，朝令暮改，则当其有者半价而卖，无者取倍称之息，于是有卖田宅、鬻子孙以纳税者，又何如征收有定法，输纳有定时之为愈耶。且就征税者而观，名目杂则陋规多，手续繁则费用大，使次次催科之扰，可以免除，则滥差徭役，无所施其奸矣，使上有定额，下有定征，则朦混倍征之弊，可以免矣，此一条鞭法之所以为便也。前清入承大统，征收之法，仍用一条鞭制。凡有输纳，令民亲行投柜，设立联票，以杜胥吏之滋扰。故一条鞭虽为一时整理之方法，但相沿日久，遂成定制，国与民交便。

（三）《赋役全书》

欲查考清初赋役之法，最重要之典籍，当为《赋役全书》，虽其中所载极为苛细，要为财政史上最有价值之作。按当时赋役之法，比较明备，其正赋之额，多以明万历时为标准，至于天启与崇祯时之所加征加派，则一律豁免。《赋役全书》中，可分为四部分研究，第一为地丁原额，第二为荒亡之额，第三为实征之数，第四为起运与存留之数，起运一项之下，列部属仓口，存留一项之下，列款项细数。他如新开垦之地亩，即新招徕之人丁，则附入册尾。此书每县各发二部，一存县署查考，一存学宫之内，以备士民检阅。其内中所载各省赋役之科，则比较琐细，一县之中，有多至数十则者，且所定之科则，各省不同，各类田地亦不尽同，大抵根据土地之肥硗，户口之繁密，历史上之习惯，并无所谓一定之标准与计划，存乎其间。今就其中所列举者，分别而纪述之，约可分为数项；第一先以省为分别，如直隶奉天江苏安徽等省是。第二为各省之面积，如直隶省面积九十七万二千二百方里，江苏省面积三十四万五千九百方里，安徽省面积四十六万九千方里等是，其中亦有不详者。第三为各种田名，如直隶省内，有民赋田，更名田，农桑地，蒿草籽粒地，苇课地，卫地，河淤地，学田等，江苏省内有民赋田，地，山荡溇滩，城基仓基屋基，卫所归并地等是。第四为每种田地之中，每亩征银征米征豆征麦之数，如直隶民赋田之中，每亩征银八厘一毫至一钱三分有奇，米一升至一斗不等，豆九合八抄至四升不等是。此项比较最复杂，各省所征之率既不同，同省之中，各县之率亦不同。后至雍正时又摊丁银于地之内，地丁遂合而为一，名曰正赋，虽奏销册上尚有丁银之名，而征于民间之手续，则与田赋不分。

（四）《会计丈量赤历》诸册

甲　《会计册》系详载各州县之正项本折钱粮，凡起解到部，逐项应注明年月日期及解户姓名，以杜侵欺，并稽完欠。

乙　《丈量册》以田为主，所有原隰、坟衍、下湿、沃瘠、沙卤之形毕具。

丙　《赤历》每年颁发两扇，开列户口钱粮数目，一备誊真，一令人民自登纳数，由布政司岁终磨对。

丁　《奏销册》系就各省钱粮中之解完数目与的欠数目，按年分款，汇造清册，岁终送府，由府送司，由司送部，据以销算考核。

第二节　财政上之组织

（一）财政上之官制

元设户部尚书三人，掌天下户口钱粮田土之政令。凡贡赋出纳之经，金币转通之法，府藏委积之宝，物货贵贱之值，敛散准驳之宜，悉以任之。明置户部尚书侍郎之职，掌天下户口田粮政令。户部属有四，一曰民部，二曰度支，三曰金部，四曰仓部。洪武二十三年，为天下度支事务浩繁，改为十二部，各令清理一省布政司户口钱粮等事，仍量其事务之繁简，带管直隶府州。每一部内，仍分为民度金仓四科，以领其事。洪武二十九年，又改十二部为十二清吏司，永为定制。定都北京而后，裁北京清吏司，增云南贵州交趾三清吏司。宣德十年，又裁交趾清吏司，附十三司带管。清初财政组织，对于国家财务行政及皇室财务行政之区别，规定极严。其总司国家财政者曰户部，户部设三库，曰银库，曰缎匹库，曰颜料库。银库为全国财赋总汇，各省岁输田赋、漕赋、盐课、关税、杂赋，除存留本省支用外，凡起运至京者咸入焉。宝泉局所铸钱，亦贮库以待度支。缎匹库专管各省所输之绸缎、绢布、丝绵、线麻之属。颜料库专管各省所输之铜铁、铅锡、硃砂、黄丹等物。至政府经费及物之待给者，皆取诸三库。所司藉其数移户部，户部稽核其数而后，乃送交掌库官，掌库官颁之承用之府，核实而发之。其总皇室财政者曰内务府，府内有广储会计二司，专管皇室一部分之财政。广储司有六库，曰银库，曰缎库，曰皮库，曰衣库，曰茶库，曰磁库。会计司掌领皇庄田亩诸事。以上均关于中央财务行政之规定。其关于地方之财政，曰布政司库，为一省财赋总汇，各州县岁征田赋杂赋，除存留支用外，余悉输布政司库，布政司稽核收支出纳之数，汇册申巡抚建于户部。户部制全国之经费，凡岁出之款十有二：一曰祭祀之款，二曰仪宪之款，三曰俸食之款，四曰科场之款，五曰饷乾之款，六曰驿站之款，七曰廪膳之款，八曰赏恤之款，九曰修缮之款，十曰采办之款，十一曰织造之款，十二曰公廉之款。凡奏销必用四柱清册，一曰旧管，二曰新收，三曰开除，四曰实存。司道以册申于督抚，加印而送部，部设十四清吏司，各按其所隶而覈之。例如江南清吏司，掌覈江南三布政司之钱粮，及江宁苏州织造之奏销是。

（二）官俸

元初未置禄秩，武官多取诸虏获，文官多待颁赏。世祖时始命给官禄以养廉耻，内如朝臣百司，外如路府州县，微如府吏胥徒，各有等级。考世祖至元二十一年所制俸例，最多者月俸钞六锭、五锭，最少者三十五两。按元史上又载内外官俸，自三师左右丞相以下，凡俸钱多至百四十贯，少至十余贯，米多自十五石，少至一石，此或由于后来之更改。以上就京官而言，至于外官，则有职田之规定。明代百官禄廪之薄，似较元代为甚，其宗藩皆可得厚享，而将军以逮百官，多不能自存。洪武十三年，曾定内外文武官岁给禄米俸钞之制，其时官俸全给米，间以钱钞，岁给钱一千钞一贯，抵米一石。后钞法不行，新钞一贯，仅值十钱，旧钞仅一二钱，故官俸之薄，未有甚于此者。兼之明废职田之制，故表面上虽与元不同，而实质上尚不如元代。清初官俸之别有八，一、宗室之俸，其等二十有一，二、公主格格之俸，其等十有四，三、世爵之俸，其等二十有七，四、文职官之俸，其等十，五、八旗武职官之俸，其等九，六、绿营武职官之俸，其等九，七、外藩蒙古之俸，其等九，八、回爵之俸，其等六。以外饷之别有二，一、八旗兵之饷，其等五，二、八营兵之饷，其等三。雍正十二年以后，又定外官养廉额，但同官而异额者甚多，例如云南总督二万两，而直隶总督只一万五千两，又如八旗京官有养廉，而汉京官无之，此皆不可思议者。

（三）币制

在本时期中，财政上有一特点可纪者，即币制之侧重于钞是。钞法虽非创始于元代，但元代钞法之流行最广，可分为四期研究：第一期为中统交钞，交钞以丝为本，每银五十两，易丝钞千两，另造中统宝钞，有以贯计者，有以百计者，有以文计者，每贯等于中统交钞一两，两贯等于白银一两。第二期为至元宝钞，自二贯至五百文，凡十有一种，每一贯等于中统钞五贯，与中统钞相辅而行。第三期为大银钞，自二两至二厘，定为十三种，每两等于至元宝钞五贯，白银一两，赤金一钱。第四期为至正交钞，但行之未久，物价高涨，有京师钞十锭不可易一斗粟之象。明代虽惩于元钞之流弊，欲置宝源局铸钱，但承元代之恶习，亦不能离钞，且明定以钞纳税之法。其最显著者，如大明宝钞是。终明之世，钱钞并行，钞币以滥发之故，有时不能通，钱币亦以滥铸之故，至有十余种名目，民间以恶钱伪钱为苦。清代设户部宝泉局、工部宝源局，鼓铸制钱，如顺治通宝钱康熙通宝钱以及随后各种通宝钱是。但其值之制不一，或百文等于银一钱，或千文等于银七钱，比价之紊乱，达于极点。钱钞而外，在清代时，银亦为通行货币，纳税时有钱与银配搭之制。乾隆而后，沿海各省，又有洋钱之使行，鸦片战争而后，推行之范围更广。然本国自铸银币，实自光绪十三年始。至光绪二十六七年间，各省竞铸铜元，视为入款大宗。结果遂至铜元充斥，币制日乱。以言钞法，清初惩于元明两代之恶习，力求矫正其弊，只准通用银钱两种。但数传而后，亦不能维持原来之政策，而发行银钱钞票，且官银钱号所发行之银钱钞票而外，私商店亦环起而仿效之，政府又不明钞票为国权之作用，不加取缔，遂至名目繁滋，人民受其荼毒。币制之紊乱，亦可谓达于极点。

第三节　租税制度

（子）田赋

元之取民，大率以唐为法。其取于内郡者，曰丁税，曰地税，此仿唐之租庸调也。取于江南者，曰秋税，曰夏税，此仿唐之两税也。丁税地税之法，自太宗始行之，初每户科粟二石，后又以兵食不足，增为四石。至丙申年乃定科征之法，令诸路验民户成丁之数，每丁岁科粟一石，驱丁五升，新户半之，老幼不与。其间有耕种者，或验其牛具之数，或验其土地之等以征之，丁税少而地税多者纳地税，地税少而丁税多者纳丁税。秋税夏税之法，行于江南，初世祖平宋时，除江东浙西而外，其余只征秋税。至元十九年，用姚元之请，命江南税粮，依宋旧制，折输绵绢杂物，是年二月，用左丞耿仁言，令输米三之一，余并入钞以折焉，以七万锭为准，岁得羡余十四万锭。至成宗元贞二年，乃定其制，当时天下岁入粮数，总计一千二百十一万四千七百七石。江南三省，在文宗天历元年时，夏税钞数表总计中统钞一十四万九千二百七十三锭三十三贯。太宗六年七月，定天下地税，八年定科征丁税。世祖中统四年，谕高丽上京等处，毋重科敛民。降至成宗元贞二年，始定征江南秋夏税之制，秋税只命输租，夏税则输以木棉、布绢、丝棉等物。大德八年诏江南佃户，私租太重，以十分为率，减二分，永为定例。武宗至大三年，遣官经理江南田粮，十一月诏检覈浙西江东江西田税。泰定帝泰定初行助役法，亦额外加征之一种。以上系元代之制度。明太祖即位之初，定天下田赋，田有二，曰官田，曰民田，赋有二，曰夏税，曰秋粮，其额数则具于黄册，总于户部，其征输期限，则责之布政司州县，夏税曰米麦，曰钱钞，曰绢，无过八月，秋粮曰米，曰钱钞，曰绢，无过明年二月。洪武元年，遣使核浙西田亩，定赋税。三年，命计民授田，四年，帝以郡县征收赋税，辄侵渔百姓，乃命户部令有司料民土田，以万石为率，田多者为粮长，督其乡赋税。九年，令天下税粮，以银钞钱绢代输。十三年，减苏松嘉湖重赋十之二。二十年，帝以两浙富民，畏避徭役，大率以田产寄他户，谓之贴脚诡寄，因命国子生分行州县，编《鱼鳞图册》（见前）。惠帝建文二年，均江浙田赋。宣帝宣德五年，诏旧额官田租亩一斗至四斗者，各减十之二，四斗一升至一石以上者减十之三，著为令。英宗正统元年，再减浙江直隶苏松等处官田税，又始折征金花银，以银为正赋，为农政中更制之大端。宪宗时申收粮加耗之令。孝宗时，夏税米麦四百六十二万五千五百九十余石，钞五万六千三百八十余锭，绢二十万二千五十余匹，秋粮二千二百一十六万六千六百六十余石，钞二万一千九百二十余锭 ，马草二千五百九十四万八千二百六十四束零。弘治三十年，始加派，因边供费繁，加以土木祷祀，月无虚日，帑藏匮竭，乃议于南畿浙江等州县增赋百二十万，加派自此始。嗣后京边岁用多者过五百万，少者亦三百余万，岁入不能充岁出之半，由是应支为一切之法，其箕敛财贿，题增派，括赃赎，算税契，折民壮，提编均徭推广事例兴焉。穆宗隆庆元年，颁国计簿式于天下，以起科太重，征派不匀，正田赋之规，罢科差之法，自嘉靖三十六年以后，完欠起解追征之数，及贫民不能输纳者备录簿中，自府州县达布政，送户部稽考，以清隐陋挪移侵欺之弊。神宗万历六年，诏户部岁征金花银二十万两。世宗嘉靖九年，创行一条鞭法（见前）。四十六年九月，因骤增辽饷三百万，户部尚书李汝华，乃援征倭例，亩加三厘五毫，全国之赋，增二百万有奇，明年复加三厘五毫，四十八年，以兵工二部请，复加二厘，通前后九厘，增赋五百二十万，遂为岁额。熹宗天启二年，复增田赋。庄烈帝崇祯三年，复增田赋充饷，复九厘外，复征三厘，合旧所增，凡六百八十余万。八年征助饷银，每两一钱。十年行均输法，因增饷二百八十万故也。十二年六月，加征练饷，共增七百三十万，合前后共计增赋千六百七十万。清初并宇内除明季加派私增之弊，而订定《赋役全书》（详前），以均天下之赋役。凡赋役之法，各核其地丁之数，析之以科则，而约与条鞭。凡赋有地赋，有丁赋，役有均徭，有支驿，随地丁征焉，不随地丁征者，曰杂赋，杂赋有课，有租，有税，有贡，此清初之制度也。据光绪十四年，奏销报册，凡各省各地额赋三千一百一十八万四千零四十二两有奇，钱一十二万三千六百贯，粮三百六十二万四千五百三十二石有奇，草以束计者，五百二十六万二千八百束以斤计者，一千四百九十一万二千有奇，无定额者，则实收而实解焉。凡征赋有耗羡则归于公，耗羡皆有常，浮以丝忽则罪之。仲春而开征，仲夏而停之，仲秋而接征，仲冬而征毕焉，稽其隐寄，纠其抗欠，以缴纳于司库而报部，越岁则奏销，各核其分数以考成。按田赋为清朝之主税，而田赋之收入，大率不外地丁漕粮屯租租课各项，地丁者，地指地亩，丁指人丁，当明末清初之时，有丁粮地粮之分，后因历年既久，人口益增，人民转住移居，极无定所，人口调查，极形困难，人丁税既不便于征收，故至雍正之世，全废之，而以加入之于地粮中，实质上惟有地税而已，而地丁之名，行之至今未变。赋则之制，各省不同，因各处土地之肥瘠，分为上中下三级，更分各级为上中下三等，即同为一等级之地，而各省互异，大抵因地质之异同，及惯例之沿袭，渐至于此。且田亩之名目，有名田民田等分别，明末又有耗羡之征，清初悬为厉禁，雍正时因经费不敷，乃将耗羡归公，自是耗羡始与正供并重。漕粮者，由地粮内派征本色，依水次之便而运输者也，咸同而后，各省渐次改征折色，其纳本色者，仅江浙两省，起运漕白粮米一百万石而已。屯租者，起于屯卫粮田，迄至光绪二十八年，所有屯租归入地丁项下征收。租课者，土地为国家所有，由官经理，租给民人所收之代价是也。查各省租课，大率官租学租居多，沿海沿湖之地，尚有芦课。以上四项，据光绪二十九年报告，其所得为三千五百万两，而实征之数，尚与额征之数不相符。总之田赋制度，各省虽大概相同，然征收情形，此省与彼省各殊，改革前与改革后复异，庚子而后，中央因赔款不足，令各省摊派于地丁中，而摊派之法，各省亦不相同，江苏则加修价钱，陕西则有赔款差徭，四川则有新加捐输，其余各省，加派之状况，大抵相同，惟名目不一，其恶根所植，遂造成今日慢无系统之现状。

（丑）杂税

一、盐税　元太宗二年，始行盐法，每盐一引，重四百斤，价银十两，以河间山东河东盐课，隶征收课税所。世祖中统二年六月，定盐课法。元时国家经费，盐利居十之八，而两淮独当天下之半。中统二十年，颁至元新格盐法。武宗至大元年，增盐课。延祐五年，颁盐法通例。顺帝元统二年，复立盐局于京师南北城。明太祖辛丑岁，始立盐法，置局设官，令二十取一，以资军饷。洪武时定盐引条例，复从户部请，定纳米中盐则例。按明朝盐课，专以供给边饷，或水旱凶荒亦藉赈济，其利甚清，然法久弊滋，条件因时渐密。成祖时，行户口食盐纳钞法。英宗时，行兑支法。景帝时，申严灶丁私贩禁。自是以后，开中（注：开中乃召商输粮。）之事，日益繁多，故不具载，降至末叶，法日密而弊日甚，细究明代盐法之坏，其弊有六，一开中不时，米价腾贵，有召籴之难。二势豪大家，专擅利权，有报中之难。三官吏苛罚，吏胥侵索，有输纳之难。四下场挨掣，动以数年，有守支之难。五定价太昂，息不偿本，有取赢之难。六私盐四出，官盐不行，有市易之难。有此六难，正课亦因之而壅。清时盐政，乃以盐归商人专卖，受政府之监督，其盐政之制，与税制不相合，兹特从略。而所谓盐税者，乃就盐课与盐厘而合称之，盐课为盐商准照其引数所输纳之正税，谓之正课，此外尚有征收附加税者，谓之杂款。盐商之贩卖官盐也，于完纳正课及杂款之外，亦与百货相同，当运过盐卡之时，须纳盐厘，与盐课合而为盐税。盐厘之征收，各省不相统一，就光绪二十九年户部所报告之各省盐税表，总计银一千一百二十六万九千八百六十五两，又钱二百二十四万零零四十四串，此中无安徽江西两省之数，合计之约为一千三百万之谱，其中盐课约七百万两，盐厘约六百万两，此清末盐税之大概情形，直至民国成立，盐税改革，收入亦随之大增。

二、关税（商税附）　元太祖时定诸路课税，又置十一路征收课税使，复立征收课税所。世祖时改诸路监榷课税所为转运司，是年令凡在京权势之家为商贾，及以官银买卖之人，并赴务输税，入城不吊引者同匿税法。至元时定三十分取一之制，以银四万五千锭为额，有溢额者别作增余。至元二十六年，大增天下商税。成宗时增上都税。大德二年，定诸税钱二十取一。武宗时，定税课殿最法。天历时，全国总人商税额数九十三万九千五百六十八锭有奇，视至元七年所定之额增数十倍，盖至元时只四万五千锭也。明太祖即吴王位，设宣课通课等司，凡商税三十取一。明初务简约，其后增置渐多，行赍居鬻，所过所止，各有税，其名物件析榜于官署，按而征之，应征而匿藏者没其半。凡纳税地置店，历书所止商民名物数。官司有都税，有宣课，有司，有局，有抽分场局，有河泊所。所收税课有本色，有折色，税课司局，京城诸门及各府州县市集多有之，凡四百余所，其后以次裁并十之七。又有门摊课钞，领于有司。洪武十年，遣中官国子生等核实天下税课司局。成祖时，定京城官店塌房税。仁宗时，增市肆门摊课钞。宣宗宣德四年，始设钞关及收钞官。英宗时，置官房于彰义门，收税课钞，又增置芜湖荆州杭州三处工部官。孝宗时，定京城商贩起条纳税例。武宗时增京城九门税。世宗时置钞关稽考簿。世宗嘉靖四十二年，令各关岁额定数之外，余饶悉入公帑。穆宗时，申明九门课税原定则例。神宗时，革天下私设无名税课，旋设差征租店使。崇祯二年，命关税每两征一钱，三年命关钞每两复增二钱，九年复议增税课款项，至十三年增关税二十万两。清代关税，据《大清会典》之所定，凡户关之属二十有六，其课有正额，有赢余，各以时报解，期满则以上闻，偿其不足者，有余则各以其实解焉。凡征税各定其口岸，巡查亦如之，禁其苛扰。凡税关各颁其则锲而树于市，商至俾输课，遂给以单，稽其隐匿者，越行者，重则罪之，轻则罚之。凡货物皆征其税，惟外藩之贡物则不征，凡不征者皆核其实而验放焉。凡税耗各征其十之一，经费皆出焉，无耗则取于赢余。凡货物稽其犯禁者，商船之出海者，则给以照，而验其出入之期，若食米绸缎铁器，皆限以制。就当日定《会典》时而观，每年此项征额银四百五十万两，自海关成立而后，旧日之关，易其名曰常关，税收亦渐次减退。按海关之成立，乃因鸦片战争之结果，缔结千八百四十二年（即道光二十二年）之南京条约，开放五口，以为通商口岸，各国遂于其地，各设领事馆，由各国领事征取其本国商民所输出入物品之关税，以纳之清政府。后因各国领事，各袒其商民，清政府遂于一千八百五十一年废此制度。后因征收官吏营私舞弊，故一千八百五十四年，再与各国协议，凡通商口岸，得置欧美人之税务司，英美法三国各举税务司一名。后因中国与外国之贸易，惟英国占其大部分，而英人惠德之才能，亦比同事者为优胜，遂膺总税务司之任，继惠德者为黎，继黎者为赫德，经理之效，推赫氏为最大。又一千八百九十七年，英国与中国结一条约，以后凡总税务司之职，永远以英人担任。自道光末至宣统末，通商日广，海关亦日增，计共凡五十有三，每关有长，曰税务司，其上有海关监督，总税务司总辖各司而黜陟之，其上有督办税务大臣，不过大权皆握诸总税务司，及各关税务司之手。海关所掌之税目凡六，一曰进口税，二曰出口税，三曰子口半税，四曰复进口半税，五曰船钞，六曰鸦片厘税。海关事务分为四部分，一征税部，二船钞部，三邮便局，（后改归邮传部）四教育课，此当时组织之大概。就一千九百零四年（光绪三十年）清朝海关税之总计，征收关平银三千一百四十九万三千一百五十六两三钱四分三厘，与十年前相较（一八九五年）增加五分之二。常关与海关而外，清末尚有一种病民最深之厘金。按厘金为一种地方通过税，咸丰三年，雷以诚奏请设捐局于江南泰州宝应，抽收厘捐，厘金之制，实始于此。后因军兴饷绌，曾国藩亦仿行抽厘之法，以充军用，继而胡林翼行之湖北，不数年内，各省皆通行之，其初不过暂行抽收，乃相沿成习，不但不依制停止，且增设局数。凡全国水陆之市镇，几于无处不设厘金，各省制度不同，征收之法各异，其税目甚为繁多，税率原以货物之原价百分之二半为标准，其实则由征收者任意评定，立为税率，每过一卡，抽收一次。厘金之收入，就光绪二十九年户部所报告之各省岁入表合计，共银一千一百七十九万五千五百七十六两，钱三百三十二万四千四百四十八串。

三、榷酤　元太宗定酒课，按十取一。元代每岁酒课，腹里五万六千二百四十三锭六十七两一钱，各行省共四十一万二千三百一十一锭二百两零九钱。明太祖时从中书省请，定征酒之税。英宗时，命各处酒课，州县收贮以备用。景帝时，定酒曲每十块收税钞牙钱钞塌房钞共三百四十文。世宗时，革甘肃原派店户流民酒屠油铺等银。神宗时，命张家湾宣课司解光禄寺麴块折银。清初不专设榷酤之官，亦未定酒税为国家之收入，其意乃因造酒縻费米粮，有碍民食，故北五省有烧锅蹦麹之禁。乾隆初，通州收纳油酒等税，酒铺上户每月税银一钱五分，中户一钱，下户八钱，有时且有敕令免其纳税。降及中叶，各省均有酒税之名目，亦为地方收入之一种，不过其收入无一定之标准，而各省之情形亦不同，故此项总额亦无从可考。

四、榷茶　元世祖时，榷成都茶，又榷江西茶。至元十三年，定长引短引之法，以三分取一。十九年，命江南茶课，官为置局。三十年，改江南茶法。成宗时，增江南茶课。文宗时，罢榷茶司。明太祖辛丑岁，始立茶法，仍由官给茶引，赴产茶地方领茶。崇祯时太仆卿王家彦乞复金牌制，及严收良茶法，诏从之。清初循明制，设茶马事例，定以茶与西番易马之制，行于陕西甘肃等省。雍正以后，始定征税法，其法与盐政相近，由户部颁发茶引于各地方官，茶商必有引，始能往产茶处购茶，无引者谓之私茶，照私盐例治罪。随后各省又就各关卡设收茶税。

五、其他杂敛　元太祖时，诏杂税三十取一。世宗二十九年，定湖南门摊课例。终元之世，各种杂敛名目，具见于史乘者，有历日课，契本课，河泊课，山场课，窑冶课，房地租钱，门排课，池塘课，蒲苇课，食羊课，荻苇课，煤炭课，撞岸课，山查课，抽分课，以及曲鱼漆荡山泽柳乳牛蒲柴羊皮磁竹等，皆有课，课之名凡三十有二。明太祖初设抽分竹木局及河泊所。降至中叶，下及畿辅煤窑，亦有课，且芦课灶课等杂税，亦为国用所仰给。杂敛之多，至明末更甚，就后来清初所豁除者而观，如禁革陕西落地税，及严禁各处津头牙店擅科私税，书不胜书。李自成檄中所谓征敛重重，民有偕亡之痛，确是写实。清初入关时，对于各项杂敛，悬为例禁，涤荡繁苛，未始不善。降及中叶，杂税亦多，而流毒之深，贻害之远，莫如土药税。当时清廷收入，恃为大宗，光绪十一年政府命各省督抚课税于内地所产之鸦片，名曰药叶税。其收入之额，日见加增，其征收之法，各省情状不同，故规定上亦不划一，有抽落地税厘金关税每百斤五十五两者，有抽四十两或二三十两者，税率不一。就光绪二十九年户部报告，共计一百九十四万七千四百二十四两，广东不在此数内。据实地调查者言之，鸦片之税，逃脱不少，且征收之额，亦决不止此。其他各项杂税，有相沿日久，向有定制者，有光宣之交，临时加征者，前者有牙税当税契税铺税渔税矿税等数种，后者如直隶之烟税家屋税车捐花捐妓捐等，各省新设之名目，大抵相同。牙税者，乃得户部或地方官之许可，开设牙行，由官吏给以牙帖，征其手数料，开行之后，每年尚须别纳牙税。当税者，对于典当及小押店所征之税。契税乃人民买卖土地之时，按一定之税率，纳契税。总计各项杂税之收入，就光绪二十九年户部之报告而观，共银三百二十七万零五百八十九两，钱二十五万四千六百八十八串。（茶税酒税均在内）至于各省新设之地方杂税，或就各省地方岁出项下支出，或收入无一定之标准，因省与省不同，因之收入之总额，亦莫得而详。